KB063749

1등 이탈리아어

1 판 1 쇄 2022년 5월 1일

저　　자 Mr. Sun 어학연구소, 김영린, Margherita Besuschio,이용주
펴 낸 곳 OLD STAIRS
출판 등록 2008년1월10일 제313-2010-284호
이 메 일 oldstairs@daum.net

가격은 뒷면 표지 참조

ISBN 979-11-91156-59-1

1등 이탈리아어 활용법

01 이탈리아어 알파베또 익히기

겉으로 보기에는 영어의 알파벳과 비슷하지만,
읽는 방법과 발음에는 차이가 있는 **이탈리아어의 알파베또**

QR코드를 찍으면 **완벽한 원어민 발음**을 들을 수 있다.
원어민 발음을 들으며 완벽한 발음으로 이탈리아어를 시작하자.

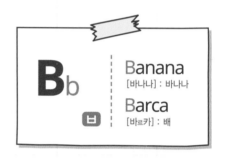

B b
ㅂ

Banana
[바나나] : 바나나

Barca
[바르카] : 배

02 200가지 필수 표현으로 이탈리아어와 친해지기

일상생활에서
가장 자주 쓰이는 표현을 선정했다.

복잡한 문법 구조, 성수 개념 등을 배우기에 앞서
가장 자주 쓰이는 문장들로 이탈리아어와 친해지자.

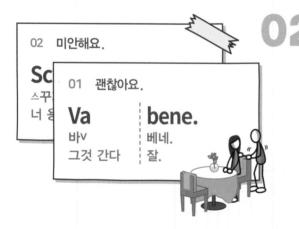

02 미안해요.

Sc
스꾸
너 용

01 괜찮아요.

Va | **bene.**
바v | 베네.
그것 간다 | 잘.

03 만화로 이해하는 이탈리아어

본격적으로 이탈리아어를 배우기 전에,
이탈리아어의 배경을 알아보자.

이탈리아어의 뿌리, 발음, 성수 개념의 배경을 먼저 알면,
암기하는 속도도, 이해하는 속도도 불붙을 것이다.
술술 읽히는 만화로 이탈리아어도 챙기고, 교양도 챙기자.

사진을 찍는 여성

책을 보는 남성

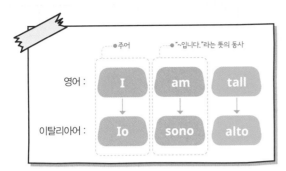

04 핵심 문법 익히기

어려운 내용, 당장 필요하지 않은 내용은
과감히 생략하고 **필요한 내용만 담았다.**

눈에 확 들어오는 그림과 함께,
이야기하듯 쉽게 풀어낸 설명을 읽다 보면
어느새 이탈리아어 문법의 기초가 저절로 이해될 것이다.

복잡한 문법 개념은 동영상 강의 QR코드를 확인해보자.
최고의 이탈리아어 강사가 이탈리아어를 시원하게 정리해 준다.

05 실력 다지기

재미있게 읽는 것만으로 끝내서는
제대로 공부를 했다고 할 수 없다.

문법 설명 뒤에 **배운 내용을 복습할 수 있는**
연습 문제가 실려 있다. 문제마다 친절한 그림 힌트가
함께 있으니, 내용을 잘 이해했다면
아무런 어려움 없이 해결할 수 있다.

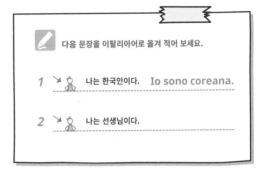

다음 문장을 이탈리아어로 옮겨 적어 보세요.

1. 나는 한국인이다.   Io sono coreana.

2. 나는 선생님이다.

06 일상에서 활용하기

일상적인 대화의 회화문이다.
각각의 상황에 맞는 팁(TIP)도 적혀 있어,
회화문을 읽기만 해도 쉽고 재미있게
이탈리아어의 기본 표현을 익힐 수 있다.

발음을 어떻게 할지 몰라 고민이라면 걱정은 넣어두자.
올드스테어즈만의 **발음표기**가 함께 실려 있어
이탈리아어를 읽는 즐거움을 바로 누릴 수 있다.

1 나는 한국 사람이야

Ciao! Sei cinese?
챠오! / 쌔이 / 치네제?
안녕! / (너는) ~이다 / 중국인?

No. Io non sono cinese.
노. / 이오 / 논 쏘노 / 치네제.
아니. / 나는 / (부정) ~이다 / 중국인.

Sei giapponese?
쌔이 / 쟈뽀네제?
(너는) ~이다 / 일본인?

➕ 기초단어 PDF 제공

명사 / 동사 / 형용사 / 부사

문장을 구사하기 위해 꼭 필요한 기초 단어 1,000개를 선정했다.
품사별로 잘 정리된 1,000개의 단어를 꼭 암기하자.
이탈리아어 문장을 술술 막힘없이 독해할 수 있을 것이다.

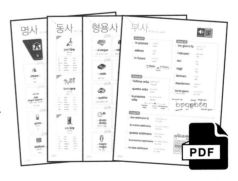

▶ 공식 홈페이지 🔍 mrsun.com 에서 다운로드 받으세요.

Sommario
table of contents

**마무리
단어학습**

명사 500 단어
동사 200 단어
형용사 150 단어
부사 100 단어

▶ 공식 홈페이지 🔍 mrsun.com 에서 다운로드 받으세요.

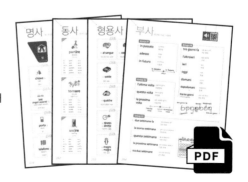

만화로 이해하는
이탈리아어

Imparare l'Italiano con i fumetti

안녕, 나는 여러분에게 이탈리아어에 대해 알려 줄 이탈리아어 요정이야.

문화와 예술의 나라에 어서 와!

한국 사람이 이탈리아어 발음을 잘한다는 말 들어본 적 있어?

완전 본토 발음 아니야?

게다가 영어를 조금이라도 공부한 적이 있다면

피자
pizza

발레리나
ballerina

피아노
pianoforte

찾아보면 훨씬 많아!

이탈리아어를 배우는 데 꽤 도움이 될 거야.

비슷해!

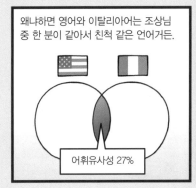

왜냐하면 영어와 이탈리아어는 조상님 중 한 분이 같아서 친척 같은 언어거든.

어휘유사성 27%

조상님이 누구냐고?

우리 후손들 부지런하기도 하지~

그래. 아마 짐작했겠지만, 라틴어가 바로 그 조상님이셔!

이쁜 내 자식들이야.

이탈리아어

스페인어

프랑스어

'라틴'이라고 하면 남부 유럽의 민족이나 문화를 뜻하는데

Europe

음~ 향긋해.

레이디 퍼스트!

South Africa

그만큼 라틴어는 한때 널리 사용되었던 언어야.

너도 라틴?

나도 라틴!

그런 라틴어를 사용하는 곳이 지금은 단 한 곳밖에 없어.

바티칸 시국
세계에서 가장 작은 나라.
가톨릭교의 중심지.

한때 유럽을 뒤덮었던 라틴어가 왜 지금은 사라지다시피 했을까?

라틴어는 로마의 지배 계급이 사용하던 언어였어.

로마 지배 계급

우리가 흔히 사용하는 ABCD 등을 '로마자'라고 부르는 것도 그런 이유야.

그런데 라틴어는 불필요하게 복잡한 구조를 가지고 있었어.

그게 어느 정도 복잡하냐 하면…, 구조만 보았을 때 말이지….

보통 영어보다 이탈리아어가 조금 어렵고, 이탈리아어보다는 독일어가 훨씬 어려운데

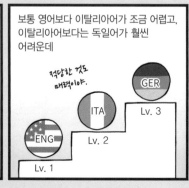

라틴어는 독일어보다 훨씬 어렵다는 평이야.

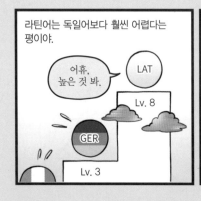

그렇다고 영어가 무조건 쉽다는 건 아니야. 영어의 기본 구조는 매우 간단하지만

응용을 통한 표현 방법이 매우 풍부하기 때문에 고급영어는 반대로 매우 어려워.

윌리엄 셰익스피어
영국이 낳은 세계 최고 극작가

아무튼, 이렇게 어려운 라틴어는 유럽 전역으로 퍼져 나가게 돼.

왜? 로마가 싸움을 잘하니까.

하지만 로마의 지배를 받는 지역의 사람들은 어땠겠어?

이걸 쓰라고 만든 거야?

울며 겨자 먹기로 그 어렵다는 라틴어를 쓰긴 쓰지만

라틴어

엉터리로 쉽게 쓰기도 하고 또 원래 쓰던 언어와 섞어 쓰기도 했을 거야.

그러다 어느 순간 로마 제국이 쇠퇴하고 로마의 지배층이 힘을 상실하면서 라틴어는 점차 쓰이지 않게 돼.

강성했던 힘과 문화와 비교하면 언어는 그렇지 않았던 셈이지.

아이고 허리야...

그리고 로마군과 라틴어가 떠나간 자리에는 라틴어의 영향을 받은 각 지역의 언어가 남아있을 뿐

프랑스어

이탈리아어

스페인어

정작 라틴어는 남아 있지 않아.

라틴어

재미있는 것은 이탈리아와 로마에서조차 라틴어가 사라졌다는 점이야.

MISSING

이 사람 누구야?

나도 모르겠어.

왜 그랬을까?
여기에는 크게 세 가지 계기가 있어.

첫 번째 계기는 바로 4세기 이후 게르만 민족이 이탈리아 지역을 침략한 거였어.

아, 아니? 누구야, 너희들?!

게르만족

이때 기존의 언어에 게르만의 언어가 섞이게 되는데

게르만언어

섞인다, 섞여~

이탈리아어

라틴어와 게르만의 언어는 서로 너무 달랐기 때문에

하나도 못 알아듣겠네.

➡ 만화는 80쪽에서 계속 이어집니다. 009

INTRO

이탈리아어에
대하여

알파베또와 발음

숫자 세는 법

이탈리아어 필수 표현

26개의 알파베또 ALFABETO

이탈리아어의 알파벳을 'Alfabeto'[알파베또]라고 부릅니다. 자음 16개와 모음 5개, 모두 21개의 글자로 구성되어 있죠.
영어의 알파벳 26개와 비교하면 5개가 모자랍니다. **J, K, W, X, Y** 이렇게 5개가 빠졌기 때문이에요.
이들은 비록 이탈리아어의 알파베또는 아니지만, 분류상 그러할 뿐 **외래어**에는 아무런 제한 없이 사용됩니다.
게다가 현실적으로 우리 입장에서는 외래어를 구분하기도 쉽지 않기 때문에,
그냥 26개의 알파베또를 구분 없이 사용한다고 생각해도 좋습니다.

단일한 발음의 문자들, 다양한 발음의 문자들

A 아 — Albero [알베로] : 나무	**B** 비 — Banana [바나나] : 바나나	**C** 치 — Cibo [치보] : 음식	**D** 디 — Dado [다도] : 주사위
E 에 — Erba [애르바] : 풀	**F** 에페f — Frutta [프f루따] : 과일	**G** 지 — Giallo [잘로] : 노란색	**H** 아까 — Ho [어] : 가지다
I 이 — Idea [이대아] : 아이디어	**J** 이룽가 — Jazz [재쯔] : 재즈	**K** 까빠 — Koala [꼬알라] : 코알라	**L** 엘레 — Limone [올리모네] : 레몬
M 엠메 — Mano [마노] : 손	**N** 앤네 — Nome [노메] : 이름	**O** 어 — Orso [오르소] : 곰	**P** 삐 — Pera [뻬라] : 배(과일)
Q 꾸 — Quattro [꽈뜨로] : 숫자 4	**R** 에ㄹ~레 — Rosso [로쏘] : 빨간색	**S** 에쎄 — Sapone [사뽀네] : 비누	**T** 띠 — Treno [뜨래노] : 기차
U 우 — Uno [우노] : 하나	**V** 부v — Vino [비v노] : 와인	**W** 도빠부v — Water [바v떼르] : 변기	**X** 익스 — Xilofono [씰러포f노] : 실로폰
Y 입실론 — Yogurt [여구르뜨] : 요구르트	**Z** 제ㄷ따 — Zio [지ㄷ오] : 삼촌		

모음 VOCALE

단일 발음의 **모음**들

이탈리아어는 영어와 마찬가지로 5개의 모음을 가지고 있습니다.
이 중 **A, I, U**는 영어와는 달리 단어에 따라 발음이 바뀌는 일이 없습니다.

Aa 아	Angelo	Aereo	Patata	Insalata
	[안젤로] : 천사	[아애레오] : 비행기	[빠따따] : 감자	[인살라따] : 샐러드

Ii 이	Infinito	Isola	Fine	Inizio
	[인피f니또] : 무한의	[이솔라] : 섬	[피f네] : 끝	[이니치z오] : 시작

Uu 우	Uva	Uno	Nuvola	Autobus
	[우바v] : 포도	[우노] : 숫자 1	[누볼v라] : 구름	[아우또부스] : 버스

다양한 발음의 **모음**들

E, O는 각각 두 가지씩의 발음을 가지고 있습니다.
단어에 따라 발음이 불규칙적으로 변화하기 때문에 발음을 예측하기 어렵습니다.

Ee 에 애	에로 발음할 때		애로 발음할 때	
	Elicottero	Elefante	Elfo	Tempo
	[엘리커떼로] : 헬리콥터	[엘레판f떼] : 코끼리	[앨포f] : 요정	[땜뽀] : 날씨

Oo 오 어	오로 발음할 때		어로 발음할 때	
	Ombrello	Ora	Opera	Porta
	[옴브랠로] : 우산	[오라] : 시	[어뻬라] : 오페라	[뽀르따] : 문

알파베또와 발음

자음 CONSONANTE

단일한 발음의 **자음**들

아래의 자음들은 언제나 거의 일정한 소리가 납니다.

Bb ㅂ
Banana
[바나나] : 바나나
Barca
[바르카] : 배

Dd ㄷ
Dono
[도노] : 선물
Diario
[디아료] : 일기장

Ff ㅍᶠ
Foto
[퍼ᶠ또] : 사진
Famiglia
[파ᶠ밀랴] : 가족

Hh ∅
Handicappato
[안디카빠또] : 장애
Habitat
[아비따뜨] : 습성

Ll ㄹ
Leone
[을레오네] : 사자
Latte
[을라떼] : 우유

Mm ㅁ
Mappa
[마빠] : 지도
Maestro
[마에스뜨로] : 거장

Nn ㄴ
Naso
[나소] : 코
Nero
[네로] : 검은색

Pp ㅃ
Pinguino
[삔귀노] : 펭귄
Pecora
[뻬꼬라] : 양

Qq ㄲ
Quaderno
[꽈대르노] : 공책
Quadro
[꽈드로] : 액자

Rr ㄹ
Radio
[라디오] : 라디오
Regina
[레지나] : 여왕

Tt ㄸ
*ㄸ와 ㅌ 사이
Tigre
[띠그레] : 호랑이
Terra
[때~라] : 땅

Vv ㅂᵛ
Vaso
[바ᵛ소] : 화분
Vasca
[바ᵛ스카] : 욕조

Ss ㅅ
*ㅅ와 ㅆ 사이
Sale
[살레] : 소금
Sabbia
[사삐아] : 모래
예외적으로 나라 관련 형용사에서는 주로 ㅈ 발음
cinese [치네제] : 중국인

외래어에 사용하는 자음 '**J, K, X, Y**' 역시 발음이 거의 바뀌지 않습니다.

Jj ㅈ
Jazz
[재쯔] : 재즈
Jeans
[진스] : 청바지

Kk ㅋ
*C처럼 발음
Kaki
[카키] : 카키색
Ketchup
[캐찹] : 케첩

Xx ㅅ
*Z처럼 발음
Xeno
[쎄노] : 제논 (원소)
Xenofobia
[쎄노포ᶠ비아] : 외국인 혐오

Yy ㅇ
Yoga
[여가] : 요가
Yo-yo
[여여] : 요요

같은 자음의 연속

같은 자음이 반복되면 자음이 하나일 때보다 발음이 강해지는데,
이때는 앞의 자음은 받침처럼 사용하고 뒤의 자음이 한 번 더 발음된다고 생각하는 것이 좋습니다.

Ff ff   ㅍ'

Baffo
[바포f] : 수염

Tuffo
[뚜포f] : 다이빙

Muffa
[무파f] : 곰팡이

Soffitto
[소피f또] : 천장

Vv vv   ㅂⱽ

Avversario
[아베ⱽㄹ사료] : 상대방

Avviso
[아비ⱽ소] : 경고

Improvviso
[임쁘로비ⱽ소] : 갑자기

Avventura
[아벤ⱽ뚜라] : 모험

다음 네 경우는 발음이 확연하게 강해집니다.

Zz zz   ㅉ

Pizza
[삐짜] : 피자

Prezzo
[쁘래쪼] : 가격

Indirizzo
[인디리쪼] : 주소

Piazza
[삐아짜] : 광장

Ss ss   ㅆ

Ingresso
[인그래쏘] : 입구

Professore
[쁘로페f쏘레] : 교수

Successo
[수채쏘] : 성공

Rosso
[로쏘] : 빨간색

Gg gg   ㅉ

Maggio
[마쪼] : 5월

Formaggio
[포f르마쪼] : 치즈

Coraggio
[코라쪼] : 용기

Viaggio
[비아ⱽ쪼] : 여행

Bb bb   ㅃ

Fabbrica
[파f쁘리카] : 공장

Sabbia
[사쁴아] : 모래

Nebbia
[네쁴아] : 안개

Pubblico
[뿌쁠리코] : 대중

다음의 경우는 혀에 강한 떨림을 만듭니다.

Rr rr   ~ + ㄹ

Arrivo
[아~리보ⱽ] : 도착

Guerra
[괘~라] : 전쟁

Errore
[에~로레] : 실수

Birra
[비~라] : 맥주

무조건 암기!

다양한 발음의 **자음들**

C, G 는 뒤에 오는 모음에 따라 소리가 변화합니다.

Ca, Co, Cu ㅋ

Caldo
[칼도] : 더위

Collo
[컬로] : 목

Scusi
[스쿠시] : 실례합니다

*ㅋ와 ㄲ 사이의 발음이 납니다.

Ce, Ci ㅊ

Cena
[체나] : 저녁

Ciao
[챠오] : 안녕

Ga, Go, Gu ㄱ

Gallo
[갈로] : 수탉

Gomma
[곰마] : 껌, 지우개

Gusto
[구스또] : 맛

Ge, Gi ㅈ

Genio
[재뇨] : 천재

Giallo
[잘로] : 노란색

G 는 다음의 경우에 본연의 소리를 잃어버리고, 뒤따르는 문자의 소리에 동화됩니다.
따라서, 뒤따르는 문자가 두 번 반복되는 것과 같은 소리가 납니다.

Gn gn ㄴ

Gnocchi
[녀끼] : 감자 수제비

Bagno
[반뇨] : 화장실

Disegno
[디센뇨] : 그림

Montagna
[몬딴냐] : 산

Gli gli ㄹ

Famiglia
[파밀랴] : 가족

Biglietto
[빌래또] : 표

Bottiglia
[보띨랴] : 병

Aglio
[알료] : 마늘

다음의 문자들은 각각 두 가지씩의 발음을 가지고 있습니다.
단어에 따라 발음이 불규칙적으로 변화하기 때문에 발음을 예측하기 어렵습니다.

Ch ㄲ ㅋ

ㄲ로 발음
Chi
[끼] : 누군가

Chiesa
[끼애사] : 교회

ㅋ로 발음
Perché
[뻬르케] : 왜냐하면

Poiché
[뽀이케] : 그러므로

Z z ㅈ ㅊ

ㅈ로 발음
Zebra
[재Z브라] : 얼룩말

Zaino
[자Z이노] : 배낭

ㅊ로 발음
Polizia
[뽈리치Z아] : 경찰

Zampa
[참Z빠] : (동물의) 발

w는 외래어를 표기하는 알파벳이죠.
외래어는 보통 외국에서 읽는대로 발음하려는 경우가 많기 때문에 w는 두 가지 방법으로 읽습니다.

W w ㅂ ㅇ

ㅂ로 발음
Wurstel
[부V르스뗄] : 비엔나소시지

Wafer
[바V페f를] : 웨이퍼 과자

ㅇ로 발음
Workshop
[워ㄱ크셥] : 워크숍

Whisky
[위스키] : 위스키

강세 ACCENTO [아첸또]

1 이탈리아어의 모든 단어는 음절 중 하나에 반드시 강세를 갖습니다.
(음절이란 모음의 덩어리를 가리키는데, 자음의 포함 여부는 관계가 없습니다.)

1음절	2음절	3음절	4음절	끝 음절

e / du / ca / zio / ne

2 이탈리아어의 단어들은 대부분 끝에서 두 번째 음절에 강세를 갖습니다.

강세

e / du / ca / zio / ne

3 강세가 있는 음절은 더 길고 더 강하게 발음하게 됩니다.

에두카치ᶻ오～네

위의 음성 QR 코드를 통해 다음 예시에 제시된 단어들의 강세 차이를 느껴보세요.

1 ***Parole tronche***
끝에서 첫 번째 음절에 강세가 올 때

Po / i / ché
[뽀이케] : 그러므로

gio / che / rò
[죠케러] : (나는) 놀 것이다

2 ***Parole piane***
끝에서 두 번째 음절에 강세가 올 때

Ten / da
[뗀다] : 커튼

Con / ti / nen / te
[콘띠넨떼] : 대륙

3 ***Parole sdrucciole***
끝에서 세 번째 음절에 강세가 오는 경우

Ta / vo / lo
[따볼V로] : 책상

Ma / cchi / na
[마끼나] : 자동차

4 ***Parole bisdrucciole***
끝에서 네 번째 음절에 강세가 오는 경우

a / bi / ta / no
[아비따노] : (그들이) 거주한다

di / te / me / lo
[디떼멜로] : 내게 그것을 말해 줘

5 ***Parole trisdrucciole***
끝에서 다섯 번째 음절에 강세가 오는 경우

re / ci / ta / mel / o
[레치따멜로] : 내게 그것을 암송해 줘

o / ccu / pa / te / ne
[오꾸빠떼네] : 네가 그것을 처리해라

* 대부분의 단어는
**끝에서 첫 번째/두 번째/세 번째 음절에
강세가 오는 경우**에 해당합니다.
끝에서 다섯 번째 음절에 강세가 오는 경우는
보통 동사가 대명사 등과 합쳐진 형태입니다.

4 보통은 단어에 강세 표시를 하지 않지만, 끝 음절의 경우 특별히 단어에 강세를 표기합니다.

Perché   Più

5 끝 음절이 강세를 갖는 경우엔 끝을 올리는 경우와 내리는 경우가 있습니다.

발음 끝을 올리는 경우

발음 끝을 올리는 것을 Accento Acuto [아첸또 아쿠또] 라고 합니다.
마지막 모음에서 발음 끝을 올려야 할 경우, 위로 올라가는 모양인 ' ´ ' 를 사용합니다.

Perché	[뻬르께]	왜냐하면	Poiché	[뽀이께]	그러므로
Né	[네]	~ 또한 아니다	Affinché	[아핀께]	~을 위하여

발음 끝을 내리는 경우

발음 끝을 내리는 것을 Accento Grave [아첸또 그라베] 라고 합니다.
마지막 모음에서 발음 끝을 내려야 할 경우, 아래로 내려가는 모양인 ' ` ' 를 사용합니다.

È	[애]	~이다	C'è	[채]	그것이 있다
Caffè	[까페]	커피	Più	[쀼]	더

사물의 수량이나 순서를 나타내는 말을 '수사'라고 부릅니다.
해당 사물의 특정 성질을 말해주는 것이니 형용사의 일종이라고도 할 수 있지요.
수사 중에서도 수량을 나타내는, '하나, 둘, 셋' 따위는 기수사라고 부릅니다.
어떤 숫자들은 그냥 외우는 수밖에 없습니다.
그러나 어떤 숫자들은, 이미 외운 숫자들을 일정한 규칙에 따라 조합하는 것으로 만들 수 있습니다.

1 ~ 20

고유한 철자의 아이들이니 그냥 외워줍니다.

그냥 외운다

20 ~ 100

21 ~ 99

두 자리 + 한자리 조합으로 이뤄진 숫자입니다.
'30과 2', '80과 9' 이런 식으로 쓰시면 됩니다.

32 = 30 + 2
트렌따   두에

89 = 80 + 9
오딴따   너베V

*예외

끝이 '1'과 '8'로 끝나는 경우는 1의 발음인 '우노', 8의 발음인 '어또'에서 모음이 생략되어
21의 경우 20은 벤V띠[Venti]지만, '우노'의 모음이 생략되어 벤V뚜노[Ventuno]가 됩니다.
98의 경우도 90은 노반V따[Novanta]지만, '엇또'의 모음이 생략되어 노반V떳또
[Novantotto]가 됩니다.

21 = 20 + 1
벤V뚜노   벤V띠 우노

98 = 90 + 8
노반V떳또 노반V따   어또

100 ~ ∞

세 자리 + 두 자리 + 한자리, 네 자리 + 세 자리 + 두 자리 + 한자리
조합으로 이뤄진 숫자입니다.

516 = 500 + 16
친꿰챈또   세디치

500과 16은 고유한 이름을 갖고 있어
5+100+10+6이 아닌, 500+16이 됩니다.

2885 = 2 + 1000 + 800 + 80 + 5
두에   밀라   어또챈또 오딴따 친꿰

1000~1999 까지는
'밀레'를 사용하지만,
2000 부터는 '밀라'를
사용합니다.

수사의 종류에는 한 가지가 더 있는데, 바로 '첫째, 둘째, 셋째'와 같이 순서를 나타내는 서수사가 이것입니다.
영어로 치면 'first, second, third'와 같은 표현들입니다.

0 zero 제로	1 uno 우노	2 due 두에	3 tre 뜨레	4 quattro 꽈뜨로	5 cinque 친꿰	6 sei 새이	7 sette 새떼	8 otto 어또	9 nove 너베ᵛ
10 dieci 대치	11 undici 운디치	12 dodici 도디치	13 tredici 뜨레디치	14 quattordici 꽈또ㄹ디치	15 quindici 뀐디치	16 sedici 세디치	17 diciassette 디챠쎄떼	18 diciotto 디쳐또	19 diciannove 디챤너베ᵛ
20 venti 벤ᵛ띠	21 ventuno 벤ᵛ뚜노	22 ventidue 벤ᵛ띠두에	23 ventitré 벤ᵛ띠뜨레	24 venti-quattro 벤ᵛ띠꾸아뜨로	25 venticinque 벤ᵛ띠친꿰	26 ventisei 벤ᵛ띠새이	27 ventisette 벤ᵛ띠새떼	28 ventotto 벤ᵛ떠또	29 ventinove 벤ᵛ띠너베ᵛ
30 trenta 뜨렌따	31 trentuno 뜨렌뚜노	32 trentadue 뜨렌따두에	33 trentatré 뜨렌따뜨레	34 trenta-quattro 뜨렌따꽈뜨로	35 trenta-cinque 뜨렌따친꿰	36 trentasei 뜨렌따새이	37 trentasette 뜨렌따새떼	38 trentotto 뜨렌떠또	39 trentanove 뜨렌따너베ᵛ
40 quaranta 꽈란따	41 quaran-tuno 꽈란뚜노	42 quaranta-due 꽈란따두에	43 quaranta-tré 꽈란따뜨레	44 quaranta-quattro 꽈란따꽈뜨로	45 quaranta-cinque 꽈란따친꿰	46 quaranta-sei 꽈란따새이	47 quaranta-sette 꽈란따새떼	48 quarantotto 꽈란떠또	49 quaranta-nove 꽈란따너베ᵛ
50 cinquanta 친꽌따	51 cinquant-uno 친꽌뚜노	52 cinquanta-due 친꽌따두에	53 cinquanta-tré 친꽌따뜨레	54 cinquanta-quattro 친꽌따꽈뜨로	55 cinquanta-cinque 친꽌따친꿰	56 cinquanta-sei 친꽌따새이	57 cinquanta-sette 친꽌따새떼	58 cinquant-otto 친꽌떠또	59 cinquanta-nove 친꽌따너베ᵛ
60 sessanta 세싼따	61 sessantuno 세싼뚜노	62 sessanta-due 세싼따두에	63 sessanta-tré 세싼따뜨레	64 sessanta-quattro 세싼따꽈뜨로	65 sessanta-cinque 세싼따친꿰	66 sessanta-sei 세싼따새이	67 sessanta-sette 세싼따새떼	68 sessantotto 세싼떠또	69 sessanta-nove 세싼따너베ᵛ
70 settanta 세딴따	71 settantuno 세딴뚜노	72 settanta-due 세딴따두에	73 settantatré 세딴따뜨레	74 settanta-quattro 세딴따꽈뜨로	75 settanta-cinque 세딴따친꿰	76 settantasei 세딴따새이	77 settanta-sette 세딴따새떼	78 settantotto 세딴떠또	79 settanta-nove 세딴따너베ᵛ
80 ottanta 오딴따	81 ottantuno 오딴뚜노	82 ottantadue 오딴따두에	83 ottantatré 오딴따뜨레	84 ottanta-quattro 오딴따꽈뜨로	85 ottanta-cinque 오딴따친꿰	86 ottantasei 오딴따새이	87 ottanta-sette 오딴따새떼	88 ottantotto 오딴떠또	89 ottanta-nove 오딴따너베ᵛ
90 novanta 노반ᵛ따	91 novantuno 노반ᵛ뚜노	92 novantadue 노반ᵛ따두에	93 novantatré 노반ᵛ따뜨레	94 novanta-quattro 노반ᵛ따꽈뜨로	95 novanta-cinque 노반ᵛ따친꿰	96 novantasei 노반ᵛ따새이	97 novanta-sette 노반ᵛ떠떼	98 novantotto 노반ᵛ떠또	99 novanta-nove 노반ᵛ따너베ᵛ

100 cento 챈또	200 duecento 두에챈또	300 trecento 뜨레챈또	400 quattrocento 꽈뜨로챈또	500 cinquecento 친꿰챈또	600 seicento 새이챈또	700 settecento 새떼챈또	800 ottocento 어또챈또	900 novecento 너베ᵛ챈또

1,000 mille 밀레	10,000 diecimila 대치밀라	100,000 centomila 첸또밀라	1,000,000 un milione 운 밀료네	10,000,000 dieci milioni 대치 밀료니	100,000,000 cento milioni 첸또 밀료니

	1	2	3	4	5	6	7	8	9
	primo 쁘리모	secondo 세콘도	terzo 때르초ᶻ	quarto 꽈르또	quinto 뀐또	sesto 새스또	settimo 새띠모	ottavo 오따보ᵛ	nono 너노
10 decimo 데치모	11 undicesimo 운디채지모	12 dodicesimo 도디채지모	13 tredicesimo 뜨레디채지모	14 quattordicesimo 꽈또ᵣ디채지모	15 quindicesimo 뀐디채지모	16 sedicesimo 세디채지모	17 diciassettesimo 디챠쎄때지모	18 diciottesimo 디쵸때지모	19 diciannovesimo 디챤노배ᵛ지모
20 ventesimo 밴ᵛ때지모	21 vent-unesimo 밴ᵛ뚜내지모	22 venti-duesimo 밴ᵛ띠두애지모	23 venti-treesimo 밴ᵛ띠뜨레애지모	24 venti-quattresimo 밴ᵛ띠꽈ᵣ래지모	25 venti-cinquesimo 밴ᵛ띠친꿰지모	26 venti-seiesimo 밴ᵛ띠세얘지모	27 venti-settesimo 밴ᵛ띠세때지모	28 vent-ottesimo 밴ᵛ또때지모	29 venti-novesimo 밴ᵛ띠노배ᵛ지모
30 trentesimo 뜨렌때지모	31 trent-unesimo 뜨렌뚜내지모	32 trenta-duesimo 뜨렌따두애지모	33 trenta-treesimo 뜨렌따뜨레애지모	34 trenta-quattresimo 뜨렌따꽈ᵣ래지모	35 trenta-cinquesimo 뜨렌따친꿰지모	36 trenta-seiesimo 뜨렌따세얘지모	37 trenta-settesimo 뜨렌따세때지모	38 trent-ottesimo 뜨렌또때지모	39 trenta-novesimo 뜨렌따노배ᵛ지모
40 quarantesimo 꽈란때지모	41 quarant-unesimo 꽈란뚜내지모	42 quaranta-duesimo 꽈란따두애지모	43 quaranta-treesimo 꽈란따뜨레애지모	44 quaranta-quattresimo 꽈란따꽈ᵣ래지모	45 quaranta-cinquesimo 꽈란따친꿰지모	46 quaranta-seiesimo 꽈란따세얘지모	47 quaranta-settesimo 꽈란따세때지모	48 quarant-ottesimo 꽈란또때지모	49 quaranta-novesimo 꽈란따노배ᵛ지모
50 cinquantesimo 친꽌때지모	51 cinquant-unesimo 친꽌뚜내지모	52 cinquanta-duesimo 친꽌따두애지모	53 cinquanta-treesimo 친꽌따뜨레애지모	54 cinquanta-quattresimo 친꽌따꽈ᵣ래지모	55 cinquanta-cinquesimo 친꽌따친꿰지모	56 cinquanta-seiesimo 친꽌따세얘지모	57 cinquanta-settesimo 친꽌따세때지모	58 cinquant-ottesimo 친꽌또때지모	59 cinquanta-novesimo 친꽌따노배ᵛ지모
60 sessantesimo 세싼때지모	61 sessant-unesimo 세싼뚜내지모	62 sessanta-duesimo 세싼따두애지모	63 sessanta-treesimo 세싼따뜨레애지모	64 sessanta-quattresimo 세싼따꽈ᵣ래지모	65 sessanta-cinquesimo 세싼따친꿰지모	66 sessanta-seiesimo 세싼따세얘지모	67 sessanta-settesimo 세싼따세때지모	68 sessant-ottesimo 세싼또때지모	69 sessanta-novesimo 세싼따노배ᵛ지모
70 settantesimo 세딴때지모	71 settant-unesimo 세딴뚜내지모	72 settanta-duesimo 세딴따두애지모	73 settanta-treesimo 세딴따뜨레애지모	74 settanta-quattresimo 세딴따꽈ᵣ래지모	75 settanta-cinquesimo 세딴따친꿰지모	76 settanta-seiesimo 세딴따세얘지모	77 settanta-settesimo 세딴따세때지모	78 settant-ottesimo 세딴또때지모	79 settanta-novesimo 세딴따노배ᵛ지모
80 ottantesimo 오딴때지모	81 ottant-unesimo 오딴뚜내지모	82 ottanta-duesimo 오딴따두애지모	83 ottanta-treesimo 오딴따뜨레애지모	84 ottanta-quattresimo 오딴따꽈ᵣ래지모	85 ottanta-cinquesimo 오딴따친꿰지모	86 ottanta-seiesimo 오딴따세얘지모	87 ottanta-settesimo 오딴따세때지모	88 ottant-ottesimo 오딴또때지모	89 ottanta-novesimo 오딴따노배ᵛ지모
90 novantesimo 노반ᵛ때지모	91 novant-unesimo 노반ᵛ뚜내지모	92 novanta-duesimo 노반ᵛ따두애지모	93 novanta-treesimo 노반ᵛ따뜨레애지모	94 novanta-quattresimo 노반ᵛ따꽈ᵣ래지모	95 novanta-cinquesimo 노반ᵛ따친꿰지모	96 novanta-seiesimo 노반ᵛ따세얘지모	97 novanta-settesimo 노반ᵛ따세때지모	98 novant-ottesimo 노반ᵛ또때지모	99 novanta-novesimo 노반ᵛ따노배ᵛ지모

100	200	300	400	500	600	700	800	900
centesimo 첸때지모	due-centesimo 두에첸때지모	tre-centesimo 뜨레첸때지모	quattro-centesimo 꽈뜨로첸때지모	cinque-centesimo 친꿰첸때지모	sei-centesimo 새이첸때지모	sette-centesimo 새떼첸때지모	otto-centesimo 어또첸때지모	nove-centesimo 너배ᵛ첸때지모

1,000	10,000	100,000	1,000,000	10,000,000	100,000,000
millesimo 밀래지모	decimillesimo 데치밀래지모	centomillesimo 첸또밀래지모	milionesimo 밀료내지모	decimilionesimo 데치밀료내지모	centimilionesimo 첸띠밀로내지모

이탈리아어의 시간
24시간 말하는 법

이탈리아어에서 시간을 표현하는 방법은 우리말과 비슷합니다.
12시간을 기준으로 말하기도 하고 때로는 24시간 기준인 Orario Militare [오라료 밀리따레] 로 말하기도 합니다.
12시간 기준으로 말하더라도 오전인지 오후인지는 말하는 사람도 듣는 사람도 대략적으로 알고 있기 때문에,
새벽인지, 밤인지, 낮인지 반드시 구분해줄 필요는 없습니다.

Che ora è?
[케 오라 애?]
몇 시야?

오전 1시 10분

> 시간 앞에 정관사
> 일반적으로 *Le*(복수)를 붙이고,
> **새벽 1시와 오후 1시일 때만**
> *La*(단수)를 사용합니다.

> 숫자는 기수사
> 시간이든 분이든,
> 앞에서 배운
> 기수사를 사용합니다.

È l'1(una) e 10(dieci) di notte.
[애 / 을루나 / 에 / 대치 / 디 너떼.]
~입니다 / 1시 / 그리고 / 10분 / 오전.

> 시간에 따른 동사
> 일반적으로 *Sono*(복수)를 쓰고,
> **새벽 1시와 오후 1시일 때만**
> *È*(단수)를 사용합니다.

자정, 밤 12시	**Mezzanotte**	메짜너떼
새벽 1시	*L' 1 di notte*	을루나 디 너떼
새벽 2시	*Le 2 di notte*	울레 두에 디 너떼
새벽 3시	*Le 3 di notte*	울레 뜨레 디 너떼
새벽 4시	*Le 4 del mattino*	울레 꽈뜨로 델 마띠노
새벽 5시	*Le 5 del mattino*	울레 친꿰 델 마띠노
새벽 6시	*Le 6 del mattino*	울레 새이 델 마띠노
아침 7시	*Le 7 del mattino*	울레 새떼 델 마띠노
아침 8시	*Le 8 del mattino*	울레 어또 델 마띠노
아침 9시	*Le 9 del mattino*	울레 너베ˇ 델 마띠노
아침 10시	*Le 10 del mattino*	울레 대치 델 마띠노
아침 11시	*Le 11 del mattino*	울레 운디치 델 마띠노
낮 12시	**Mezzogiorno**	매쪼조르노
낮 1시	*L' 1 del pomeriggio*	울루나 델 뽀메리쬬
낮 2시	*Le 2 del pomeriggio*	울레 두에 델 뽀메리쬬
낮 3시	*Le 3 del pomeriggio*	울레 뜨레 델 뽀메리쬬
낮 4시	*Le 4 del pomeriggio*	울레 꽈뜨로 델 뽀메리
낮 5시	*Le 5 del pomeriggio*	울레 친꿰 델 뽀메리쬬
밤 6시	*Le 6 di sera*	울레 새이 디 세라
밤 7시	*Le 7 di sera*	울레 새떼 디 세라
밤 8시	*Le 8 di sera*	울레 어또 디 세라
밤 9시	*Le 9 di sera*	울레 노베ˇ 디 세라
밤 10시	*Le 10 di sera*	울레 대치 디 세라
밤 11시	*Le 11 di sera*	울레 운디치 디 세라

오후 2시 15분

Sono le due e un quarto del pomeriggio.
[쏘노 / 울레 두에 / 에 / 운 꽈또 / 델 뽀메리쬬.]
~입니다 / 2시 / 그리고 / 4분의 1 / 낮.

이탈리아어에도 **15분 단위에만 쓰는 표현**이 있습니다.
바로 4분의 1을 의미하는 quarto 라는 표현이죠.
모양과 의미가 영어의 quarter와 유사합니다.

오후 2시 30분

Sono le due e mezza del pomeriggio.
[쏘노 / 울레 두에 / 에 / 매짜 / 델 뽀메리쬬.]
~입니다 / 2시 / 그리고 / 반의 / 낮.

우리말로 2시 30분을 '두시 반이야.'라고 하죠.
mezza는 **반**을 의미하는 표현입니다.

오후 2시 45분

Sono le tre meno un quarto.
[쏘노 / 울레 뜨레 / 메노 / 운 꽈르또.]
~입니다 / 3시 / ~보다 전 / 4분의 1.

우리말로 '세시가 되기 십오 분 전이야.'라고 하는 표현입니다.
meno는 '**~보다 전**'을 의미합니다.

001 고맙습니다.

Grazie.
그라치z에.
감사하다.

002 천만에요.

Figurati.
피f구라띠.
천만에.

003 미안해요.

Scusami.
스꾸자미.
(너) 용서해라 (나를).

004 제 잘못이에요.

È | colpa | mia.
에 | 꼴빠 | 미아.
(그것) ~이다 | 잘못 | 나의.

005 날 용서해 줘.

Perdonami.
뻬르도나미.
(너) 용서해라 (나를).

006 괜찮아요.

Va | bene.
바v | 베네.
(그것) 간다 | 잘.

007 저기요, 실례합니다.

Mi | scusi!
미 | 스꾸지!
나를 | (당신) 용서하세요!

008 메뉴판 주세요.

Il menù, | per favore.
일 메누, | 뻬르 파f보v레.
그 메뉴, | 부탁한다.

009 부탁합니다.

Per favore.
뻬르 파f보v레.
부탁한다.

010

이게 뭐예요?

Cosa	è	questo?
꼬사	에	꿰스또?
무엇	~이다	이것?

011

이걸로 주세요.

Questo,	per favore.
꿰스또,	뻬르 파f보v레.
이것,	부탁한다.

012

맞아요.

È	vero.
에	베v로.
(그것) ~이다	옳은.

013

제가 주문한 게 아니에요.

Non	l'ho ordinato	io.
논	을로 오르디나또	이오.
부정	이것을 주문했다	나.

014

너무 좋아!

Oh sì.
오 씨.
오 그래.

015

우와.

Wow.
와우.
우와.

016

안녕하세요.
Hello.

Salve.	=	Ciao.
쌀베v.		챠오.
안녕하세요.		안녕.

017

안녕하세요.
Good morning.
Good afternoon.

Buon	giorno.	Buon	pomeriggio.
부온	죠르노.	부온	뽀메리죠.
좋은	아침	좋은	오후.

018

어떻게 지내요?

Come	stai?
꼬메	스따이?
어떻게	(너) 있다?

019

저는 잘 지내요.

Sto	bene.
스또	베네.
(나) 있다	잘.

---

020 너는 어때?

E	tu	che	ne	dici?
에	뚜	께	네	디치?
그리고	너	무엇을	어느 것도	이야기한다?

---

021 오랜만이야..

Da	quanto	tempo!
다	꽌또	뗌뽀!
~로부터	얼마	시간!

---

022 만나서 반갑습니다.

Piacere	di	conoscerti.
삐아체레	디	꼬노셰sh르띠.
기쁨	~에 대해	만나다 (너를).

---

023 성함이 어떻게 되세요?

Come	ti	chiami?
꼬메	띠	끼아미?
어떻게	너 스스로	(너) 부른다?

---

024 저는 미나입니다.

MINA

Io	sono	Mina.
이오	쏘노	미나.
나	~이다	미나.

---

025 저는 스무 살이에요.

Ho	venti anni.
오	벤v띠 안니.
(나) 가진다	20년들.

---

026 어디서 오셨어요?

Da	dove	vieni?
다	도베v	비v에니?
~로부터	어디	(너) 온다?

---

027 한국에서 왔어요.

Sono	coreano.
쏘노	꼬레아노.
(나) ~이다	한국인.

---

028 당신과 이야기 좀 하고 싶어요.

Voglio	parlare	con te.
볼v료	빠를라레	꼰 떼.
(나) ~하고 싶다	말하다	너와.

029 친구가 되자.

Diventiamo **amici.**
디벤v띠아모   아미치.
(우리) ~되자   친구.

---

030 전화번호 좀 알려 주세요.

Posso	**avere**	**il tuo numero**	**di telefono?**
뽀쏘	아베v레	일 뚜오 누메로	디 뗄레포f노?
(나) ~할 수 있다	가지고 있다	그 너의 번호	~의 핸드폰?

---

031 문자 해.

Mandami **un messaggio.**
만다미   운 메싸죠.
(너) 보내라 (나에게)   하나의 문자.

---

032 연락하면서 지내자!

Restiamo **in contatto!**
레스띠아모   인 꼰땃또!
(우리) 유지하자   연락하는!

---

033 정말?

Davvero?
다베v로?
정말?

---

034 물론이죠.

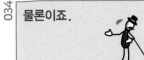

Sì, **certo.**
씨,   체르또.
그렇다,   확실한.

---

035 좋은 생각이에요.

È	**una buona idea.**	**Sembra**	**una buona idea.**
에	우나 부오나 이데아.	쎔브라	우나 부오나 이데아.
(그것) ~이다	하나의 좋은 생각.	(그것) ~처럼 보인다	하나의 좋은 생각.

---

036 알겠어요.
그럴게요.

Bene.
베네.
좋다.

---

037 나는 그렇게 생각 안 해요.

Non penso **così.**
논 뻰쏘   꼬지.
나 [부정] 생각한다   그렇게.

---

038 내게 생각이 있어요.

Ho **un'idea.**
오   우니데아.
(나) 가진다   하나의 생각.

039 실망했어요.

Sono | **deluso.**
쏘노 | 델루소.
(나) ~이다 | 실망한.

040 매우 좋아.

Molto | **bene.**
몰또 | 베네.
아주 | 좋은.

041 저도 그래요.

Anch'io.
앙끼오.
역시 (나).

042 재미있다!

È | **interessante.**
에 | 인떼레싼떼.
(그것) ~이다 | 흥미로운.

043 당신은 정말 재미있어요.

Sei | **divertente.**
쎄이 | 디베v르뗀떼.
(너) ~이다 | 웃긴.

044 당신 정말 친절하시군요!

Sei | **molto** | **cortese!**
쎄이 | 몰또 | 꼬르떼제!
(너) ~이다 | 매우 | 친절한!

045 좋은 하루 보내시길.

Buona | **giornata.**
부오나 | 죠르나따.
좋은 | 하루.

046 잘 가!

Ciao! = **Addio!**
챠오! | 앗디오!
안녕! | 잘 가라!

047 잘 자.

Buona | **notte.**
부오나 | 놋떼.
좋은 | 밤.

048

너도.

Anche tu.
앙께 뚜.
또한 너.

049

다음에 만나요.

Arrivederci!
아르~리베v데르치!
다시 만나자 (우리)!

050

곧 만나요.

Ci vediamo!
치 베v디아모!
서로 보자!

051

몸 건강해.
(헤어질 때 인사말)

Riguardati.
리과르다띠.
돌보아라 (너 스스로).

052

행운을 빌어요!

Buona fortuna!
부오나 포f르뚜나!
좋은 행운!

053

기운 내요!
힘을 내!

Su con il morale!
수 꼰 모랄레!
위로 ~와 함께 그 의욕!

054

서둘러!

Fai in fretta!
파f이 인 프f렛따!
너 해라 ~에 서두름!

055

축하합니다!

Congratulazioni!
꽁그라뚤라치z오니!
축하합니다!

056

생일 축하해요!

Buon compleanno!
부온 꼼쁠레안노!
행복한 생일!

057

건배!

Salute!
쌀루떼!
건강!

가장 자주 사용되는
이탈리아어 필수 표현

058-076

058 치즈~! (사진 찍을 때)

Sorridete! Cheese!
쏘ㄹ~리데떼! 께에세!
(너희) 미소를 지어라! 치즈!

059 이런!
아이고!
어머나!

Ops!
옵ㅅ!
이런!

060 누구세요? (눈에 보이지 않을 때)

Chi	**è?**
끼	에?
누구	(그것) ~이다?

061 누구세요?

Chi	**sei?**
끼	쎄이?
누구	(너) ~이다?

062 네?(전화 받을 때)
여보세요?

Pronto?
쁘론또?
준비된?

063 듣고 있어.

Sto	**ascoltando.**
ㅅ또	아ㅅ꼴딴도.
(나) 있다	듣는.

064 어디 있었던 거예요?

Dove	**eri?**
도베v	에리?
어디에	(너) ~있었다?

065 나 여기 있어.

Sono	**qui.**
쏘노	뀌.
(나) ~이다	여기에.

066 들어오세요.

Entra.
엔뜨라.
너 들어와라.

067 나 바빠.

Sono | **occupato.**
쏘노 | 오꾸빠또.
(나) ~이다 | 바쁜.

068 바빴어요.

Ero | **occupato.**
에로 | 오꾸빠또.
(나) ~이었다 | 바쁜.

069 한가해요.

Sono | **libero.**
쏘노 | 을리베로.
(나) ~이다 | 한가한.

070 앉으세요.

Prendi | **posto.**
쁘렌디 | 뽀스또.
(너) 가져라 | 자리.

071 계속하세요.

Avanti.
아반v띠.
앞으로.

072 잠시 들어봐.

Ascolta.
아스꼴따.
(너) 들어라.

073 도와주시겠어요?

Puoi | **aiutarmi?**
뿌오이 | 아유따르미?
(너) ~할 수 있다 | 도와주다 (나를)?

074 질문이 있어요.

Ho | **una domanda.**
오 | 우나 도만다.
(나) 가진다 | 하나의 질문.

075 내가 해 봐도 돼요?

Posso | **provare?**
뽀쏘 | 쁘로바v레?
(나) ~할 수 있다 | 시도하다?

076 시도해 볼게요.

Lo | **proverò.**
을로 | 쁘로베v로.
그것을 | (나) 시도할 것이다.

---

077 저거 봐!

Guardalo!
과르달로!
(너) 보아라 (저것을)!

---

078 마음에 들어요.

Mi	**piace.**
미	삐아체.
나에게	마음에 든다.

---

079 그냥 그래.

Così così.
꼬지 꼬지.
그렇게 그렇게.

---

080 그게 전부예요?

È	**tutto**	**qui?**
에	뚯또	뀌?
(그것) ~이다	전부	여기에?

---

081 그게 다예요.

È	**tutto.**
에	뚯또.
(그것) ~이다	전부.

---

082 그거면 충분해요.

È	**sufficiente.**
에	수피f치엔떼.
(그것) ~이다	충분한.

---

083 좀 깎아 주세요.

Fammi	**uno sconto.**
팜f미	우노 스꼰또.
(너) 주어라 (나에게)	하나의 할인.

---

084 너무 작아요.

È	**troppo**	**piccolo.**
에	뜨로뽀	삐꼴로.
(그것) ~이다	너무 많이	작은.

---

085 그렇지 않아요.

Non è	**vero.**
논 에	베v로.
(그것) [부정] ~이다	사실.

086 너무 비싸요.

È 에 (그것) ~이다 | **troppo** 뜨로뽀 너무 많이 | **caro.** 까로. 비싼.

087 매우 싸요.

È 에 (그것) ~이다 | **così** 꼬지 너무 | **economico.** 에꼬노미꼬. 싼.

088 생각해 볼게.

Lasciami 을라샤shmi (너) 내버려 두어라 (나를) | **pensare.** 뻰싸레. 생각하다.

089 괜찮아요. (거절)

No, 노, 아니다, | **grazie.** 그라치z에. 감사하다.

090 잠시만요.

Un momento, 운 모멘또, 하나의 순간, | **per favore!** 뻬르 파f보v레! 부탁한다!

091 왜 안 돼요?

Perché 뻬르께 왜 | **no?** 노? [부정]?

092 그게 어디에 있나요?

Dove 도베v 어디에 | **è?** 에? (그것) ~이다?

093 그게 언제인데?

Quando 꽌도 언제 | **è?** 에? (그것) ~이다?

094 얼마나 걸립니까?

Quanto 꽌또 얼마나 | **tempo** 뗌뽀 시간 | **ci vorrà?** 치 보v르~라? 걸릴 것이다?

095 기다릴 수 있어요.

Posso 뽀쏘 (나) ~할 수 있다 | **aspettare.** 아스뻿따레. 기다리다.

096 너무 기대돼요.

Sono | **emozionato.**
쏘노 | 에모치ℤ오나또.
(나) ~이다 | 신난.

097 그게 최고의 방법이에요.

È | **il modo** | **migliore.**
에 | 일 모도 | 밀료레.
(그것) ~이다 | 그 방법 | 최고인.

098 당신을 위한 거예요.

È | **per te.**
에 | 뻬르 떼.
(그것) ~이다 | 너를 위한.

099 그렇게 할게.

Lo | **farò.**
을로 | 파f로.
그것을 | (나) 할 것이다.

100 주문할게요.

Posso | **ordinare,** | **per favore?**
뽀쏘 | 오르디나레, | 뻬르 파f보v레?
(나) ~할 수 있다 | 주문하다, | 부탁한다?

101 추천해 주실 만하신 게 있나요?

Che cosa | **mi** | **raccomandi?**
께 꼬사 | 미 | 라꼬만디?
무엇 | 나에게 | (너) 추천한다?

102 한번 볼까요…

Vediamo.
베v디아모.
(우리) 보자.

103 뭐든지 좋아요.

Va | **bene** | **qualsiasi cosa.**
바v | 베네 | 꽐씨아씨 꼬사.
(그것) 간다 | 잘 | 뭐든지.

104 상관없어요.

Non | **importa.**
논 | 임뽀ㄹ따.
[부정] | 중요하다.

105 필요해요.

Ne | **ho bisogno.**
네 | 오 비조뇨.
그것 | (나) 필요성을 가진다.

---

106 배고파요.

Ho | **fame.**
오 | 파f메.
(나) 가진다 | 배고픔.

---

107 나는 배고프지 않아.

Non ho | **fame.**
논 오 | 파f메.
(나) 부정 가진다 | 배고픔.

---

108 배불러요.

Sono | **pieno.**
쏘노 | 삐에노.
(나) ~이다 | 배부른.

---

109 목말라요.

Ho | **sete.**
오 | 쎄떼.
(나) 가진다 | 목마름.

---

110 최대한 빨리.

Il più presto | **possibile.**
일 삐우 쁘레스또 | 뽀씨빌레.
가장 신속한 | 가능한.

---

111 서둘러서.

Rapidamente.
라삐다멘떼.
서둘러서.

---

112 준비됐어요?

Sei | **pronto?**
쎄이 | 쁘론또?
(너) ~이다 | 준비된?

---

113 준비됐어요.

Sono | **pronto.**
쏘노 | 쁘론또.
(나) ~이다 | 준비된.

---

114 아직이에요.

Non | **ancora.**
논 | 앙꼬라.
부정 | 아직.

115 언제부터 언제까지요?

Da **quando** **a** **quando?**
다 | 꽌도 | 아 | 꽌도?
~부터 | 언제 | ~까지 | 언제?

---

116 맛 좋아?

È **buono?**
에 | 부오노?
(그것) ~이다 | 맛있는?

---

117 음식은 어때요?

Com'era **il cibo?**
꼬메라 | 일 치보?
어떻게 ~했다 | 그 음식?

---

118 어떤 거?

Quale?
꽐레?
어떤 것?

---

119 얼마큼?
몇 개?

Quanto?
꽌또?
얼마나?

---

120 몇 정거장이나 떨어져 있나요?

Quante **fermate** **da** **qui?**
꽌떼 | 페f르마떼 | 다 | 뀌?
얼마나 | 정류장들 | ~로부터 | 여기에?

---

121 얼마나 자주?

Quante **volte?**
꽌떼 | 볼v떼?
얼마나 | 몇 번?

---

122 얼마나 빨리?
얼마 동안?

Quanto **presto?**
꽌또 | 쁘레스또?
얼마나 | 빨리?

---

123 화장실이 어디예요?

Dov'è **il bagno?**
도베v | 일 바뇨?
(어디에) ~이다 | 그 화장실?

124

더 주세요.

Di più, | per favore.
디 삐우, | 뻬르 파f보v레.
~의 더, | 부탁한다.

125

충분해.

Sufficiente.
수피f치엔떼.
충분한.

126

그건 너무 많아요.

È | troppo.
에 | ㄸ로뽀.
(그것) ~이다 | 너무 많은.

127

맛있다.

È | delizioso.
에 | 델리치z오소.
(그것) ~이다 | 맛있는.

128

완벽해.

Perfetto.
뻬르펫f또.
완벽한.

129

나쁘지 않아.

Non | male.
논 | 말레.
[부정] | 나쁜.

130

제대로 골랐네.

Buona | scelta.
부오나 | 셸sh따.
좋은 | 선택.

131

잘했어.

Ben | fatto.
벤 | 팟f또.
좋은 | 행동.

132

문제없어요.

Non | c'è | problema.
논 | 체 | 쁘로블레마.
[부정] | ~이 있다 | 문제.

133

깜짝 놀랐어.

Sono | sorpreso.
쏘노 | 쏘르쁘레소.
(나) ~이다 | 놀란.

134 너무 짜요.

È | **troppo** | **salato.**
에 | ㄸ로뽀 | 쌀라또.
(그것) ~이다 | 너무 많이 | 짠.

135 너무 매워요.

È | **troppo** | **piccante.**
에 | ㄸ로뽀 | 삐깐떼.
(그것) ~이다 | 너무 많이 | 매운.

136 너무 달아요.

È | **troppo** | **dolce.**
에 | ㄸ로뽀 | 돌체.
(그것) ~이다 | 너무 많이 | 단.

137 너무 더워요.

Fa | **troppo** | **caldo.**
파f | ㄸ로뽀 | 깔도.
(그것) 한다 | 너무 많이 | 더운.

138 너무 추워요.

Fa | **troppo** | **freddo.**
파f | ㄸ로뽀 | 프f렛도.
(그것) 한다 | 너무 많이 | 추운.

139 계산서 주세요.

Il conto, | **per favore.**
일 꼰또, | 뻬르 파f보v레.
그 계산서, | 부탁한다.

140 내가 계산할게.

Pago | **io.**
빠고 | 이오.
계산한다 | 나.

141 할 수 있어?

Puoi | **farlo?**
뿌오이 | 파f를로?
(너) ~할 수 있다 | 하다 (그것을)?

142 나는 할 수 있어요!

Posso | **farcela.**
뽀쏘 | 파f르첼라.
(나) ~할 수 있다 | 해내다 (그것을).

143

지금.

Adesso.
아데쏘.
지금.

144

언제든지.

In	**qualunque**	**momento.**
인	꽐룽꿰	모멘또.
~에	어떤 ~이라도	순간.

145

곧 (금세).

Presto.
쁘레스또.
곧.

146

아, 안 돼…

Oh	**no...**
오	노...
오,	안 돼...

147

다음번.

La prossima	**volta.**
을라 쁘로씨마	볼ᵛ따.
그 다음	회.

148

한 번 더.

Ancora	**una volta.**
앙꼬라	우나 볼ᵛ따.
다시	한 번.

149

해라.

Fallo.
팔ᶠ로.
(너) 해라 (그것을).

150

괜찮아요?

Stai	**bene?**
스따이	베네?
(너) 있다	잘?

151

바쁘세요?

Sei	**occupato?**
쎄이	오꾸빠또?
(너) ~이다	바쁜?

152

도와주세요!

Aiuto!
아유또!
도움!

153 누구?

Chi?
끼?
누구?

---

154 어디예요?

Dove | sei?
도베ᵛ | 쎄이?
어디에 | (너) ~이다?

---

155 어떻게?

Come?
꼬메?
어떻게?

---

156 왜?

Perché?
뻬르께?
왜?

---

157 어때?

Com'è?
꼬메?
어떻게 ~이다?

---

158 그래서?

Allora?
알로라?
그래서?

---

159 무슨 일이 벌어진 거야?

Che cosa | è | successo?
께 꼬사 | 에 | 수체쏘?
어떤 일 | ~이다 | 발생한?

---

160 무슨 문제 있어요?

Hai | qualche problema?
아이 | 꽐께 쁘로블레마?
(너) 가진다 | 어떤 문제?

---

161 나는 몰라요.

Non | lo | so.
논 | 을로 | 쏘.
[부정] | 그것 | (나) 안다.

162 다시 말씀해 주실래요?

Mi scusi?
미 스꾸지?
나를 (당신) 용서하나요?

163 저를 거기로 데려다줄 수 있어요?

Puoi portarmi là?
뿌오이 뽀르따르미 을라?
(너) ~할 수 있다 데려가다 (나를) 거기로?

164 당신에게 달렸어요.

Dipende da te.
디뻰데 다 떼.
(그것) 달리다 ~에게 너.

165 큰일 났다.

Sono nei guai.
쏘노 네이 과이.
(나) ~이다 곤경에 빠진.

166 걱정하지 마.

Non ti preoccupare.
논 띠 쁘레오꾸빠레.
[부정] 너 스스로 걱정해라.

167 신경 쓰지 마세요. 별거 아니야.

Lascia stare.
을라샤sh 스따레.
(너) 내버려 두어라 있다.

168 환불하고 싶어요.

Voglio un rimborso.
볼v료 운 림보르쏘.
(나) ~하고 싶다 하나의 환불.

169 모든 것이 정상이에요.

Va tutto bene.
바v 뜻또 베네.
(그것) 간다 전부 잘.

170 말이 안 되잖아.

Non ha senso.
논 아 쎈쏘.
(그것) [부정] 가진다 일리.

171 잃어버렸어요.

L'ho perso.
을로 뻬르소.
나 (그것을) 잃어버렸다.

172 시간 없어요.

Non ho | tempo.
논 오 | 뗌뽀.
(나) [부정] 가진다 | 시간.

173 가야겠어요.

Devo | andare.
데보v | 안다레.
(나) ~해야 한다 | 간다.

174 가고 싶어.

Voglio | andare.
볼v료 | 안다레.
(나) ~하고 싶다 | 간다.

175 가자!

Andiamo!
안디아모!
(우리) 가자!

176 걸어가면 돼요.

Posso | andare | a | piedi.
뽀쏘 | 안다레 | 아 | 삐에디.
(나) ~할 수 있다 | 간다 | ~로 | 발들.

177 곧 돌아올게요.

Ritorno | subito.
리또르노 | 수비또.
(나) 돌아온다 | 금방.

178 늦었어요.

Sono | in ritardo.
쏘노 | 인 리따르또.
(나) ~이다 | 늦은.

179 진심이에요.

Sto | parlando | sul serio.
스또 | 빠를란도 | 술 쎼리오.
(나) 있다 | 말하는 | 심각하게.

180 감동했어요.

Sono | commosso.
쏘노 | 꼼모쏘.
(나) ~이다 | 감동한.

181 동감이에요.

Concordo | con | te.
꼰꼬르도 | 꼰 | 떼.
(나) 동의한다 | ~와 | 너를.

182 네가 그리워.

Mi | manchi.
미 | 망끼.
나에게 | (너) 그립다.

183 사랑해.

Ti | amo.
띠 | 아모.
너를 | (나) 사랑한다.

184 네가 옳아.

Hai | ragione.
아이 | 라죠네.
너 가진다 | 이상.

185 네가 틀렸어.

Ti sbagli.
띠 스바을리.
너 스스로 틀린다.

186 지겨워요.

Sono | annoiato.
쏘노 | 안노이아또.
(나) ~이다 | 지루해진.

187 아파요.

Sono | malato.
쏘노 | 말라또.
(나) ~이다 | 아픈.

188 무서워.

Ho | paura.
오 | 빠우라.
(나) 가진다 | 두려움.

189 피곤해요.

Sono | stanco.
쏘노 | 스땅꼬.
(나) ~이다 | 피곤한.

190 그거 재미있네.

È | divertente.
에 | 디베v르뗀떼.
(그것) ~이다 | 재미있는.

191 이건 무리예요.

È
에
(그것) ~이다

faticoso.
파f띠꼬소.
힘든.

192 이건 어려워요.

È
에
(그것) ~이다

difficile.
디피f칠레.
어려운.

193 그건 중요해요.

È
에
(그것) ~이다

importante.
임뽀르딴떼.
중요한.

194 이건 유용해요.

È
에
(그것) ~이다

utile.
우띨레.
유용한.

195 대단했어요.

È stato
에 스따또
(그것) ~이었다

eccezionale.
에체치z오날레.
특출한.

196 좋았어요.

È stato
에 스따또
(그것) ~이었다

bello.
벨로.
좋은.

197 그만해.

Smettila.
스멧띨라.
너 멈춰라 (그것을).

198 조심해.

Stai
스따이
(너) ~하게 있어라

attento.
아뗀또.
주의 깊은.

199 화가 납니다.

Sono
쏘노
(나) ~이다

arrabbiato.
아ㄹ~랍비아또.
화난.

200

화내지 마.

Non essere | **arrabbiato.**
논 에쎄레 | 아르~랍비아또.
(너) [부정] ~이어라 | 화난.

201

이해가 안 돼요.

Non | **capisco.**
논 | 까삐스꼬.
[부정] | 이해한다.

202

혹시 모르니까.

In | **caso.**
인 | 까소.
~안에 | 경우.

203

왜 그랬어?

Perché | **lo** | **hai fatto?**
뻬르께 | 을로 | 아이 팟또?
왜 | 그것을 | (너) 했다?

204

뭘 원하는 거야?

Che cosa | **hai bisogno?**
께 꼬사 | 아이 비조뇨?
무엇 | (너) 필요성을 가진다?

205

내가 해야 해?

Devo | **farlo** | **io?**
데보v | 파f를로 | 이오?
~해야 한다 | 하다 (그것을) | 나?

206

그건 쉽지요.

È | **facile.**
에 | 파f칠레.
(그것) ~이다 | 쉬운.

207

나 기다리는
중이에요.

Sto | **aspettando.**
스또 | 아스뻿딴도.
(나) 있다 | 기다리는.

208

저 지금 가고
있어요.

Sto | **andando.**
스또 | 안단도.
(나) 있다 | 가는.

209

노력 중이에요.

Sto | **provando.**
스또 | 쁘로반v도.
(나) 있다 | 시도하는.

01

영어는 Be동사
이탈리아어는
Essere 동사

Io sono coreano.
나는 한국인입니다.

한눈에 배운다!
이탈리아어는 세 토막

영어랑 똑같다

동영상 강의

여러분, 혹시 처음 영어를 배웠던 때를 기억하시나요? 영어의 어순이 '주어 + 동사'로 시작한다는 문법부터 배웠지요. 우리말이나 일본어와는 달리 대부분의 언어가 '주어 + 동사' 어순으로 시작한답니다. 그렇다면 이탈리아어도 마찬가지겠지요? 네, 그렇답니다. 꼭 기억하세요! **주어 + 동사!**

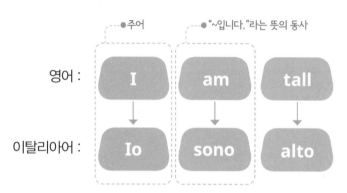

- 주어
- "~입니다."라는 뜻의 동사

영어 : **I** **am** **tall**
↓ ↓ ↓
이탈리아어 : **Io** **sono** **alto**

영어에서 am, are, is를 합쳐서 Be동사라고 부르죠? 부를 때만 Be동사라고 부르고, 실제로는 주어가 누구냐에 따라 다음과 같은 변형을 사용합니다.

I am~

You are~

She is~

이탈리아어의 Essere[애쎄레] **동사** 는 영어의 **Be 동사** 와 같습니다.
Be동사가 am, are, is로 사용되듯이 Essere도 6가지로 변화하죠.

am
are
Be
원형
is

sono
siamo
sei
Essere
원형
siete
sono
è

10번 읽어보세요!
Essere 동사

따라 말하기

남성　여성　성별무관

I am = Io sono [이오 쏘노]

 Io sono ~
[이오 쏘노]
나는 ~ 입니다

Noi siamo~
[노이 씨아모]
우리는 ~ 입니다

1인칭

 Tu sei ~
[뚜 쌔이]
너는 ~ 이다

 Voi siete ~
[보ᵛ이 씨에떼]
너희는 ~ 이다

2인칭

Lei è ~
[을래이 애]
당신은 ~ 입니다

Voi siete ~
[보ᵛ이 씨에떼]
당신들은 ~ 입니다

 **Lui** è ~
[을루이 애]
그는 ~ 입니다

Lei è ~
[을래이 애]
그녀는 ~ 입니다

 Loro sono ~
[을로로 쏘노]
그들은 ~ 입니다

3인칭

 주어와 동사를 말해보세요.

존대

 주어를 보고 동사를 말해보세요.

Io ~

Noi ~

Voi ~

Lei ~

Tu ~

Loro ~

주어를 보고 동사를 말해보세요.

동사를 보고 주어를 말해보세요.

~ è

~ siete

~ sono

~ sei

~ sono

~ siamo

여기 형용사와 명사가 있습니다.
형용사 '아름다운'이 명사 '소년'을 꾸며주고 있군요.

명사
소년

형용사
아름다운

자, 그럼 이번엔 형용사 '아름다운'에 해당하는 이탈리아어를 알아볼까요?
주의하세요. 깜짝 놀랄 수도 있습니다.

bell**a**
bell**i**
bell**o**   아름다운   bell**e**

똑같은 의미의 형용사가 도대체 왜 네 가지로 나뉘는 것일까요?
그것은 남성과 여성, 그리고 단수와 복수를 표현하기 위해서입니다. 우리 입장
에서는 기가 찰 노릇이죠. 하지만 형용사의 변형에는 간단한 규칙이 있습니다.
끝이 o로 끝나는지 a로 끝나는지에 따라 다릅니다. 생각보다 간단하니 아래의
표를 보며 익혀봅시다.

bell**o** o로 끝나는 경우	bell**o** [벨로] 아름다운	bell**i** [벨리] 아름다운	bell**a** [벨라] 아름다운	bell**e** [벨레] 아름다운
grand**e** e로 끝나는 경우	grand**e** [그란데] 큰, 높은	grand**i** [그란디] 큰, 높은	grand**e** [그란데] 큰, 높은	grand**i** [그란디] 큰, 높은

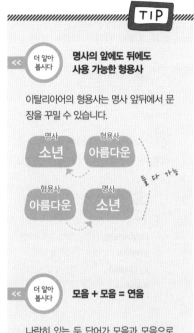

TIP

더 알아봅시다

명사의 앞에도 뒤에도 사용 가능한 형용사

이탈리아어의 형용사는 명사 앞뒤에서 문장을 꾸밀 수 있습니다.

명사
소년

형용사
아름다운

형용사
아름다운

명사
소년

둘 다 가능

더 알아봅시다

모음 + 모음 = 연음

나란히 있는 두 단어가 모음과 모음으로 연결될 때, 그러니까 다음과 같은 경우에 연음 현상이 발생합니다.

● bello uomo (o + u)
[밸로 워모] : 아름다운 남자

연음 현상이 일어나면 어떻게 될까요? 쓸 때도 이어서 쓰고, 읽을 때도 이어서 읽습니다. 다음과 같이 말이죠.

● bell'uomo
[밸뤄모] : 아름다운 남자

물론 연음을 사용하지 않아도 틀리지는 않습니다. 다만 대부분 사람이 위의 조건에서 연음을 사용한다는 것이죠. 한 가지 주의해야 할 것은 연음이 발생할 수 없는 경우도 있다는 것입니다. 모음 + 모음의 경우인데도 말이죠. 대표적으로 연음이 발생하는 경우는 '앞 단어가 o, a로 끝날 때' 입니다.

● o, a로 끝나는 단어 + 모음으로 시작하는 단어
= 연음

한눈에 배운다!
남자는 "코레아노", 여자는 "코레아나"

신분 명사도
4종 세트

P51-53
한번에 배우자!

동영상 강의

직업을 나타내는 영어 단어 중에,
간혹 성별에 따라 단어를 나눠서 쓰는 경우가 있습니다.

 waiter
웨이터

 waitress
웨이트리스

영어에서는 이런 일이 간혹 일어날 뿐입니다. 하지만, 놀라지 마세요,
이탈리아어에서는 거의 모든 직업과 신분을 성별에 맞추어 사용합니다.

 corean**o**
코레아노

corean**a**
코레아나

cameriere	[카메래레] : 남자 웨이터		**cameriera**	[카메래라] : 여자 웨이터
medico	[매디코] : 남자 의사		**medica**	[매디카] : 여자 의사
avvocato	[아보ᵛ까또] : 남자 변호사		**avvocata**	[아보ᵛ까따] : 여자 변호사
italiano	[이딸리아노] : 이탈리아 남자		**italiana**	[이딸리아나] : 이탈리아 여자

이 단어들은 모두 명사이지만 마치 형용사처럼 변화하죠.
대부분 'o' 로 끝나는 명사는 -o (남자 단수) , -i (남자 복수) , -a (여자 단수) ,
-e (여자 복수)로 변화합니다. 'e' 로 끝나는 명사는 e, i, e, i 로 변합니다.

어떤 신분명사들은 남성과 여성의 형태가 똑같습니다. 마치 영어에서 의사는
남녀를 가리지 않고 Doctor인 것처럼 말이죠. 이때는 명사 앞에 붙은 관사로
성·수를 구분하게 되는데, 관사에 대한 내용은 2단원에서 배우게 됩니다.

artista	[아ㄹ띠스따] : 예술가
cantante	[깐딴떼] : 가수
chitarrista	[끼따ㄹ~리스따] : 기타 연주자
giornalista	[죠ㄹ날리스따] : 기자
pianista	[삐아니스따] : 피아니스트
preside	[쁘래시데] : 교장

 주어진 신분명사를 변화시켜 보세요.

cinese [치네제] 중국인   **maestro** [마에스뜨로] 선생님

TIP

《 더 알아 봅시다   **남성명사, 여성명사**

우리는 지금 직업과 신분을 나타내는 명사
에 대해서 배우고 있습니다. 이 명사들은
전체 명사 중에서 일부에 불과하죠.

신분명사

명사

그렇다면 나머지 명사들은 어떨까요? 나머
지 명사들도 모두 남성이나 여성 중 한 가지
로 정해져 있습니다. '책은 남성, 책상은 여
성'과 같은 식이죠.

● 신분 명사 : 남성형 and 여성형
  (형용사와 비슷)
● 나머지 명사 : 남성형 or 여성형
  (책은 남성, 책상은 여성)

모든 명사에 이처럼 둘 중 하나의 성을 정해
주는 이유는 그에 맞는 형용사를 붙여주기
위함입니다. 이에 관해서는 2단원에서 배우
도록 하겠습니다.

《 더 알아 봅시다   **남성과 여성의 형태가
똑같은 신분명사 구분하기**

남성과 여성의 형태가 똑같은 신분명사를
사용할 때도 성별을 구분해 줄 수 있습니
다. 바로 관사를 사용하는 것이죠. 이에
관해서도 2단원에서 배우도록 하겠습니다.

정답입니다!

cinese

cinese, cinesi, cinese, cinesi
[치네제, 치네지, 치네제, 치네지]

maestro

maestro ⚇   *maestri* ⚇⚇
maestra ⚇   *maestre* ⚇⚇

[마에스뜨로, 마에스뜨리, 마에스뜨라, 마에스뜨레]

모음으로 끝나는 단수명사들은 '-i' 또는 '-e'를
붙여서 복수의 형태로 만듭니다.

P51~53
한번에 배우자!
동영상 강의

앞에서 우리는 형용사와 신분 명사를 배웠습니다.
그럼 이번에는 이들 두 가지를 한꺼번에 사용해볼까요?
원래 형용사는 명사와 사용하는 것이니까 말이죠.

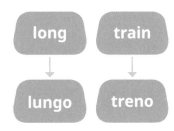

형용사의 어순이 영어와 같군요.
그런데 이탈리아어의 형용사는 명사의 뒤에도 올 수 있습니다.

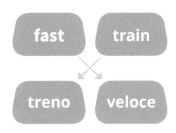

그건 그렇고, 형용사도 4종 세트, 신분명사도 4종 세트입니다.
변화하는 모양새도 똑같으므로 쉽습니다.
겉으로 볼 때 어려운 것들은 속을 들여다보면 쉬운 법이죠.

ragazzo sveglio
라가쪼 스벨V료
영리한 소년

ragazza sveglia
라가짜 스벨V랴
영리한 소녀

ragazzi svegli
라가찌 스벨V리
영리한 소년들

ragazze sveglie
라가쩨 스벨V레
영리한 소녀들

 TIP

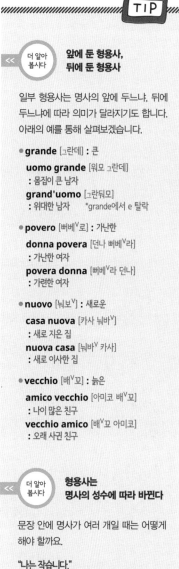

» 더 알아
봅시다
**앞에 둔 형용사,
뒤에 둔 형용사**

일부 형용사는 명사의 앞에 두느냐, 뒤에
두느냐에 따라 의미가 달라지기도 합니다.
아래의 예를 통해 살펴보겠습니다.

● **grande** [그란데] : 큰
  uomo grande [워모 그란데]
  : 몸집이 큰 남자
  grand'uomo [그란둬모]
  : 위대한 남자   *grande에서 e 탈락

● **povero** [뻐베V로] : 가난한
  donna povera [던나 뻐베V라]
  : 가난한 여자
  povera donna [뻐베V라 던나]
  : 가련한 여자

● **nuovo** [눠보V] : 새로운
  casa nuova [카사 눠바V]
  : 새로 지은 집
  nuova casa [눠바V 카사]
  : 새로 이사한 집

● **vecchio** [배V꼬] : 늙은
  amico vecchio [아미코 배V꼬]
  : 나이 많은 친구
  vecchio amico [배V꼬 아미코]
  : 오래 사귄 친구

» 더 알아
봅시다
**형용사는
명사의 성수에 따라 바뀐다**

문장 안에 명사가 여러 개일 때는 어떻게
해야 할까요.

"나는 작습니다."
위에서 '작은'을 의미하는 형용사는 '나'를
꾸미는 것입니다. 그래서 말하는 사람이
남성인지 여성인지에 따라 형용사의 형태
를 결정합니다.

"나는 작은 꽃입니다."
여기에서 '작은'을 의미하는 형용사는 '꽃'
을 꾸미고 있습니다. 이탈리아어에서 '꽃'은
남성명사이므로, 남성형 형용사를 사용합
니다.

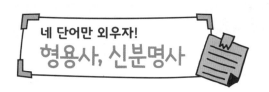

따라 말하기

난 키가 작아.  *Io sono basso.*

이오   쏘노   바쏘

basso [바쏘] 키가 작은

basso	바쏘	bassa	바싸
bassi	바씨	basse	바쎄

bello [밸로] 잘생긴, 매력적인

bello	밸로	bella	밸라
belli	밸리	belle	밸레

viaggiatore [비ᵛ아짜또레] 여행자

viaggiatore	비ᵛ아짜또레	viaggiatrice	비ᵛ아짜뜨리체
viaggiatori	비ᵛ아짜또리	viaggiatrici	비ᵛ아짜뜨리치

studente [스뚜댄떼] 학생

studente	스뚜댄떼	studentessa	스뚜덴떼싸
studenti	스뚜댄띠	studentesse	스뚜덴떼쎄

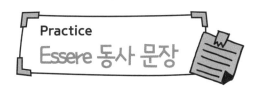

Practice
Essere 동사 문장

따라 말하기

 빈칸에 형용사를 써넣으세요. 이때 주어의 성, 수에 주의하세요.

1 여행자이다.

Io　sono　viaggiatore

2 키가 작다.

Io　sono　( )

3 키가 크다.

Tu　sei　( )

4 키가 작다.

Tu　sei　( )

5 잘생겼다.

Lui　è　( )

6 한국인이다.

Lui　è　( )

7 여행자이다.

Lei　è　( )

8 학생들이다.

Noi　siamo　( )

9 잘생겼다.

Noi　siamo　( )

10 선생님들이다.

Loro　sono　( )

11 키가 크다.

Loro　sono　( )

12 중국인들이다.

Loro　sono　( )

정답입니다! ① viaggiatore ② basso ③ alto ④ bassa ⑤ bello ⑥ coreano ⑦ viaggiatrice ⑧ studenti
⑨ belli ⑩ insegnanti ⑪ alti ⑫ cinesi

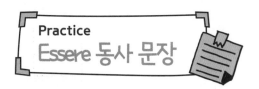

Practice
Essere 동사 문장

따라 말하기

 다음 문장을 이탈리아어로 옮겨 적어 보세요.

1 나는 한국인이다.   *Io sono coreana.*

_____

2 나는 선생님이다.

_____

3 나는 중국인이다.

_____

4 그는 키가 작다.

_____

5 그녀는 학생이다.

_____

6 너는 귀여워.

carina : 귀여운 [카리나]
_____

7 너희는 똑똑하다.

intelligenti : 똑똑한 [인뗄리젠띠]
_____

8 그들은 여행자들이다.

_____

9 그녀들은 중국인들이다.

_____

10 그녀들은 여행자들이다.

_____

정답입니다! ① Io sono coreana. ② Io sono professore. ③ Io sono cinese. ④ Lui è basso.
⑤ Lei è una studentessa. ⑥ Sei carina. ⑦ Voi siete intelligenti. ⑧ Loro sono viaggiatori.
⑨ Loro sono cinesi. ⑩ Loro sono viaggiatrici.

한눈에 배운다!
Essere 동사 부정문 & 주어의 생략

동사앞에 non

동영상 강의

부정문

'나는 행복하지 않아'라는 표현을 영어로 한번 말해볼까요?
not을 이용해서 손쉽게 만들 수 있습니다.

I am not happy.

am에 not을 붙여주면 간단히 부정문이 되지요. 이탈리아어에도 영어의 not에 해당하는 부정 표현이 있는데, 다행히도 생김새는 영어의 not과 비슷합니다. 쓰임은 조금 다르지만요. 영어에서는 not을 Be동사 뒤에 두는 반면, **이탈리아어의 부정 표현인 non 은 동사의 앞에 둡니다.**

▶ 나는 행복하지 않아. [이오 논 쏘노 펠f리체.]

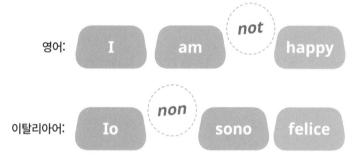

영어: I am not happy
이탈리아어: Io non sono felice

주어의 생략

이탈리아어에서는 문장에서 주어를 생략하기도 합니다. 하지만 생략된 주어가 무엇인지 쉽게 추측할 수 있도록 되어 있습니다. 주어에 따라 동사의 모양이 바뀌기 때문이죠. 거꾸로 말해서, **동사를 보면 그 문장의 주어를 알 수 있다는 것**입니다.

▶ 우리는 한국인이다. [노이 씨아모 코레아니.]

Noi siamo coreani = Siamo coreani

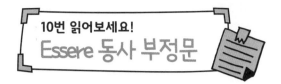

따라 말하기

I am not = Io non sono [이오 논 쏘노]

 남성 여성 성별무관

Io non sono ~
[이오 논 쏘노]
나는 ~ 이 아닙니다

Noi non siamo ~
[노이 논 씨아모]
우리는 ~ 이 아닙니다

10인칭

Tu non sei ~
[뚜 논 쌔이]
너는 ~ 이 아니다

Voi non siete ~
[보ᵛ이 논 씨에떼]
너희는 ~ 이 아니다

Lei non è ~
[을래이 논 애]
당신은 ~ 이 아닙니다

Voi non siete ~
[보ᵛ이 논 씨에떼]
당신들은 ~ 이 아닙니다

20인칭

Lui non è ~
[을루이 논 애]
그는 ~ 이 아닙니다

Loro non sono ~
[을로로 논 쏘노]
그들은 ~ 이 아닙니다

Lei non è ~
[을래이 논 애]
그녀는 ~ 이 아닙니다

30인칭

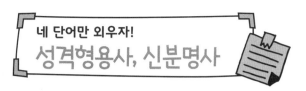

네 단어만 외우자!
성격형용사, 신분명사

따라 말하기

그는 영리하지 않아.

Lui non è sveglio.

을루이　논　애　스벨ᵛ료.

---

sveglio [스벨ᵛ료] 영리한

↘ 👤 **sveglio** 스벨ᵛ료	↘ 👤 **sveglia** 스벨ᵛ랴
↘ 👥 **svegli** 스벨ᵛ리	↘ 👥 **sveglie** 스벨ᵛ레

amichevole [아미께볼ᵛ레] 친절한, 상냥한

↘ 👤 **amichevole** 아미께볼ᵛ레	↘ 👤 **amichevole** 아미께볼ᵛ레
↘ 👥 **amichevoli** 아미께볼ᵛ리	↘ 👥 **amichevoli** 아미께볼ᵛ리

italiano [이딸리아노] 이탈리아인

↘ 👤 **italiano** 이딸리아노	↘ 👤 **italiana** 이딸리아나
↘ 👥 **italiani** 이딸리아니	↘ 👥 **italiane** 이딸리아네

straniero [스뜨라내로] 외국인

↘ 👤 **straniero** 스뜨라내로	↘ 👤 **straniera** 스뜨라내라
↘ 👥 **stranieri** 스뜨라내리	↘ 👥 **straniere** 스뜨라내레

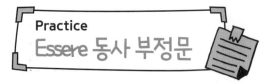

Practice
Essere 동사 부정문

따라 말하기

 문장의 뜻에 맞추어 빈칸을 채워보세요.

1 나는 중국인이 아니다.

2 나는 이탈리아인이 아니다.

italiano

3 그는 친절하지 않다.

amichevole

4 그녀는 키가 크지 않다.

alta

5 그녀는 외국인이 아니다.

straniera

6 우리는 똑똑하지 않다.

intelligenti

7 너희는 학생들이 아니다.

studenti

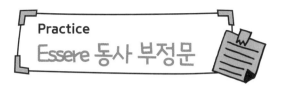

Practice
Essere 동사 부정문

 다음 부정문을 이탈리아어로 옮겨 적어 보세요.

1 🧍 나는 키가 크지 않다.　**Io non sono alta.**

2 🧍 나는 한국인이 아니다.

3 🧍 나는 키가 작지 않다.

4 🧍 그는 똑똑하지 않다.

5 🧍 그녀는 친절하지 않다.

6 🧍 그녀는 예쁘지 않다.

7 🧍🧍 우리는 이탈리아인들이 아니다.

8 🧍🧍 그들은 똑똑하지 않다.

9 🧍🧍 그들은 학생들이 아니다.

10 🧍🧍 그녀들은 중국인들이 아니다.

·정답입니다! ① Io non sono alta. ② Io non sono coreano. ③ Io non sono basso. ④ Lui non è intelligente.
⑤ Lei non è amichevole. ⑥ Lei non è bella. ⑦ Noi non siamo italiani.
⑧ Loro non sono intelligenti. ⑨ Loro non sono studenti. ⑩ Loro non sono cinesi.

 주어가 생략된 문장들에 주어를 넣어보세요.

1 [Io] sono viaggiator**e**. ⌐여행자

2 [ ] non sono bass**o**. ⌐키가 작은

3 [ ] sei alt**a**. ⌐키가 큰

4 [ ] non sei magr**a**. ⌐날씬한

5 [ ] è bell**o**. ⌐잘생긴

6 [ ] è corean**o**. ⌐한국인

7 [ ] è student**e**. ⌐학생

8 [ ] non siamo insegnant**i**. ⌐선생님들

9 [ ] sei gentil**e**. ⌐친절한

10 [ ] sono bell**i**. ⌐잘생긴

11 [ ] sono intelligent**i**. ⌐똑똑한

12 [ ] non sono alt**e**. ⌐키가 큰

· 정답입니다! 1 Io 2 Io 3 Tu 4 Tu 5 Lui 6 Lui 7 Lui /Lei 8 Noi 9 Tu 10 Loro 11 Loro 12 Loro

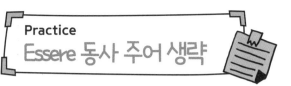

Practice
Essere 동사 주어 생략

따라 말하기

 다음을 이탈리아어로 옮겨 적어 보세요. 단 주어는 생략하세요.

1 ↘ 나는 키가 크지 않다.   **Non sono alta.**

2 ↘ 나는 한국인이 아니다.

3 ↘ 너는 친절하다.

4 ↘ 너는 똑똑하지 않다.

5 ↘ 그는 잘생겼다.

6 ↘ 그는 키가 작지 않다.

7 ↘ 우리는 이탈리아인들이 아니다.

8 ↘ 너희는 여행자들이 아니다.

9 ↘ 그들은 학생들이다.

10 ↘ 그녀들은 중국인들이 아니다.

·정답입니다!· ① (Io) non sono alta. ② (Io) non sono coreana. ③ (Tu) sei amichevole.
④ (Tu) non sei intelligente. ⑤ (Lui) è bello. ⑥ (Lui) non è basso. ⑦ (Noi) non siamo italiane.
⑧ (Voi) non siete viaggiatori. ⑨ (Loro) sono studenti. ⑩ (Loro) non sono cinesi.

한눈에 배운다!
Essere 동사 의문문

'?'만 붙이자!

동영상 강의

Essere동사의 의문문을 만들어보겠습니다. 이탈리아어의 의문문은 영어와 달리 주어와 동사의 위치가 바뀌지 않으며, 평서문에 물음표를 사용하여 의문을 표현합니다.

방법 1 '?'를 붙여라

참 신기한 일입니다. 전 세계 모든 언어가 말꼬리만 올리면 의문문이 되지요. 이탈리아어도 마찬가지입니다. **글을 쓸 때는 물음표로, 글을 읽을 때는 말꼬리를 올려 발음**함으로써 의문을 나타냅니다.

▶ 너는 정직하니? [뚜 쌔이 오내스또?]

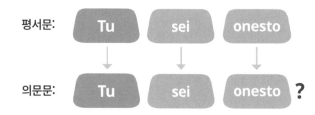

평서문: Tu sei onesto

의문문: Tu sei onesto **?**

방법 2 주어의 생략이 가능한 의문문

앞서 Essere동사의 평서문에서 주어를 생략할 수 있다는 것을 배웠습니다. 의문문에서도 주어를 생략할 수 있습니다. 동사의 모양만으로도 주어를 충분히 짐작할 수 있기 때문입니다.

▶ (너는) 정직하니? [쌔이 오내스또?]

Tu sei onesto **?**
=
Sei onesto **?**

TIP

<< 읽어 보세요

Essere와 비슷한 또 하나의 동사 'stare'

우리가 배운 essere동사는 영어로 am, are, is에 해당합니다. 그런데 이탈리아어에서는 간혹 essere 대신 다른 동사를 사용하기도 합니다.

혹시 영어의 **stay**라는 동사를 아시나요? '그 자리에 머물다, 그대로 멈춰있다'를 의미하는 동사죠. 이와 유사한 표현이 이탈리아어로 **stare**인데, essere동사 대신에 간혹 사용됩니다. 물론 의미는 stay와 비슷하죠.

그렇다면 어떤 경우에 essere를, 또 어떤 경우에 stare를 사용하는 것일까요? 결론부터 말하자면 대부분 essere를 사용하면 됩니다. 다만, 다음과 같이 '그 자리에 머물다, 그대로 멈춰있다.' 라는 느낌을 강조하고 싶을 때는 stare 동사를 씁니다.

- 창문이 계속해서 열린 상태일 때
- 사과가 계속해서 식탁 위에 있는 상태일 때
- 몸이 계속해서 아픈 상태일 때

여기서 한 가지만 더 생각해 보겠습니다. stare는 일종의 '강조 용법'인데, 강조가 필수인 경우도 있지 않을까요? 다음의 경우는 '그 상태 그대로'를 강조하는 것이 너무나 자연스러워서 항상 stare를 사용합니다.

- **가만히 있으라고 명령할 때**
  : 명령문은 항상 stare
- **진행 중인 일을 말할 때**
  : 진행형은 항상 stare

네 단어만 외우자!
상태 형용사

따라 말하기

나는 심심하다.

Io sono annoiato.
이오   쏘노   안노야또

annoiato [안노야또] 심심한

↘	annoiato	안노야또
↘	annoiati	안노야띠
↘	annoiata	안노야따
↘	annoiate	안노야떼

felice [펠f리체] 행복한

↘	felice	펠f리체
↘	felici	펠f리치
↘	felice	펠f리체
↘	felici	펠f리치

vivo [비ᵛ보ᵛ] 살아 있는

↘	vivo	비ᵛ보ᵛ
↘	vivi	비ᵛ비ᵛ
↘	viva	비ᵛ바ᵛ
↘	vive	비ᵛ베ᵛ

sano [사노] 건강한

↘	sano	사노
↘	sani	사니
↘	sana	사나
↘	sane	사네

따라 말하기

✏️ 빈칸을 채워 보세요.

1

나는	이다	행복한
Io	sono	felice ?

2

너는	이다	외국인
Tu	sei	straniero ?

3

너는	이다	건강한
		?

4

너는	이다	살아있는
		?

5

너는	이다	슬픈 : triste
		?

6

너는	이다	심심한
		?

7

그는	이다	잘생긴
		?

8

그는	이다	영리한
		?

정답입니다! 1 Io sono felice? 2 Tu sei straniero? 3 Tu sei sano? 4 Tu sei vivo? 5 Tu sei triste?
6 Tu sei annoiato? 7 Lui è bello? 8 Lui è sveglio?

9 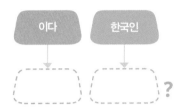 그는 한국인이니?

| 이다 | 한국인 |

?

10 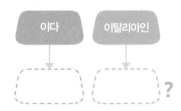 그녀는 이탈리아인이니?

| 이다 | 이탈리아인 |

?

11 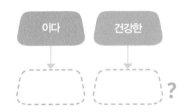 그녀는 건강하니?

| 이다 | 건강한 |

?

12 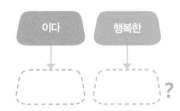 너희는 행복하니?

| 이다 | 행복한 |

?

13 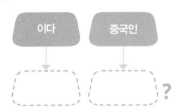 너희는 중국인이니?

| 이다 | 중국인 |

?

14 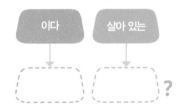 그들은 살아 있니?

| 이다 | 살아 있는 |

?

15 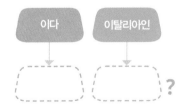 그들은 이탈리아인이니?

| 이다 | 이탈리아인 |

?

16 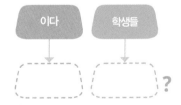 그녀들은 학생들이니?

| 이다 | 학생들 |

?

· 정답입니다! ⑨ È coreano? ⑩ È italiana? ⑪ È sana? ⑫ Siete felici? ⑬ Siete cinesi? ⑭ Sono vivi?
⑮ Sono italiani? ⑯ Sono studentesse?

Practice
Essere 동사 의문문

따라 말하기

 제시된 문장을 의문문으로 만들어 보세요.

1 너는 아프니?　　　Tu sei malata?

_____

2 너는 심심하니?

_____

3 너는 중국인이니?

_____

4 그는 화가 났니?

_____

5 그녀는 영리하니?

_____

6 당신은 이탈리아인입니까?

_____

7 너희는 여행자들이니?

_____

8 그들은 학생들이니?

_____

9 그들은 건강하니?

_____

10 그녀들은 지루해하니?

_____

· 정답입니다! · ① Tu sei malata? ② Tu sei annoiato? ③ Tu sei cinese? ④ Lui è arrabbiato? ⑤ Lei è sveglia?
⑥ Lei è italiano? ⑦ Voi siete viaggiatrici? ⑧ Loro sono studenti? ⑨ Loro sono sani?
⑩ Loro sono annoiate?

Essere 동사 일반문, 부정문, 의문문

따라 말하기

 Essere동사를 활용하여 평서문, 부정문, 의문문을 만들어 보세요.

1 나는 여행자입니다. **Io sono viaggiatrice.**

_____

2 나는 여행자가 아닙니다.

_____

3 당신은 여행자입니까?

_____

4 그는 건강하다.

_____

5 그녀는 건강하지 않다.

_____

6 당신은 건강한가요?

_____

7 너희들은 학생들이다.

_____

8 그들은 학생들이 아니다.

_____

9 당신들은 학생들인가요?

_____

10 그녀들은 건강하지 않습니다.

_____

·정답입니다!· 1 Io sono viaggiatrice. 2 Io non sono viaggiatore. 3 Lei è viaggiatore? 4 Lui è sano.
5 Lei non è sana. 6 Lei è sano? 7 Voi siete studentesse. 8 Loro non sono studenti.
9 Voi siete studenti? 10 Loro non sono sane.

1 나는 한국 사람이야.

JULIA

Ciao! Sei cinese?
챠오! / 쌔이 / 치네제?
안녕! / (너는) ~이다 / 중국인?

YOOMIN

No. Io non sono cinese.
너. / 이오 / 논 쏘노 / 치네제.
아니. / 나는 / 부정 ~이다 / 중국인.

JULIA

Sei giapponese?
쌔이 / 쟈뽀네제?
(너는) ~이다 / 일본인?

YOOMIN

No. Io non sono giapponese.
너. / 이오 / 논 쏘노 / 쟈뽀네제.
아니. / 나는 / 부정 ~이다 / 일본인.

JULIA

Sei coreana?
쌔이 / 코레아나?
(너는) ~이다 / 한국인?

YOOMIN

Sì. Io sono coreana.
씨. / 이오 / 쏘노 / 코레아나.
응. / 나는 / ~이다 / 한국인.

J : 안녕, 너는 중국인이니?
Y : 아니, 나는 중국인이 아니야.
J : 그럼 일본인이니?
Y : 아니, 나 일본인 아닌데.
J : 그럼 한국인이니?
Y : 응, 나 한국인이야.

Sei cinese?
이탈리아어의 가장 큰 특징은 주어를 아무 조건 없이 쉽게 생략한다는 것입니다. 영어로 예를 들자면 마치 'Are you Chinese?'에서 you를 빼버린 것과 같습니다. 다음과 같이 말이죠.

Are Chinese?

이처럼 말하면 영어에서는 주어가 없기 때문에 문장이 되지 못합니다. 하지만 이탈리아어에서는 대부분의 경우 위와 같이 주어를 생략하고 말합니다. 주어가 생략되더라도 동사가 주어를 알려주기 때문 이죠.

I am = Io sono = Sono
You are = Tu sei = Sei

Coreano
이탈리아어는 다른 나라의 사람과 다른 나라의 언어를 하나의 단어로 표현합니다.

coreano [코레아노] : 한국인, 한국어
tedesco [떼데스코] : 독일인, 독일어

Come sta?
코메 스따?
잘 지내세요?

② 저는 학생입니다.

Lei è uno studente?
올래이 애 / 우노 ㅅ뚜댄떼?
당신은 ~입니다 / [부정관사] 학생?

Sì, io sono uno studente.
씨, / 이오 쏘노 / 우노 ㅅ뚜댄떼.
네, / 저는 ~입니다 / [부정관사] 학생.

È un bravo studente?
애 / 운 ㅂ라보ᵛ ㅅ뚜댄떼?
(당신은) ~입니다 / [부정관사] 좋은 학생?

Sì, io sono un bravo studente.
씨, / 이오 쏘노 / 운 ㅂ라보ᵛ ㅅ뚜댄떼.
네, / 저는 ~입니다 / [부정관사] 좋은 학생.

È diligente?
애 / 딜리잰떼?
(당신은) ~입니다 / 부지런한?

Sì, io sono molto diligente.
씨, / 이오 쏘노 / 몰또 딜리잰떼.
네, / 나는 ~입니다 / 매우 부지런한.

P : 학생이세요?
V : 네, 저는 학생이에요.
P : 공부는 잘하세요?
V : 네, 저 공부 잘 해요.
P : 공부 열심히 하세요?
V : 네, 저 공부 열심히 해요.

'Un, uno, una'
비슷해 보이는 이들은 하나의 를 뜻하는 부정관사들입니다. 영어의 a 에 해당하죠. 우선은 이들이 등장할 때 '관사구나~!' 하고 생각해 주세요.

Bravo
우리에게 익숙한 단어네요. 공연이나 연주회에서 연주자가 공연을 마쳤을 때 사람들이 환호를 지르며 하는 말이죠. bravo 는 이탈리아어로 좋은을 뜻합니다. 누군가를 칭찬하거나, 일이 잘 풀렸을 때 안도 또는 축하의 의미로 사용합니다.

Diligente
Diligente 는 부지런한 사람을 의미합니다. '그는 공부를 매우 열심히 하는 학생이야.'라고 이야기하려면 'Lui è uno studente molto diligente.' 라고 합니다.

Molto
Molto 는 매우, 대단히, 몹시, 무척 이라는 의미를 가진 단어로 부사·형용사·대명사로 쓰입니다. 여기서는 형용사인 diligente (부지런한)을 강조하기 위해 사용되었습니다.

Come stai?
코메 ㅅ따이?
어떻게 지내?

3 아뇨, 저는 스페인 사람입니다.

Ciao, sono Paolo. E Lei?
챠오, / 쏘노 / 빠올로. / 에 / 을래이?
안녕하세요, / (저는) ~입니다 빠올로 남성이름. / 그리고 / 당신?

Buongiorno, io sono Carolina.
붠죠르노, / 이오 쏘노 / 카롤리나.
좋은 날, / 저는 ~입니다 카롤리나 여성이름.

È italiana?
애 / 이딸리아나?
(당신은) ~입니다 / 이탈리아 사람?

No. Io sono spagnola.
너. / 이오 쏘노 / ㅅ빤뇰라.
아니오. / 저는 ~입니다 / 스페인 사람.

E Lei? È italiano?
에, / 을래이? / 애 / 이딸리아노?
그리고 / 당신? / (당신은) ~입니다 / 이탈리아 사람?

Sì. Io sono italiano.
씨. / 이오 쏘노 / 이딸리아노.
네. / 저는 ~입니다 / 이탈리아 사람.

È una studentessa?
애 / 우나 ㅅ뚜덴떼싸?
(당신은) ~입니다 / 부정관사 학생?

Sì, io sono una studentessa. E Lei?
씨, / 이오 쏘노 / 우나 ㅅ뚜덴떼싸. / 에 / 을래이?
네, / 저는 ~입니다 부정관사 학생. / 그리고 / 당신?

P : 안녕하세요, 저는 빠올로입니다. 당신은요?
C : 안녕하세요, 저는 카롤리나입니다.
P : 당신은 이탈리아 분이신가요?
C : 아니요, 저는 스페인 사람입니다.
　　당신은요? 이탈리아 분이세요?
P : 네, 저는 이탈리아 사람이에요.
　　당신은 학생이세요?
C : 네, 저는 학생이에요. 당신은요?

TIP

Paolo & Carolina
이탈리아 사람의 이름은 해당 글자의 보편적인 읽기 규칙과 다를 수 있습니다. 이름을 지어주시는 부모님의 뜻에 따라 읽는 방법이 달라지기 때문이죠. 그러므로 누군가의 명함을 받거나 이름을 적을 때는 철자 및 발음을 확인하는 것이 예의입니다.

하루 중 시각에 따른 인사

Buongiorno! [붠죠르노!]
: '좋은 하루', 'Good morning.'
오전에 만날 때의 인사

Buon pomeriggio! [붠 뽀메리쬬!]
: '좋은 오후', 'Good afternoon.'
오후에 만날 때의 인사

Buona sera! [붜나 세라!]
: '좋은 저녁', 'Good evening.'
해가 진 후 만날 때의 인사

Buona notte! [붜나 너떼!]
: '좋은 밤', 'Good night.'
밤에 헤어질 때의 인사

Studente
이탈리아어의 명사는 남성 혹은 여성으로 나뉩니다. studente는 남학생을, studentessa는 여학생을 뜻합니다. 이때 명사의 성별에 맞는 관사를 써주는 것도 잊지 마세요!

lo studente [을로 스뚜댄떼]
: 남학생

la studentessa [을라 스뚜덴떼싸]
: 여학생

Io sono americano.
이오 쏘노 아메리카노.
저는 미국인입니다.

Io sono un musicista.

이오 쏘노 / 운 무시치스따.
저는 ~입니다 / (부정관사) 음악가.

Piacere di conoscerla.

뺘체레 / 디 코노셰sh를라.
기쁨 / 당신을 만나는 것의.

Piacere.

뺘체레.
기쁨.

P : 저는 음악가입니다.
　　만나서 반갑습니다.
C : 저도 만나서 반갑습니다.

4 그녀는 내 거야.

Com'è il tuo corso di coreano?

코매 / 일 뚜오 코르소 / 디 코레아노?
어떻게 ~이다 / (정관사) 너의 수업 / 한국어의?

È molto divertente.

애 / 몰또 디베v르땐떼.
(그것은) ~이다 / 매우 재미있는.

Il mio insegnante è molto competente.

일 미오 인쎈냔떼 / 애 / 몰또 콤뻬땐떼.
(정관사) 나의 선생님은 / ~이다 / 매우 능력 있는.

Ma il coreano è molto difficile.

마 / 일 코레아노 / 애 / 몰또 디피f칠레.
하지만 / (정관사) 한국어는 / ~이다 / 매우 어려운.

F : 네 한국어 수업은 어때?
V : 재미있어.
　　선생님이 능력 있어.
　　하지만 한국어는 정말 어려워.

Musicista

이탈리아어로 음악가를 뜻합니다. 단어의 어미가
-ista로 끝나면, 대부분 직업을 나타내는 명사입니다.

elettricista [엘레뜨리치스따] : 전기 기계공
artista　　　 [아르띠스따]　 : 예술가
dentista　　 [덴띠스따]　　 : 치과 의사

Piacere

처음 만난 사이에 반가움을 표현할 때, 영어에서는
'Nice to meet you.'라고 말하기도 하지만, 'It's
a pleasure to meet you.'라고도 표현하죠. 이때
'기쁜'을 의미하는 형용사 대신 '기쁨'을 뜻하는 명사
pleasure를 사용한 것처럼 이탈리아어에서도 명사
piacere[뺘체레]를 사용합니다.

Com'è

어떻게를 의미하는 의문사 come와 '~이다'를 나타
내는 essere동사의 3인칭 단수 변화형인 è가 결합
한 형태입니다. 이 경우 모음 두 개가 만나기 때문
에 아포스트로피를 사용하여 축약하는 것이 자연
스럽습니다.

Insegnante

이탈리아어의 명사는 남성과 여성을 엄격하게 구분
하지만, 교수님 혹은 선생님을 뜻하는 insegnante
는 남성 명사인 동시에 여성 명사이기도 합니다. 따라
서 관사를 사용하여 성별을 밝혀주어야 합니다.

l'insegnante [을린쎈냔떼]　　 * l'은 lo의 축약형
: 남자 교수

la insegnante [을라 인쎈냔떼]
: 여자 교수

Il coreano

Il은 그를 뜻하는 관사로, 영어로는 the와 같습니다.

FEDERICO
La tua insegnante di coreano
올라 뚜아 인쎈냔떼 / 디 코레아노
(정관사) 너의 선생님은 / 한국어의

è carina?
애 / 카리나?
~이다 / 귀여운?

VICTOR
Sì. È molto bella.
씨. / 애 / 몰또 밸라.
응. / (그녀는) ~이다 / 매우 예쁜.

FEDERICO
Com'è?
코매?
(그녀는) 어떻게 ~이다?

VICTOR
Sembra una modella.
셈브라 / 우나 모댈라.
(그녀는) 닮았다 / (부정관사) 모델.

FEDERICO
Me la presenti?
메 / 울라 / 쁘레센띠?
나에게 / 그녀를 / (네가) 소개한다?

VICTOR
No. È mia.
너. / 애 / 미아.
아니. / (그녀는) ~이다 / 나의 것.

FEDERICO
Va bene, buona fortuna.
바ᵛ 배네, / 붜나 포ᶠ르뚜나.
그래, / 좋은 운.

F : 네 한국어 선생님 귀여우셔?
V : 응, 매우 예쁘셔.
F : 어떻게 생기셨어?
V : 그녀는 모델 같아.
F : 나 소개해 줄래?
V : 아니, 그녀는 내 거야.
F : 그래, 행운을 빌어.

◀ **Insegnante**
이탈리아어로 '교육자'를 뜻합니다. 호칭으로는 사용하지 않기 때문에, 선생님을 직접적으로 부를 때 쓰는 다른 표현들이 있죠.

유치원, 초등학교의 선생님
maestro   [마에스뜨로]   : 선생님

◀ **중학교, 고등학교, 대학교의 선생님**
professore   [쁘로페ᶠ쏘레]   : 교수님 (남자)
professoressa [쁘로페ᶠ쏘레싸]   : 교수님 (여자)

È molto bella.
여기서는 여성인 선생님을 가리키므로 형용사 또한 여성에 맞추어 **bella** 가 됩니다. 만약 선생님이 남성이라면 **bello** 라는 남성형 형용사를 써야겠죠?

◀ **Va bene**
Va bene는 여러 가지 의미를 가진 단어입니다. '그래, 알겠어.' 라는 뜻으로, '잘 지내고 있어.' 라는 표현이기도 합니다.

Buona fortuna!
붜나 포ᶠ르뚜나!
행운을 빌어!

⑤ 그들은 최고야.

 JULIA
Com'è la tua famiglia?
코매 / 울라 뚜아 파f밀랴?
어떻게 ～이다 / [정관사] 너의 가족?

 CAROLINA
La mia è una bella famiglia.
울라 미아 / 애 / 우나 / 밸라 / 파f밀랴.
[정관사] 나의 가족은 / ～이다 / [부정관사] / 멋진 / 가족.

I miei genitori sono molto piacevoli
이 미에이 제니또리 / 쏘노 / 몰또 뺘체볼V리
[정관사] 나의 부모님은 / ～이다 / 매우 유쾌한

e mia sorella è molto bella.
에 / 미아 소랠라 / 애 / 몰또 밸라.
그리고 / 나의 여자 형제는 / ～이다 / 매우 예쁜.

Sono fantastici.
쏘노 / 판f따스띠치.
(그들은) ～이다 / 굉장한.

E com'è la tua famiglia?
에 / 코매 / 울라 뚜아 파f밀랴?
그리고 / 어떻게 ～이다 / [정관사] 너의 가족?

J : 너의 가족은 어때?
C : 내 가족은 멋진 사람들이야.
　　우리 부모님은 아주 유쾌하시고
　　여동생은 정말 예뻐.
　　그들은 굉장해.
　　너의 가족은 어때?

Vuoi sposarmi?
뿨V이 스뽀싸르미?
나와 결혼해줄래?

Anche la mia è una bella famiglia.

안께 / 울라 미아 / 애 / 우나 / 밸라 / 파ᶠ밀랴.
〜도 / [정관사] 나의 가족 / 〜이다 / [부정관사] 멋진 / 가족.

I miei genitori sono molto generosi

이 미에이 제니또리 / 쏘노 / 몰또 제네로씨
[정관사] 나의 부모님은 / 〜이다 / 매우 너그러운

e mio fratello è molto divertente.

에 / 미오 / ㅍᶠ라땔로 / 애 / 몰또 디베ᵛㄹ땐떼.
그리고 / 나의 남자형제는 / 〜이다 / 매우 웃긴.

Sono i migliori!

쏘노 / 이 밀료리!
(그들은) 〜이다 / [정관사] 최고들!

J : 우리 가족도 정말 멋진 가족이지.
　　우리 부모님은 참 너그러운 사람들이야.
　　그리고 내 남동생은 정말 웃겨. 그들은 최고야!

◀ **La mia / I miei**
이탈리아어 소유 형용사는 단수냐 복수냐에 따라서 조금씩 달라집니다. 소유 형용사는 반드시 해당 명사 앞에 위치하며 명사의 성, 수와 일치해야 합니다.

La mia famiglia [울라 미아 파ᶠ밀랴] : 나의 가족
I miei genitori [이 미에이 제니또리] : 나의 부모님

◀ **I migliori**
I migliori 는 최고들이라는 뜻을 지니고 있습니다. 영어에도 최고를 뜻하는 **the best** 라는 표현이 있죠? 이와 유사한 표현이 이탈리아로 **il migliore** 인데, 이를 복수 형태로 사용하여 최고가 여럿임을 나타내는 것이죠.

---

 6 내가 누굴까요?

Ti piacerebbe giocare a 'Chi sono?'?

띠 / 뺘체래뻬 / 죠카레 / 아 '끼 쏘노?'?
너에게 / 원함을 받는다 / 놀다 / '내가 누굴까요?'?

Che cos'è?

께 코새?
(그것은) 무엇 〜이다?

È un gioco di indovinelli.

애 / 운 죠코 / 디 인도비ᵛ낼리.
(그것은) 〜이다 / [부정관사] 놀이 / 수수께끼의.

J : '내가 누굴까요' 놀이할래?
M : 그게 뭐야?
J : 수수께끼 놀이야.

◀ **Chi sono?**
'나는 누구일까요?' 라고 물을 때 쓰는 표현입니다. 스무고개 놀이를 할 때 사용할 수 있는 유용한 표현 이기도 하죠. 보통 '저 사람은 누구인가요?'의 형태 로 많이 사용하겠죠?

Chi sono loro?
[끼 쏘노 율로로?]
: 저 사람들은 누구인가요?

> *Chi sono?*
> 끼 쏘노?
> 그들은 누구야?

MARIA
Mi piacciono gli indovinelli.
미 / 뺘쵸노 / 을리 인도비V낼리.
나에게 / 좋아함을 받는다 / 수수께끼들.

JAVIER
Molto bene. Prova a rispondere.
몰또 배네. / 쁘러바V / 아 리스뽄데레.
매우 좋다. / (너는) 시도해라 [명령] / 대답하는 것.

MARIA
Vai. Chiedimi.
바V이. / 꺄디미.
좋다. / (너는) 나에게 물어봐라 [명령].

JAVIER
Ti vede invecchiare senza dirti nulla.
띠 베V데 / 인베V꺄레 / 센차Z / 디ㄹ띠 / 눌라.
(이것은) 너를 본다 / 늙다 / ~없이 / 너에게 말한다 / 아무것도.

Che cos'è?
께 코새?
(이것은) 무엇 ~이다?

MARIA
Mmm... Non lo so.
음... / 논 / 을로 / 서.
음 [의성어] ... / [부정] / 그것을 / (나는) 안다.

JAVIER
Uno specchio!
우노 스빼꾜!
[부정관사] 거울!

MARIA
Ah sì, è vero!
아 씨, / 애 / 베V로!
아 그래, / (그것은) ~이다 / 사실!

M : 나 수수께끼 좋아해.
J : 잘됐네. 내가 수수께끼를 낼게.
M : 좋아, 해 봐.
J : 아무 말을 하지 않고 네가 늙어가는 것을 보기만 해.
그게 뭘까?
M : 음… 모르겠네.
J : 거울이지!
M : 그러네, 정말이네!

TIP

Piacciono

Piacciono 는 동사 Piacere의 3인칭 복수 활용형입니다. Piacere는 흔히 '좋아하다, 원하다'라는 의미로 번역되지만, 동사 자체에 수동의 의미가 포함되어 있다는 것에 유의해야 합니다. 우리말로는 '좋아하다'를 수동으로 표현하지 않기 때문에, 다소 어색한 표현임에도 '좋아함을 받는다'라고 해석하였습니다.

Vai

이탈리아 청소년들이나 청년들이 사용하는 대화체로 영어의 **cool** 과 같은 의미입니다.

Invecchiare

영어에서는 나이가 든다고 말할 때, 두 개의 단어를 사용해 **get old** 라고 표현합니다. 하지만 특이하게도 이탈리아어는 **invecchiare** 라는 하나의 동사만으로도 나이 듦을 표현할 수 있군요!

Cos'è

무엇을 을 의미하는 의문사 **cosa** 와 ~이다 를 나타내는 essere동사의 3인칭 단수 변화형인 **è** 가 결합한 형태입니다. 이 경우 모음 두 개가 만나기 때문에 아포스트로피를 사용해서 축약 하는 것이 더 자연스럽습니다.

Non è vero!
논 애 베V로!
그것은 사실이 아니야!
False
True

7 라비올리는 뭔가요?

LETICIA

Che cosa sono i ravioli?

께 커사 / 쏘노 / 이 라비ᵛ얼리?
무엇 / ～이다 / [정관사] 라비올리?

PAOLO

I ravioli sono

이 라비ᵛ얼리 / 쏘노
[정관사] 라비올리는 / ～이다

una pietanza tipica italiana.

우나 삐딴차ᶻ / 띠삐카 / 이딸리아나.
[부정관사] 음식 / 전통적인 / 이탈리아의.

LETICIA

E che tipo di pietanza è?

에 / 께 / 띠뽀 디 삐딴차ᶻ / 애?
그리고 / 무슨 / 종류의 음식 / ～이다?

PAOLO

È pasta con carne, verdure,

애 / 빠스따 / 콘 / 카르네, / 베ᵛ르두레,
(이것은) ～이다 / 파스타 / ～와 함께 / 고기, / 야채,

pesce o formaggio.

뻬셰ˢʰ / 오 / 포ᶠ르마쬬.
생선 / 아니면 / 치즈.

LETICIA

Sono buoni?

쏘노 / 뷔니?
(이것은) ～이다 / 맛있는?

L : 라비올리는 뭐야?
P : 라비올리는 이탈리아 전통 음식이야.
L : 어떤 종류의 음식이야?
P : 파스타와 고기, 야채, 생선이나 치즈가 들어간 음식이지.
L : 맛은 있어?

TIP

Ravioli
◀ Ravioli 는 이탈리아의 전통 파스타 중 하나로 우리 나라의 만두와 비슷한 음식입니다. 지역마다 요리에 사용하는 재료(소스 등)가 달라 비교하는 재미가 있는 음식입니다.

Tipica
◀ 전형적인, 전통적인이라는 뜻을 가진 여성형 형용사입니다. 명사로는 **tipo** [띠뽀] 라고 하는데, 유형이나 종류를 의미합니다. 영어의 **type**과 모양과 의미가 매우 비슷하죠.

È il mio tipo. [애 일 미오 띠뽀.]
: 나의 이상형이야.

Pasta con carne
◀ 이탈리아어의 **con**은 ~와 함께를 의미하는 전치사입니다. 영어의 **with**에 해당하죠.

Pesce o formaggio
◀ 이탈리아어의 **o**는 혹은, 또는, 아니면 을 의미하는 접속사입니다. 영어의 **or**에 해당하죠.

Sono vegetariano.
쏘노 베ᵛ제따리아노.
나는 채식주의자야.

Sì, sono un piatto molto buono.
씨, / 쏘노 / 운 뺘또 / 몰또 붜노.
응, / (이것은) ~이다 / 부정관사 요리 / 매우 맛있는.

I ravioli sono difficili da preparare?
이 라비ᵛ얼리 / 쏘노 / 디피ᶠ칠리 / 다 쁘레빠라레?
정관사 라비올리는 / ~이다 / 어려운 / 준비된?

No, non sono difficili.
너, / 논 / 쏘노 / 디피ᶠ칠리.
아니, / 부정 / (이것은) ~이다 / 어려운.

Ma non sono neanche facili.
마 / 논 / 쏘노 / 네안께 / 파ᶠ칠리.
하지만 / 부정 / (이것은) ~이다 / ~도 아닌 / 쉬운.

Sono molto cari?
쏘노 / 몰또 카리?
(이것은) ~이다 / 매우 비싼?

No, non sono molto cari.
너, / 논 쏘노 / 몰또 카리.
아니, / 부정 / (이것은) ~이다 / 매우 비싼.

Devi provarli!
데비ᵛ / 쁘로바ᵛ를리!
(너는) ~해야 한다 / 그것들을 시도하다!

P : 응, 정말 맛있는 요리지.
L : 만들기는 어려워?
P : 그렇게 어려운 것은 아니야. 하지만 쉽지도 않아.
L : 많이 비싸?
P : 비싸지는 않아. 한 번 먹어봐!

TIP

◀ **Piatto**

Piatto는 그릇, 접시를 의미하지만, 요리 자체를 뜻하기도 합니다. 영어의 dish와 마찬가지죠.

un piatto molto bello
[운 뺘또 몰또 밸로]
: 아주 예쁜 그릇

un piatto molto buono
[운 뺘또 몰또 붜노]
: 아주 맛있는 요리

◀ **Non sono molto cari**

동사 앞에 **non** 만 붙여주면 부정문이 만들어집니다.

Non è difficile.
[논 애 디피ᶠ칠레.]
: 어렵지 않다.

Non è caro.
[논 애 카로.]
: 비싸지 않다.

Mi piace il cibo italiano.
미 뺘체 일 치보 이딸리아노.
나는 이탈리아 음식을 좋아해.

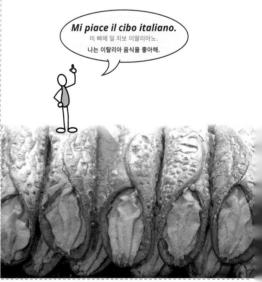

라틴어는 원래 모습을 많이 잃어버리게 돼.

두 번째 계기는 학술과 종교 분야에서 일어난 일대의 혁신이었어.

이때까지만 해도 라틴어가 완전히 사라진 건 아니었어. 학술이나 종교 분야에서 여전히 라틴어를 사용했거든.

특히나 성경의 경우, 라틴어가 아닌 다른 언어로 번역한다는 건 상상할 수조차 없는 일이었어….

그러다 13세기에 등장한 단테가 라틴어가 아닌 이탈리아어를 사용해서 작품을 남겼어.

단테는 저서 〈향연〉에서 이탈리아어는 라틴어가 몰락하는 지점에서 떠오른 새로운 빛이라고 예언하지.

그리고 16세기 독일에서 마르틴 루터가 종교 개혁을 일으키게 돼.

루터는 전통보다는 '신앙심' 그 자체를 중요시했고

그 덕분에 유럽 각국은 라틴어라는 '전통'을 버리고 각자의 언어로 성경을 번역하게 돼.

비로소 종교 분야에서도 라틴어가 힘을 잃어버린 거지.

세 번째 계기는 인쇄술의 발달이야.

각국의 언어로 번역된 성경들은 인쇄술 발달에 힘입어 각지로 널리 퍼지게 되었어.

독일의 구텐베르크가 인쇄기를 개발하면서 인쇄 비용이 줄고 인쇄 속도가 빨라진 거야!

그전까지 성경을 개인이 집에 가지고 있는다는 건 생각조차 할 수 없는 일이었지.

이탈리아인도 드디어 이탈리아어로 된 성경을 가질 수 있게 되면서 이탈리아어가 보급되기 시작한 거야.

이 세 가지 계기를 통해 이탈리아어가 형성되었어.

국가적 자부심이 있는 이탈리아인들은 이탈리아어 속에 라틴어의 흔적을 최대한 남기려고 노력했지.

그래서 이탈리아 사람들은 라틴어 계열의 다른 언어를 사용하는 사람들과 쉽게 소통할 수 있어.

특히 스페인어와는 70% 이상 단어가 겹치기 때문에

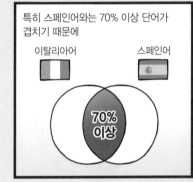

스페인 사람과 각자의 언어로 얘기해도 서로 대화가 가능할 정도야.

또, 라틴어를 많이 계승한 이탈리아어는 유럽의 다른 언어들과 비교해서 좀 더 예외가 적고 규칙적이야.

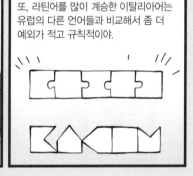

프랑스어나 독일어를 조금만 배워보면 이탈리아어가 얼마나 명쾌한지 실감이 될 거야.

그래서 다른 유럽어에 비해 진입장벽이 낮은 편이고, 세계에서 네 번째로 많이 배우는 언어이기도 해.

그리고 고대 로마의 뛰어난 문화를 계승한 이탈리아답게

이탈리아어 역시 음악, 건축 등 예술 분야에서 남다른 위상을 가지고 있어.

여기까지 잘 따라왔지?

자, 그럼 이제 드디어 이탈리아어를 만나야 할 시간이야.

펄럭~

그런데 막상 여러분이 이탈리아어를 시작한다니 걱정이 많이 돼.

괜한 걱정이지만 말이야.

아까도 말했지만, 이탈리아어는 다른 유럽어에 비해 쉽긴 해.

EASY MODE

일단 발음부터 쉬워. 그냥 쓰여 있는 대로 읽으면 되니까.

Boun…
gio…rno.

문제는 문장 속에 들어있는 남성과 여성이라는 개념이야.

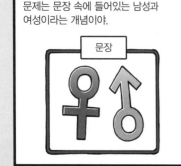

문장

먼저 아래 단어를 살펴볼까?
'훌륭한 소년'과 '훌륭한 소녀'가 있어.

훌륭한 소년
bravo ragazzo
브라보ᵛ 라가쪼

훌륭한 소녀
brava ragazza
브라바ᵛ 라가짜

잘 생각해 봐.
뭔가 이상하지 않니?

맞아. 똑같이 '훌륭한'이라는 뜻인데 모양이 달라.

bravo
ragazzo

brava
ragazza

같은 의미의 단어일지라도 이탈리아어의 형용사는 크게 두 가지로 나뉜단다.

형용사

남성 전용

여성 전용

도대체 왜 형용사를 남성 전용과 여성 전용으로 나누어 놓은 걸까?

아는 거 있어?

전혀….

일단 정말 미안하게 생각해.

Sorry!

처음 이탈리아어의 형용사를 만들 때는 일이 이렇게까지 커질 줄은 몰랐어….

고양이 요정 살려!

형용사

하지만 형용사에 성별을 붙인 데에는 내 나름대로 합리적인 이유가 있었어.

그러니까 옛날 하고도 옛날…

중동에 다녀온 요정이 사막에서 모래를 가져왔어.

들고 오느라 어깨 나가는 줄 알았다니까.

중동표 청결 모래

우리는 그 모래를 사용해서 처음으로 남자 화장실과 여자 화장실을 지었어.

깨끗한

깨끗한

그런데 장난꾸러기 요정이 화장실에 붙은 성별 기호를 떼서 달아나 버렸지.

깨끗한

깨끗한

크크큭….

어휴, 정말 혼란의 카오스였어.

깨끗한

깨끗한

어디가 어디야….

그래서 우리는 여자 화장실에 쓰인 형용사의 끝을 좀 바꿔줬어. 여기서부터는 이탈리아어로 보여줄게.

pulito

pulit**a**

안 되겠다. 기호 없어도 괜찮도록 글자에 표시하자!

여자 화장실에 별도의 표시를 해 주고 나니 다들 화장실을 잘 찾아가더군.

급하다 급해~

pulito

pulita

그리고 그날의 충격 때문에 요정들은 형용사를 2가지 모양으로 쓰기 시작했어.

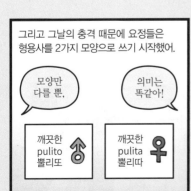

모양만 다를 뿐,

의미는 똑같아!

깨끗한 pulito 뿔리또

깨끗한 pulita 뿔리따

정리하자면 '깨끗한'은 형용사고 '요정'은 명사야.

깨끗한

요정

↓

↓

형용사

명사

형용사는 명사를 꾸미는 역할을 해.

형용사

명사

꾸미는 역할의 형용사에다가 성 구분을 해 준다는 거야. 명사는 그냥 두는 거고.

아무튼, 어느새 요정들은 모든 형용사를 남성 전용과 여성 전용으로 나눴어.

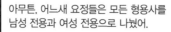

그러던 어느 날, 요정 하나가 신에게 커다란 바위를 선물 받았는데

모래 고맙다~

'커다란 바위'라고 표현하려다가 멈칫한 거야.

이 바위 되게 크…

바위는 남자일까, 여자일까?

난 누구…, 여긴 어디….

그걸 모르니 남성 형용사도 여성 형용사도 붙여줄 수 없었어.

남성 형용사
여성 형용사

그래. 미처 생각지 못했던 문제를 만나게 된 거지.

이럴 수가…

여기서부터는 새로운 이야기가 시작돼!

그냥 사물도 성별을 나누자!

있는 사물들 전부 나누는 거지? 기준은 뭐야?

근데 이거 나중에 큰일 날 거 같은데.

그렇게 회의한 결과….

나 이제 퇴근해…

놀라지 말고 잘 들어?

세상 모든 사물을 남성과 여성으로 나눠 주기로 해 버렸어!

엄청난 대작업이었어!

참! 직업도 명사니까 남녀 구분할게.

정리하면 모든 명사는 남성이거나
여성이라서 그에 맞는 형용사가 붙어.

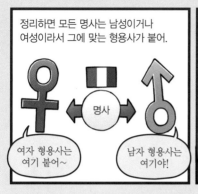

여자 형용사는
여기 붙어~

남자 형용사는
여기야!

나누는 작업은 힘들었지만 완성된 걸
보니 뿌듯했지 뭐야.

크, 이제
살 것 같다~

건배~

그러던 어느 날
또 다른 문제가 발생했어.

형용사때력가들로
소리치

직업 역시 명사이므로 성별이 결정되어 있었는데

♂ 경찰관   ♂ 의사   ♂ 요리사   ♀ 경호원

어느 날 어떤 여자 변호사 요정이
울면서 나를 찾아온 거야.

저는 남자가
아니에요!

요정들은 다시 회의를 열었지.
이때 회의는 정말 장난 아니었어.

이건 또
어떻게 처리해야
하는 거야….

그러게,
내가 뭐랬어!

큰일 난댔지!

으아….

그리고 결국 어떤 결론을 냈냐 하면….
직업과 신분에 관한 명사는 남성형과
여성형을 모두 만들어주기로 했어.

♂ ballerino   무용수   ballerina ♀

직업

이런 식으로….

무용수
ballerino

무용수
ballerina

작가
scrittore

작가
scrittrice

요리사
cuoco

요리사
cuoca

기술자
tecnico

기술자
tecnica

그래서 직업을 표현하는 명사는 형용사
와 마치 하나의 세트처럼 보이게 됐어.

작은 무용수(남성)
piccolo ballerino
삐꼴로 발레리노

작은 무용수(여성)
piccola ballerina
삐꼴라 발레리나

라임을
맞췄더니
뿌듯하군!

그렇게 내가 자신의 문제해결 능력에
감복하고 있던 어느 날….

건배~

➡ 만화는 108쪽에서 계속 이어집니다. **085**

02

명사의 성, 수를 따른다!
관사

동영상 강의

이탈리아어에서 말하는 '성, 수'란 뭘까요?

우선 성부터 살펴보겠습니다. '성'이란 쉽게 말하자면 명사 내부의 팀입니다. 이탈리아어에는 수많은 명사가 있지만, 이 모든 명사는 남성팀, 여성팀 중 하나에 속해 있습니다.

아빠, 삼촌, 할아버지 등이 남성팀인 것은 당연합니다. 엄마, 이모, 할머니 등은 여성팀이겠죠. 놀라운 것은 책상이나 연필 등의 명사들도 팀에 속해 있다는 것입니다. 팀에 속해있지 않은, 다시 말해 성이 없는 명사는 하나도 없습니다.

padre
[빠드레]
아버지

libro
[올리브로]
책

madre
[마드레]
어머니

casa
[까사]
집

padre나 madre처럼 단어의 끝이 e인 명사는 남성인지 여성인지 한눈에 구분하기 쉽지 않죠. 그러나 단어의 끝이 o나 a인 명사는 비교적 명확하게 성을 구분할 수 있습니다. 단어의 끝이 o인 명사는 대부분 남성명사이고, 단어의 끝이 a인 명사는 대부분 여성명사입니다.

이제 수에 대해서 배워볼까요? 영어에서는 보통 단수명사의 끝에 s만 붙여주면 복수명사가 되죠. 이탈리아어에서 복수명사를 만드는 방법도 간단합니다. 단수명사의 끝을 바꾸는 것입니다. o로 끝나는 남성명사는 i로, a로 끝나는 여성명사는 e로 바꿔 줍니다. 또, e로 끝나는 모든 명사는 남녀 상관없이 i로 바꾸면 됩니다.

	o로 끝나는 남성명사	
libro [올리브로]		책
libri [올리브리]		책들

	a로 끝나는 여성명사	
casa [까사]		집
case [까세]		집들

TIP

<< 더 알아 봅시다 **명사의 의미를 보면 성을 알 수 있을까?**

정답은 '아니오'입니다. 남성명사를 아무리 열심히 들여다봐도 남성인 이유를 발견하기란 매우 어렵습니다. 여성명사도 마찬가지고요. 명사 대부분이 그렇습니다. 그래서 명사를 외우는 가장 좋은 방법은, 관사와 명사를 함께 외우는 것입니다. 남성명사는 남성형 관사와 함께, 여성명사는 여성형 관사와 함께 통째로 외워버리는 것이죠. 다만 명사의 성을 비교적 쉽게 판단할 수 있는 경우가 있어 아래에 소개합니다.

1 남자들은 남성, 여자들은 여성

너무 당연합니다. 아빠, 할아버지, 삼촌은 남성이고, 엄마, 할머니, 이모는 여성인 식이죠.

il papà 아빠, il nonno 할아버지, lo zio 삼촌, il fratello 남자 형제, il cugino 남자 사촌

la mamma 엄마, la nonna 할머니, la zia 이모, la sorella 여자 형제, la cugina 여자 사촌

2 대부분 직업에는 남성형과 여성형이 있다.

마치 영어의 '웨이터'와 '웨이트리스'나 '엑터'와 '엑트리스'처럼 말이죠. 영어에서는 몇 개의 직업만이 이처럼 나뉘어 있습니다. 하지만 이탈리아어에서는 모든 직업의 이름이 남성과 여성으로 나뉩니다.

il cameriere 남자 웨이터, l'attore 남자 배우, il professore 남자 교수, il pittore 남자 화가, il scrittore 남자 작가

la cameriera 여자 웨이터, l'attrice 여자 배우, la professoressa 여자 교수, la pittrice 여자 화가, la scrittrice 여자 작가

3 날짜에 관한 표현은 대부분 남성

1월, 2월, 3월과 같이 12달을 나타내는 명사들은 모두 남성입니다. 월요일·화요일·수요일·목요일과 같이 요일을 나타내는 명사들도 모두 남성입니다. (단 일요일은 여성입니다.)

il gennaio 1월, il febbraio 2월, il marzo 3월, l'aprile 4월, il maggio 5월, il giugno 6월

il luglio 7월, l'agosto 8월, il settembre 9월, l'ottobre 10월, il novembre 11월, il dicembre 12월

il lunedì 월요일, il martedì 화요일, il mercoledì 수요일, il giovedì 목요일, il venerdì 금요일, il sabato 토요일

*예외 la domenica 일요일

4 지형에 관한 표현은 대부분 남성

il monte 산맥, il mare 바다, il fiume 천, il lago 강, il deserto 사막, l'oceano 해양

5 색깔은 대부분 남성

il rosso 빨강, l'arancione 주황, il giallo 노랑, il verde 초록, il blu 파랑

6 나무의 종류는 대부분 남성

il pero 배나무, il pesco 복숭아나무, il pino 소나무, il melo 사과나무, l'abete 침엽수, il fico 무화과나무, il susino 자두나무

7 과일은 대부분 여성

la fragola 딸기, la mela 사과, l'arancia 오렌지, l'uva 포도, la banana 바나나, l'albicocca 살구, la pesca 복숭아

한눈에 배운다!

정관사 Vs 부정관사

관사의 선택 기준

동영상 강의

관사는 명사 앞에 붙이는 것으로 일종의 형용사입니다.
관사에는 다음의 두 종류가 있습니다.

정관사 영어의 the에 해당

정확하게 가리킬 때 사용합니다. 다시 말해, 가리키는 대상이나 대상의 범위가
명확할 때 사용합니다. 이를테면...

1 듣는이도 아는 그것.
2 방금 전 언급했던 그것.
3 하나밖에 없는 것.
4 하나도 빠짐없이 전부.

부정관사 영어의 a에 해당

부정확하게 가리킬 때 사용합니다. 다시 말해, 가리키는 대상이나 대상의 범위가
명확하지 않을 때 사용합니다. 이를테면...

1 듣는이가 모르는 것.
2 처음 언급하는 것.
3 아무거나 상관없는 것.
4 아무렇게나 정해도 되는 일부분.

그런데 영어의 부정관사 a는 매우 특이하게도 셀 수 있는 하나에만 사용합니다. 복수
이거나 셀 수 없는 경우는 아예 관사를 사용하지 않습니다. 다시 말해 위 부정관사
요건에 해당하더라도 무관사를 사용하는 경우가 있습니다. 복수이거나 불가산이
라는 이유로 말이죠. 하지만 이것은 영어의 특징일 뿐입니다. 이탈리아어의 경우
위 부정관사 요건에 해당하면 부정관사를 사용합니다.

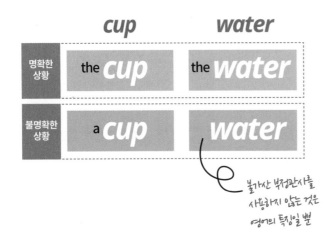

불가산 부정관사를
사용하지 않는 것은
영어의 특징일 뿐

 읽어 보세요 **관사 학습 목표**

1 정관사와 부정관사가 어떻게 각각 여러개의
형태를 갖는지 이해하는 정도

2 예문을 읽다가 '이렇게 생긴 것들이 정관사,
이렇게 생긴 것들이 부정관사로구나' 하고 구분
하는 정도

3 예문을 읽다가 '이런 이유로 정관사를, 이런 이
유로 부정관사를 사용했구나' 하고 느끼는 정도

4 단수 정관사와 단수 부정관사를 말할 수 있는
정도.

 읽어 보세요 **관사를 완벽하게
외우려 하지 마세요.**

정관사와 부정관사, 무관사 이렇게 세
가지를 정확하게 구분하기도 매우 어렵습
니다. 그런데 이탈리아어는 성과 수에 따라
정관사와 부정관사가 각각 네 개의 형태를
가지니, 영어보다 관사가 훨씬 복잡합니다.
그래서 많은 분이 이 단계에서 이탈리아어
를 포기하게 됩니다. 관사를 외우느라 이탈
리아어를 말하는 즐거움은 느껴보지도 못
한 채 말이죠. 이 책을 보시는 여러분은 이
관사들을 암기하려 들지 않기를 바랍니다.
여기에는 다음과 같은 이유가 있습니다.

1 이탈리아 사람도 관사를 완벽하게 사용
하지 않습니다.

2 관사를 혼동해 사용해도, 의사소통에는
대부분 지장이 없습니다.

3 대화할 때 가장 많이 사용하게 되는
것은 '나, 너, 이것, 저것' 등의 대명사들입
니다. 그런데 정작 이 대명사들에는 관사가
사용되지 않습니다.

이번에는 정관사, 부정관사, 무관사를 선택하는 과정을 표로 만들어 이해해 보도록 하겠습니다.

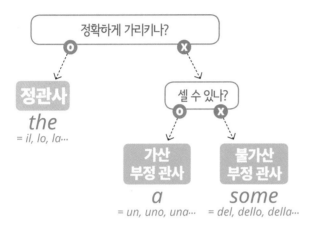

이번에는 세 가지 종류의 관사를 영역으로 표시해보았습니다.
역시 가장 중요한 기준은 '정확하게 가리키나'입니다.

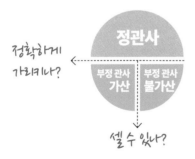

이번에는 관사에 대한 한 줄 요약입니다.

정확하게 가리킬 때   : 정관사
부정확하게 가리킬 때   : 부정관사

<< 읽어
보세요
**명확한 범위를
표현하는 정관사**

정관사는 가리키는 바가 명확할 때 사용합니다. 그렇다면 다음 문장을 보시죠.

나는 사과를 사랑해.

여기에서의 사과는 '세상의 모든 사과들'입니다. '이 사과들'이나 '저 사과들'이 아닙니다. 이때 정관사를 사용할까요? 다시 말해 세상의 모든 사과들을 명확하게 가리킬 수 있을까요? 영어에서는 이 경우 정관사 the를 사용하지 않습니다. '세상의 모든 사과'는 명확하지 않다는 입장인 것이죠.

I love apples.

이탈리아어에서는 이때 '사과들' 앞에 복수 정관사 i, gli, le를 붙여줍니다. '세상의 모든 사과'는 명확하다는 입장인 것이죠.

Io amo le mele.

위의 경우를 제외한다면, 영어와 이탈리아어의 정관사 사용법은 거의 같습니다.

<< 읽어
보세요
관사가 어려운 이유

많은 분이 관사 붙이기를 어려워합니다. 그래서 그 이유를 정리해 보았습니다.

1 언어는 원래 말하는 사람 마음대로 말하게 되어있습니다. 하지만 관사는 문법에 정해진 대로 배워서 말해야 합니다.

2 관사의 논리를 이해할 때는 무관사의 존재가 매우 중요합니다. 하지만 이를 무시하고 가르치거나 배울 때 관사는 한없이 어려워집니다.

3 컵은 셀 수 있고 물은 셀 수 없습니다. 그렇다면 사랑이나 경험은 어떤가요? 명사 중에는 셀 수 있는지가 불분명한 것들이 많이 있습니다. 또 그들 중 일부는 말하는 사람이 의도에 따라 결정할 수도 있고요.

한눈에 배운다!
영어는 The, 이탈리아어는?

정확하면
정관사

동영상 강의

책은 '남성', 집은 '여성'. 모든 명사는 남성과 여성으로 나뉩니다.

영어에서 사람/사물을 명확히 가리킬 때 명사 앞에 'the'가 붙지요? 이탈리아어 역시 마찬가지입니다. 이 'the'와 같은 것을 관사라고 부르는데요, 사실 관사는 일종의 형용사입니다. 그래서 관사의 사용법은 형용사의 사용법과 거의 비슷합니다. 명사의 성별과 수에 따라 관사를 다르게 붙이는 거죠.

'Alto(알또)'와 'Alta(알따)'를 기억하시나요? 똑같이 '키가 큰'이라는 의미의 형용사인데도 남, 여에 따라 다르게 사용했잖아요. 바로 그런 것처럼요.

정관사 the
가리키는 대상이나 대상의 범위가 명확할 때

자음 자음으로 시작하는 대부분의 단어	**X·Y·Z** s+자음 및 ps·pn·gn으로 시작	**모음** 모음으로 시작하는 모든 단어
il **il bambino** [일 밤비노] 그 소년	*lo* **lo zio** [을로 지ᶻ오] 그 삼촌	축약 **l'amico** [올라미꼬] 그 남성 친구
i **i bambini** [이 밤비니] 그 소년들	*gli* **gli zii** [을리 지ᶻ이] 그 삼촌들	**gli amici** [을리 아미치] 그 남성 친구들
la **la bambina** [을라 밤비나] 그 소녀	**la zia** [을라 지ᶻ아] 그 숙모	축약 **l'amica** [올라미까] 그 여성 친구
le **le bambine** [을레 밤비네] 그 소녀들	**le zie** [을레 지ᶻ에] 그 숙모들	**le amiche** [올레 아미께] 그 여성 친구들

« 읽어 봅시다 **사람 이름 앞에 정관사**

이탈리아어에서는 이름을 언급할 때 관사를 사용합니다.

▸ Il signor Paolo è cordiale.
[일 신뇨르 빠올로 애 코르달레]
파올로 씨는 친절해.

하지만, 호칭일 때는 생략합니다.

▸ Buon pomeriggio, signor Paolo!
[붠 뽀메리쬬, 신뇨르 빠올로!]
안녕하세요, 파올로 씨!

« 더 알아 봅시다 **정관사의 사용 규칙**

정관사는 크게 남성과 여성 정관사로 분류됩니다. 그 안에서도 각각 네 개, 세 개의 정관사로 나뉘는데요, 정관사의 뒤에 오는 명사가 어떤 자음으로 시작하는지가 기준이 됩니다.

❶ 가장 쉽게 헷갈릴 수 있는 il과 lo를 구분할 수 있는 확실한 방법이 있습니다. lo는 특정한 자음으로 시작하는 명사 앞에서만 사용하기 때문입니다. 다음의 규칙만 외우면 il과 lo를 구분할 수 있습니다.

❷ lo는 gn, pn, ps, x, y, z, s+자음으로 시작하는 명사와 함께 쓰이는 관사입니다. lo의 복수인 gli도 마찬가지로 같은 규칙을 따릅니다.

Practice

il, la, i, le 관사 붙이기

따라 말하기

빈칸 안에 관사와 명사를 써넣어 보세요.

1 그 책 il libro

2 그 가게

3 그 종이

4 그 그림

5 그 책상

6 그 볼펜

7 그 집

8 그 사진

9 그 집들

10 그 책들

11 그 그림들

12 그 가게들

남성 명사			여성 명사		
libro	[을리브로]	책	penna	[뻰나]	볼펜
negozio	[네거치^{z}오]	가게	casa	[카사]	집
disegno	[디센뇨]	그림	carta	[카ㄹ따]	종이
tavolo	[따볼^{v}로]	책상	foto	[퍼^{f}또]	사진

정답입니다! 1 il libro 2 il negozio 3 la carta 4 il disegno 5 il tavolo 6 la penna 7 la casa 8 la foto 9 le case 10 i libri 11 i disegni 12 i negozi

한눈에 배운다!
영어는 A, 이탈리아어는?

셀 수 없는
부정관사

동영상 강의

영어에서는 아무거나 하나를 뜻할 때, 명사 앞에 **부정관사** a(an)가 붙지요? 이탈리아어도 마찬가지입니다. 하지만 앞에서 배웠듯이 명사는 남성과 여성, 단수와 복수에 따라 모양이 다르므로 명사의 성별과 수에 따라 관사를 다르게 붙인답니다. 따라서 명사를 익힐 때는 **관사와 명사를 함께 외우는 것이 가장 간단한 방법**입니다.

부정관사 a
가리키는 대상이나 대상의 범위가 불명확할 때(셀 수 있는 것)

	자음 자음으로 시작하는 대부분의 단어	**X·Y·Z** s+자음 및 ps·pn·gn으로 시작	**모음** 모음으로 시작하는 모든 단어
☝	*un* un bambino [운 밤비노] 소년	*uno* uno zio [우노 지ᶻ오] 삼촌	*un* un amico [운 아미꼬] 남성 친구
👥	*dei* dei bambini [데이 밤비니] 소년들	*degli* degli zii [델리 지ᶻ이] 삼촌들	degli amici [델리 아미치] 남성 친구들
👩	*una* una bambina [우나 밤비나] 소녀	una zia [우나 지ᶻ아] 숙모	축약 un'amica [우나미까] 여성 친구
👥	*delle* delle bambine [델레 밤비네] 소녀들	delle zie [델레 지ᶻ에] 숙모들	delle amiche [델레 아미께] 여성 친구들

TIP

읽어
보세요 >> **이탈리아어는
복합명사를 싫어한다**

복합명사는 참 편리합니다. 그냥 두 개의 명사를 이어주면 되니까요. 우리말과 영어로 먼저 예를 들어보겠습니다.

▸ 책 표지 [복합명사]
▸ book cover [복합명사]

만약 복합명사를 사용할 수 없다면 어떻게 될까요? 다음과 같이 말하게 될 것입니다.

▸ 책의 표지 [형용사 + 명사]
▸ the cover of the book [명사 + 형용사]

그런데 이와 같은 형식은 이탈리아어에서 매우 흔합니다. 이탈리아어는 복합명사를 싫어하기 때문입니다.

▸ La copertina del libro.
  [울라 코뻬르띠나 델 울리브로.]

그런데 여기서 잠깐! 표지는 여성이고, 책은 남성인데 어째서 관사는 여성형을 사용한 걸까요? 왜냐하면 가리키고자 하는 대상이 책이 아닌 '표지'이기 때문이죠.

 빈칸 안에 관사와 명사를 써넣어 보세요.

1 컵 하나 **una** **tazza**

2 접시 하나

3 포크 하나

4 숟가락 하나

5 나이프 하나

6 사과 하나

7 오렌지들

8 식당들

9 접시들

10 사과들

11 숟가락들

12 포크들

👤 남성 명사

ristorante	[리스또란떼]	식당
piatto	[빠또]	접시
coltello	[콜땔로]	나이프
cucchiaio	[꾸꺄요]	숟가락

👤 여성 명사

forchetta	[포f르께따]	포크
tazza	[따짜]	컵
mela	[멜라]	사과
arancia	[아란챠]	오렌지

정답입니다! **1** una tazza **2** un piatto **3** una forchetta **4** un cucchiaio **5** un coltello **6** una mela
7 delle arance **8** dei ristoranti **9** dei piatti **10** delle mele **11** dei cucchiai **12** delle forchette

한눈에 배운다!
영어는 some, 이탈리아어는 del·della

셀 수 없는
부정관사

동영상 강의

영어에서 셀 수 없는 명사나 추상명사 앞에는 some 을 사용하지요.
이탈리아어에서는 **del** [델], **della** [델라] 가 그 역할을 한답니다.
이 역시 명사의 성과 수에 따라 구분해서 사용합니다.

부분관사 some
가리키는 대상이나 대상의 범위가 불명확할 때(셀 수 없는 것)

자음 자음으로 시작하는 대부분의 단어	**X·Y·Z** s+자음 및 ps·pn·gn으로 시작	**모음** 모음으로 시작하는 모든 단어
del del pane [델 빠네] 빵 조금	**dello** dello zucchero [델로 주Z께로] 설탕 조금	**un** 축약 dell'olio [델롤리오] 기름 조금
della della torta [델라 또르따] 케이크 조금	della zuppa [델라 주Z빠] 스프 조금	축약 dell'acqua [델락꾸아] 물 조금

TIP

dei와 del의 비교

다음 두 그룹은 서로 비슷하게 생겼습니다.

dei 👥
degli 👨‍👨‍👦
delle 👩‍👩‍👧
→ 셀 수 있을 때

del 👤
dello 👤
della 👤
→ 셀 수 없을 때

그리고 일부분을 가리킬 때 사용한다는 점도 비슷합니다.

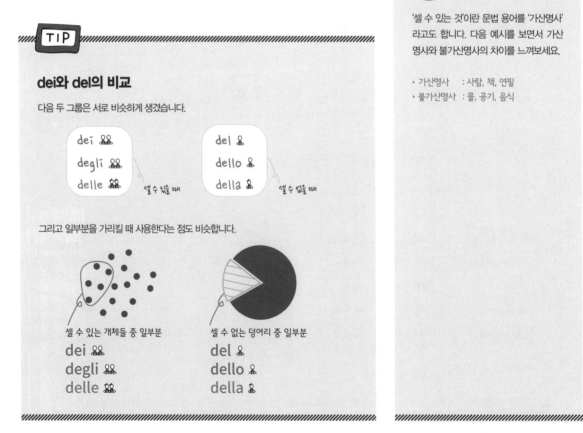

셀 수 있는 개체들 중 일부분
dei 👥
degli 👥
delle 👥

셀 수 없는 덩어리 중 일부분
del 👤
dello 👤
della 👤

TIP

<< 읽어 보세요 | **아포스트로피**

이탈리아 사람들은 모음의 충돌을 싫어하기 때문에 두 단어가 만나는 앞뒤 철자가 모음일 경우 연음 현상이 일어납니다. 이로 인해서 쓸 때는 앞 단어의 모음을 생략하고 아포스트로피(')를 넣습니다. 이탈리아어로는 apostrofo[아뽀스뜨로포f]라고 하죠. 말할 때는 발음하지 않고 생략합니다.

Della acqua → ***Dell'acqua***
[델라 아꽈]　　[델라꽈]

<< 읽어 보세요 | **가산명사, 불가산명사**

'셀 수 있는 것'이란 문법 용어를 '가산명사' 라고도 합니다. 다음 예시를 보면서 가산명사와 불가산명사의 차이를 느껴보세요.

▸ 가산명사　 : 사람, 책, 연필
▸ 불가산명사 : 물, 공기, 음식

따라 말하기

 빈칸 안에 관사와 명사를 써넣어 보세요.

1 맥주 della birra

2 설탕

3 물

4 기름

5 케이크

6 샐러드

7 우유

8 피자

9 주스

10 밀가루 반죽

11 빵

12 불

남성 명사

zucchero	[주z께로]	설탕
olio	[얼료]	기름, 오일
latte	[을라떼]	우유
succo	[수꼬]	주스
pane	[빠네]	빵
fuoco	[풔f코]	불

여성 명사

acqua	[아꽈]	물
birra	[비ㄹ~라]	맥주
insalata	[인살라따]	샐러드
torta	[또르따]	케이크
pasta	[빠스따]	밀가루 반죽, 파스타
pizza	[삐짜]	피자

정답입니다! 1 della birra 2 dello zucchero 3 dell'acqua 4 dell'olio 5 della torta 6 dell'insalata
7 del latte 8 della pizza 9 del succo 10 della pasta 11 del pane 12 del fuoco

한눈에 배운다!

문제의 근원은 명사다

성, 수의 모든 것 복습

이탈리아어의 성, 수 구분 때문에 머리 아프시죠?
이로써 성수에 관한 내용은 모두 등장했습니다.
기념으로 이탈리아어의 특징을 총정리해보겠습니다.

동사에 영향 ← 명사 → 형용사에 영향

신분명사

모든 명사에는 성과 수가 있고, 이로 인해

1 명사 스스로가 4가지로 변화한다.

bambin**o**
밤비노
남자 아이

bambin**i**
밤비니
남자 아이들

bambin**a**
밤비나
여자 아이

bambin**e**
밤비네
여자 아이들

2 동사의 원형 + 6가지로 변화한다.

원형

1인칭 단수형
1인칭 복수형
2인칭 단수형
2인칭 복수형
3인칭 단수형
3인칭 복수형

3 형용사가 4가지로 변화한다.

carin**o**
[카리노]
귀여운

carin**i**
[카리니]
귀여운

carin**a**
[카리나]
귀여운

carin**e**
[카리네]
귀여운

4 정관사, 부정관사도 형용사의 일종이므로 똑같이 성, 수에 따라 변화한다.

un [운]

dei [데이]

una [우나]

delle [델레]

[이오 쏘노 운 밤비노 카리노.]

Io sono un bambino carino.

2
6개의 **동사** 중 선택

1
4개의 **신분명사** 중 선택

4
성, 수에 따라 **관사** 중 선택

3
4개의 **형용사** 중 선택

TIP

<< 읽어
보세요

어떤 성수를 따라야 하나요?

1. 형용사는 주어의 성수를 따릅니다.
2. 형용사는 명사의 성수를 따릅니다.

무엇이 맞는 것일까요? 조금 다른 예를 들어보겠습니다. 보통 병사들은 멀리 있는 왕보다 가까이 있는 장군의 명령을 따릅니다. 물론 장군이 없다면 왕을 따르겠죠. 마찬가지로 형용사는 가까이 있는 명사의 성수를 따릅니다. 이때 명사가 없다면 멀리 있는 주어의 성수를 따르는 것이죠.

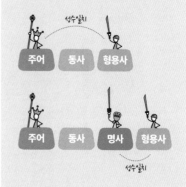

성수일치

주어 동사 형용사

주어 동사 명사 형용사

성수일치

<< 읽어
보세요

명사의 성은 어떻게 정해지나?

새로 생긴 명사, 혹은 새로 외국에서 들여온 외래어 같은 경우 남성과 여성이 정해져 있지 않습니다. 이럴 땐 이탈리아어의 뜻에 따라 성을 정해서 사용합니다.

Practice
관사와 Essere 동사를 활용하여 문장 만들기

 관사와 Essere 동사를 활용하여 평서문, 부정문, 의문문을 만들어 보세요.

1 나는 건강한 학생입니다.　Io sono uno studente sano.

2 나는 행복한 여행자입니다.

3 당신은 키가 작은 소년입니다.

4 나는 아름다운 소녀입니다.

5 나는 영리한 학생입니다.

6 당신은 건강한 학생인가요?

7 당신은 매력적인 피아니스트입니다.

attraente : 매력적인 [아뜨라앤떼]

8 그들은 영리한 학생들이 아닙니다.

9 우리는 건강한 축구선수들입니다.

calciatore : 축구선수 [칼챠또레]

10 우리는 재미있는 소년들입니다.

정답입니다! 　1 Io sono uno studente sano. 2 Io sono un viaggiatore felice. 3 Lei è un ragazzo basso.
4 Io sono una ragazza bella. 5 Io sono uno studente sveglio. 6 Lei è uno studente sano?
7 Lei è un pianista attraente. 8 Loro non sono studenti svegli. 9 Noi siamo calciatori sani.
10 Noi siamo ragazzi divertenti.

1 커피 한 잔 할래?

 LETICIA

Ti va un caffè?
띠 바V / 운 카패f?
너에게 필요하다 / 하나의 (부정관사) 커피?

 SOFIA

Sì, io voglio un buon caffè.
씨, / 이오 / 벌V료 / 운 붠 카패f.
응. / 나는 / 원한다 / 하나의 (부정관사) 좋은 커피.

 LETICIA

Tu ci metti dello zucchero?
뚜 / 치 메띠 / 델로 주Z께로?
너는 / 거기에 넣는다 / 약간의 (부정관사) 설탕?

 SOFIA

Sì, due cucchiaini, per favore.
씨, / 두에 쿠꺄이니, / 뻬르 파f보V레.
응, / 두 숟가락, / 부탁한다.

 LETICIA

Vuoi della torta? È al limone.
뷔V이 / 델라 또르따? / 애 / 알 을리모네.
(너는) 원한다 / 약간의 (부정관사) 케이크? / (이것은) ~이다 / 레몬의.

 SOFIA

No, grazie.
너, / ㄱ라체Z.
아니, / 고맙다.

Non mi piace molto il limone.
논 / 미 / 뺘체 / 몰또 / 일 을리모네.
(부정) / 나에게 / 좋아함을 받는다 / 많이 / (정관사) 레몬.

 LETICIA

Va bene. Andiamo a bere sulla terrazza?
바V 배네. / 안댜모 / 아 베레 / 쑬라 떼르~라짜?
그래. / (우리는) ~하자 (명령) / 마시는 것 / 테라스에서?

L : 커피 한 잔 마실래?
S : 응, 커피 좋지.
L : 설탕 넣어?
S : 응, 두 숟가락 넣어줘.
L : 케이크 먹을래? 레몬 케이크야.
S : 괜찮아, 레몬을 별로 안 좋아해.
L : 알겠어. 테라스에서 마실까?

TIP

◁ **Caffè**
이탈리아 커피는 한국에서 파는 커피와 다르게 양이 적고 매우 진합니다. 에스프레소는 물론이고 카페라테나 카푸치노마저도 그렇습니다. 심지어 아메리카노를 주문해도 컵의 크기가 작아서 당황할 수 있습니다.

◁ **Per favore**
이탈리아어로 **정중하게 부탁을 할 때** 사용하는 말입니다. **영어의 please** 라고 생각하면 되겠네요.

◁ **No, grazie.**
'**No, thank you.**'와 같은 의미를 가진 표현입니다. **정중하게 거절할 때** 사용합니다.

Terrazza
이탈리아에 있는 많은 카페, 바나 식당 앞에는 손님이 노천에 앉을 수 있도록 설치된 **테라스**가 있습니다. 이탈리아는 유럽 중에서도 날씨가 좋은 편에 속하기 때문에 많은 사람이 야외에서 커피를 마시거나 식사하는 것을 즐깁니다.

Voglio una torta al formaggio.
벌V료 우나 또르따 알 포f르마쬬.
치즈 케이크를 원해.

LETICIA

La vista è meravigliosa.

올라 비^{V}스따 / 애 / 메라빌^{V}료사.
(정관사) 전망이 / ~이다 / 굉장한.

SOFIA

Andiamo.

안댜모.
(우리는) 가자(명령).

L : 경치가 굉장히 아름다워.
S : 그러자.

2 너는 무엇을 가졌니?

LUCAS

Cosa hai nel tuo zaino?

커사 / 아이 / 넬 / 뚜오 자^{Z}이노?
(너는) 무엇을 / 가지고 있다 / ~의 안에 / 너의 가방?

MARCOS

Ho un astuccio, dei libri,

어 / 운 아스뚜쵸, / 데이 을리브리,
(나는) 가지고 있다 / 하나의(부정관사) 필통, / 몇 권의(부정관사) 책,

dei quaderni, i compiti di italiano,

데이 꽈대르니, / 이 콤삐띠 / 디 이딸리아노,
몇 권의(부정관사) 공책, / (정관사) 숙제들 / 이탈리아어의,

le chiavi di casa mia

을레 꺄비^{V} / 디 카사 미아
(정관사) 열쇠들 / 나의 집의

e una foto della mia famiglia.

에 / 우나 퍼^{f}또 / 델라 / 미아 파^{f}밀랴.
그리고 / 하나의(부정관사) 사진 / ~의(전치사관사) / 나의 가족.

L : 네 가방에 뭐가 들었어?
M : 필통 하나, 책 몇 권, 공책 몇 개,
이탈리아어 숙제, 우리 집 열쇠
그리고 가족사진 한 장이 들어 있어.

TIP

Meravigliosa

굉장한, 엄청난이라는 의미를 지닌 형용사로, '우와, 멋지다!' 라는 의미의 감탄문으로 쓰이기도 합니다. 이탈리아어에는 **멋지다** 라는 뜻을 가진 다양한 표현이 있는데, 한 개의 형용사가 하나의 감탄문이 될 때가 많습니다. **글을 적을 때는 형용사에 느낌표 하나만 붙이면 감탄문**이 되는 것이죠.

magnifico [만니피^{f}코] : 웅대한
splendido [스쁠랜디도] : 멋진, 빛나는
favoloso [파^{f}볼로소] : 상상을 초월하는
stupendo [스뚜뺀도] : 훌륭한, 놀라운

Hai

Hai는 **영어 have와 같은 의미**를 지닌 동사로, 원형은 **avere** 입니다. 다음 단원에서 만나게 될 중요한 동사 중 하나이므로 기억해두세요!

Un astuccio

이탈리아어의 부정관사 **'un, uno, una, un''** 은 영어의 **a** 와 같다고 보시면 됩니다. 하지만 이탈리아어의 부정관사는 영어와 다르게 **남성과 여성을 구분**하고, 또 여기서 다시 **단수와 복수를 구분**합니다.

un astuccio [운 아스뚜쵸] .... **남성 단수**
: 필통 하나

una chiave [우나 꺄베^{V}] .... **여성 단수**
: 열쇠 하나

I compiti

영어의 정관사 **the** 는 이탈리아어로 **il** [일], **lo** [을로], **la** [을라], **i** [이], **gli** [을리], **le** [을레]입니다. 부정관사와 마찬가지로 **남성과 여성을 구분**하고, 또 여기서 다시 **단수와 복수를 구분**합니다.

Mi piace leggere.
미 뺘체 을래쩨레.
책 읽는 것을 좋아해요.

02 이 표현 꼭 외우자!
명사의 성, 수를 따른다! 관사

E tu cos'hai nel tuo astuccio?

에 / 뚜 / 코사이 / 넬 / 뚜오 아ㅅ뚜쵸?
그리고 / 너는 / 무엇을 가지고 있다 / ～ 안에 / 너의 필통?

Ho delle penne, delle matite,

어 / 델레 빼네, / 델레 마띠떼,
(나는) 가지고 있다 / 몇몇의 [부정관사] 펜, / 몇몇의 [부정관사] 연필,

una gomma, degli evidenziatori

우나 곰마, / 델리 에비ᵛ덴치아또리
하나의 [부정관사] 지우개, / 몇몇의 [부정관사] 형광펜

e la penna di mio padre.

에 / 울라 빼나 / 디 미오 빠드레.
그리고 / [정관사] 펜 / 나의 아버지의.

E tu cosa hai nel tuo zaino?

에 / 뚜 / 커사 아이 / 넬 / 뚜오 자ᶻ이노?
그리고 / 너는 / 무엇을 가지고 있다 / ～의 안에 / 너의 가방?

Ho una penna, un libro

어 / 우나 빼나, / 운 을리브로
(나는) 가지고 있다 / 하나의 [부정관사] 펜, / 하나의 [부정관사] 책

e un quaderno.

에 / 운 꽈대르노.
그리고 / 하나의 [부정관사] 공책.

È tutto?

애 / 뚜또?
(그것이) ～이다 / 전부?

Sì, ho solo una lezione oggi.

씨, / 어 / 솔로 / 우나 을레치ᶻ오네 / 어찌.
응, / (나는) 가지고 있다 / 오직 / 하나의 [부정관사] 수업 / 오늘.

L : 네 필통에는 뭐가 들어서?
M : 볼펜 몇 개, 연필 몇 개, 지우개 하나, 형광펜 몇 개
    그리고 아버지의 만년필이 들어 있어.
    네 가방에는 뭐가 들어 있어?
L : 나는 볼펜 하나, 책 한 권
    그리고 공책 한 권이 들어 있어.
M : 그게 다야?
L : 응, 오늘 수업이 하나뿐이라서.

Penna

Penna 에는 펜 이라는 뜻도 있지만, **깃털** 이라는 의미도 있습니다.

La penna di mio padre è molto costosa.
[울라 빼나 디 미오 빠드레 애 몰또 코스또사.]
: 아버지의 펜은 아주 비싸다.

La penna del piccione è grigia.
[울라 빼나 델 삐쵸네 애 그리쟈.]
: 비둘기의 깃털은 회색이다.

Ho

H는 ㅎ으로 발음해야 할 것 같지만, **H로 시작하는 단어에서는 H가 '묵음'**입니다! 그러므로 **Ho**는 허 가 아니라 **'어'**로 발음해야 합니다.

Sì

Sì는 씨와 시의 중간 정도로 발음합니다. 본 교재 의 쌍시옷은 완전한 쌍시옷 소리가 아니므로 항상 살짝만 발음하셔야 합니다. 음성 파일을 함께 들으 며 연습해주세요.

Oggi non ho nessuna lezione!
어찌 논 어 네쑤나 을레치ᶻ오네!
나는 오늘 수업이 없어!

3 네, 저도 장 보고 있어요.

ELENA

Buon pomeriggio, Giorgio.
뷘 뽀메리쬬, / 져ㄹ죠.
좋은 오후, / 져르죠(남성이름).

Fai la spesa?
파^{f}이 / 을라 스뻬사?
(너는) ~한다 / (정관사) 장보기?

GIORGIO

Buon pomeriggio, Elena.
뷘 뽀메리쬬, / 앨레나.
좋은 오후, / 앨레나(여성이름).

Sì, il nostro frigo è vuoto.
씨, / 일 너스뜨로 프^{f}리고 / 애 / 붜^{v}또.
응, / (정관사) 우리의 냉장고는 / ~이다 / 비어있는.

Anche tu fai la spesa?
안께 / 뚜 / 파^{f}이 / 을라 스뻬사?
~도 / 너는 / ~한다 / (정관사) 장보기?

ELENA

Sì, anche io faccio la spesa.
씨, / 안께 / 이오 / 파^{f}쵸 / 을라 스뻬사.
응, / ~도 / 나는 / ~한다 / (정관사) 장보기.

Che cosa compri?
께 커사 / 콤쁘리?
(너는) 무엇을 / 산다?

E : 안녕, 져르죠,
장 봐?
G : 안녕, 앨레나,
응, 냉장고가 비어서. 너도 장 봐?
E : 응, 나도 장 보고 있어.
뭐 사는데?

TIP

Pomeriggio

오후라는 의미의 명사입니다. 보통 **점심식사 이후의 시간**을 의미합니다.

primo pomeriggio [쁘리모 뽀메리쬬]
: 이른 오후

pomeriggio [뽀메리쬬]
: 오후

Frigo

이탈리아어에는 **냉장고**를 뜻하는 여러 개의 단어가 있습니다.

refrigeratore [레프^{f}리제라또레]
frigorifero [프^{f}리고리페^{f}로]
frigo [프^{f}리고]

Fare la spesa

Fare la spesa를 직역하면 **'하다 / 소비를'**이지만 이탈리아에서는 주로 **장보기**를 의미합니다. 그렇다면 **쇼핑을 간다**는 어떻게 표현해야 할까요? 이럴 때는 **'fare shopping'**이라고 써줍니다. 직역하면 **'하다 / 쇼핑을'**이 되는 것이죠.

andare a fare shopping
[안다레 아 파레 셔삥]
: 쇼핑을 하러 간다.

comprare
[콤쁘라레]
: ~을 구입하다

Mi piace la frutta.
미 삐체 을라 프^{f}루따.
나는 과일을 좋아해요.

Compro pomodori, lattuga, frutta
콤쁘로 / 뽀모더리, / 을라뚜가, / ㅍf루따
(나는) 산다 / 토마토들, / 상추, / 과일

e zucchero, una bottiglia di latte
에 / 주Z께로, / 우나 보띨랴 / 디 을라떼
그리고 / 설탕, / 하나의 (부정관사) 병 / 우유의

e carne di vitelo.
에 / 카르네 / 디 비V땔로.
그리고 / 고기 / 송아지의.

Io compro patate e carne di pollo.
이오 / 콤쁘로 / 빠따떼 / 에 / 카르네 / 디 뽈로.
나는 / 산다 / 감자들 / 그리고 / 고기 / 닭의.

Mmm, pollo con patate per cena!
음, / 뽈로 / 콘 / 빠따떼 / 뻬르 / 체나!
음 (의성어), / 닭 / ～와 함께 / 감자들 / ～을 위하여 / 저녁!

Ti auguro una buona serata.
띠 아우구로 / 우나 / 뷔나 세라따.
너에게 바란다 / (부정관사) / 좋은 저녁.

Buona serata anche a te.
뷔나 세라따 / 안께 / 아 떼.
좋은 저녁 / ～도 / 너에게.

G : 나는 토마토들, 상추, 과일, 그리고...
　　설탕, 우유 한 병 그리고 송아지 고기.
E : 나는 감자와 닭고기를 사러 왔어.
G : 음, 저녁에 닭고기와 감자요리를 먹겠네.
　　즐거운 저녁 시간 보내길 바랄게.
E : 응, 너도 즐거운 저녁 시간 보내길 바라.

Una bottiglia di latte
Una bottiglia di latte 는 한 병의 우유를 의미합니다. 영어의 **a bottle of milk** 라는 표현처럼, 하나의 병을 의미하는 **una bottiglia** 와 '～의' 라는 뜻을 지닌 전치사 **di** 가 결합된 형태죠.

una tazza di caffè [우나 따짜 디 카f패]
: 커피 한 잔 (a cup of coffee)

Carne di vitello
Carne di vitello [카르네 디 비V땔로] 는 송아지 고기입니다. 이탈리아에서는 많은 사람이 송아지 고기를 먹습니다.

Ti auguro una buona serata
Augurare [아우구라레] 는 **바라다, 소망하다, 축하하다** 라는 의미입니다. '즐거운 저녁 보내시기를 바랍니다.' 라고 말할 때의 '바라다' 처럼 사용할 수 있습니다.

> **Io sono romano.**
> 이오 쏘노 로마노.
> 저는 로마 사람입니다.

 TIP

4 서울에는 한강이 흘러.

 YOOMIN
Da che paese vieni?
다 / 께 / 빠에세 / 베ᵛ니?
〜으로부터 / 어떤 / 나라 / (너는) 온다?

 CARLOS
Io vengo dall'Italia.
이오 벤ᵛ고 / 달리딸리아.
나는 온다 / 이탈리아에서.

E tu da dove vieni?
에 / 뚜 / 다 도베ᵛ / 베ᵛ니?
그리고 / 너는 / 어디에서 / 온다?

◀ **dall'Italia**
이탈리아어에서 **da**는 영어의 **from**을 의미하는 전치사입니다.

Io vengo dall'Italia.
[이오 벤ᵛ고 달리딸리아.]
: 나는 이탈리아에서 왔어. (I am from Italy.)

 YOOMIN
Io vengo dalla Corea del Sud.
이오 벤ᵛ고 / 달라 / 코레아 델 수ᄃ.
나는 온다 / 〜에서 / 대한민국.

Com'è l'Italia?
코매 / 을리딸리아?
어떻게 〜이다 / 이탈리아?

◀ **Corea del Sud**
Corea는 한국을, **del Sud**는 남쪽을 뜻하므로, 합쳐서 '**남한**'입니다. 그럼 북한은 뭐라고 할까요? 마찬가지로, **북쪽을 의미하는 del Nord**를 붙여서 **Corea del Nord**라고 합니다.

 CARLOS
L'Italia è 3 volte più grande
을리딸리아 애 / 뜨레 벌ᵛ떼 / 뷰 그란데
이탈리아는 〜이다 / 3배 / 더 넓은

della Corea del Sud.
델라 / 코레아 델 수ᄃ.
〜보다 / 대한민국.

◀ **3 volte più grande**
반대로 '**한국은 이탈리아보다 3배 작습니다.**' 라고 말해볼까요? 더 (**more**) 라는 뜻의 **più** 대신에 덜 (**less**) 이라는 의미를 가진 부사 **meno** 를 사용하면 됩니다.

La Corea del Sud è 3 volte meno grande dell'Italia.
[을라 코레아 델 수ᄃ 애 뜨레 벌ᵛ떼 메노 그란데 델리딸리아.]
: 한국은 이탈리아보다 3배 작아.

 YOOMIN
L'Italia è molto grande.
을리딸리아 애 / 몰또 그란데.
이탈리아는 〜이다 / 매우 넓은.

Y : 어느 나라에서 왔어?
C : 나는 이탈리아에서 왔어.
　　너는 어디에서 왔어?
Y : 나는 한국에서 왔어.
　　이탈리아는 어때?
C : 이탈리아는 한국보다 3배 넓어.
Y : 이탈리아는 정말 크구나.

Sì, l'Italia è un paese grande.

씨, / 울리딸리아 애 / 운 빠에세 / 그란데.

응, / 이탈리아는 ~이다 [부정관사] 나라 / 넓은.

Ci sono molte montagne, come le Alpi.

치 쏘노 / 몰떼 몬딴녜, / 꼬메 / 울레 알삐.

있다 / 많은 산들, / ~와 같은 / [정관사] 알프스.

Anche in Corea ci sono molte montagne.

안께 / 인 / 코레아 / 치 쏘노 / 몰떼 몬딴녜.

~도 / ~ 안에 / 한국 / 있다 / 많은 산들.

Ci sono molte montagne anche a Seul.

치 쏘노 / 몰떼 몬딴녜 / 안께 / 아 / 세울.

있다 / 많은 산들 / ~도 / ~에 / 서울.

A Roma non ci sono molte montagne.

아 / 로마 / 논 / 치 쏘노 / 몰떼 / 몬딴녜.

~에 / 로마 / [부정] / 있다 / 많은 / 산들.

Ci sono molti fiumi, come il Tevere

치 쏘노 / 몰띠 퓨f미, / 꼬메 / 일 떼베v레

있다 / 많은 강들, / ~와 같은 / [정관사] 테베레

e l'Aniene.

에 / 울라니에네.

그리고 / [정관사] 아니에네.

Il fiume Han scorre attraverso Seul.

일 퓨f메 한 / ㅅ코르~레 / 아뜨르~라배v르소 / 세울.

한강은 / 흐른다 / ~를 가로질러 / 서울.

C : 응, 이탈리아는 큰 나라야.
　　알프스 같은 산들이 많이 있어.
Y : 한국에도 산이 많이 있어.
　　서울에도 산이 많지.
C : 로마에는 산이 별로 없어.
　　테베레나 아니에네 같은 강들이 많이 있어.
Y 서울에는 한강이 흘러.

Le Alpi

알프스 산맥은 스위스와 프랑스, 독일, 이탈리아를 지나가는 산맥입니다. 독일에서는 **Alpen**[알쁜] 이라고 부르지만, 이탈리아에서는 **le Alpi**[울레 알삐] 라고 부릅니다. 겨울이 되면 많은 사람들이 스키를 타거나 겨울 스포츠를 즐기러 알프스에 방문합니다.

A Roma non ci sono molte montagne.

서울과 달리, 이탈리아의 수도 로마에는 산이 별로 없습니다. 대신 작은 동산이나 강이 많이 있습니다.

Tevere

Tevere [떼베v레] 강은 45km 길이로, 이탈리아에서 세 번째로 긴 강입니다. 이탈리아에서 가장 긴 강은 **Po** [뻐] 강인데요, 알프스 산맥에서부터 아드리아 해까지 흘러갑니다.

Il fiume Han

Fiume는 강이라는 말로, **il fiume Han**이라고 하면 **한강**이라는 뜻이 됩니다.

L'Italia è circondata da parecchi mari.
을리딸리아 애 / 치르콘다따 / 다 / 빠레끼 마리.
이탈리아는 ~이다 / 둘러싸인 / ~로 / 여러 바다들.

Il Mare Adriatico,
일 마레 아ᄃ리아띠코,
정관사 대서양,

il Mare Mediterraneo
일 마레 메디떼르~라네오
정관사 지중해

e il Mare Tirreno.
에 / 일 마레 띠르~랜노.
그리고 / 정관사 티레니아 해.

Anche la Corea è
안께 / 을라 코레아 / 애
~도 / 정관사 한국 / ~있다

circondata da molti mari.
치르콘다따 / 다 / 몰띠 마리.
둘러싸인 / ~로 / 여러 바다.

Il Mare Giallo, il Mare del Sud
일 마레 쟐로, / 일 마레 델 수드
정관사 황해, / 정관사 남해

e il Mare Orientale.
에 / 일 마레 오렌딸레.
그리고 / 정관사 동해.

C : 이탈리아는 여러 바다로 둘러싸여 있어.
　　대서양, 지중해 그리고 티레니아 해.
Y : 한국도 여러 바다로 둘러싸여 있어.
　　황해, 남해 그리고 동해.

Mari
이탈리아어로 바다를 **mare** 라고 합니다. 보다 큰 바다인 해양은 **oceano** 라고 하죠. 영어의 **ocean** 과 비슷하게 생겼네요.

Oceano Pacifico [오채아노 빠치피f코]
: 태평양
Oceano Atlantico [오채아노 아뜰란띠코]
: 대서양

Da
이탈리아어의 전치사 **da** 는 영어의 **by** 와 유사한 의미를 가졌습니다. **da** 는 이유, 원인, 동기 를 나타내는 말이기도 하지만, 여기서는 '~에', 즉 공간을 나타내는 전치사로 활용되었습니다.

Il Mare Giallo
'황해'라고 해서 어떤 바다인가 긴가민가하셨나요? 한반도와 중국에 둘러싸인 바다, 우리가 서해라고 부르는 바다의 공식명칭이 바로 황해 입니다. 이탈리아어로는 **il Mare Giallo** [일 마레 쟐로]라고 하죠.

Il Tevere o l' Aniene?
일 떼베v레 오 을라네네?
테베레 강 아니면 아니에네 강?

옆집 강아지도 나를 찾아와서 울기 시작했어.

저도 여자인데요.

사실 나는 모든 강아지를 남성으로 정해 놨었어.

대체 무슨 자신감이었대?

강아지뿐만 아니라 모든 동물에게는 성별이 정해져 있었어. 실제의 성과는 아무런 상관없이 말이지.

그래서 모든 코끼리는 남성이고 모든 기린은 여성인 식이었지.

너네는 모두 여자.

너네는 모두 남자.

사실 어쩔 수 없었던 게, 동물의 겉모습을 대강 봐서는 성별을 알 수가 없잖아?

더 이상 자세한 설명은 생략한다.

나 편해지자고 그랬던 거라 좀 미안해지더라고.

Sorry….

특히 사자에게는 정말 미안하더라고….

우리가 똑같아 보여?

누가 봐도 다른데….

그래서 성별을 모르는 경우에는 종에 따라 미리 정해둔 대로 부르지만

tigre
호랑이

성별을 아는 경우에는 그에 맞춰 부르기로 했어.

이제야 드디어…

정말이지 복잡해 보이지만…, 전부 이유가 있다는 걸 이제 알겠지?

어쩔 수 없었어

지금까지 우리는 명사의 성이 어떻게 생겨났는지 알아보았어!

명사에 성이 있다는 걸 알게 된 학생들은 내게 종종 이런 질문을 해.

명사의 성을 쉽게 외울 수 있는 규칙 같은 건 없나요?

정말 다행히도 이탈리아어를 배우는 학생에게만큼은 규칙이 있어.

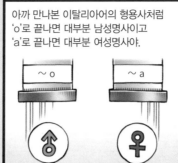

아까 만나본 이탈리아어의 형용사처럼 'o'로 끝나면 대부분 남성명사이고 'a'로 끝나면 대부분 여성명사야.

다른 유럽어를 배우게 되면 단어를 외울 때 명사의 성별까지 암기해야 해.

여기가 천국이야~

명사

맞아!

물론 이탈리아어에도 약간의 예외는 있지만 정말 예외인 것들만 성별을 외워주면 돼!

그런데 외우는 데에도 현명한 방법이 있고 현명하지 않은 방법이 있어.

"손 여성, 손 여성, 손 여성…" 바로 이렇게 외우는 게 현명하지 않은 방법이야.

mano 손 (여성)
= o로 끝나지만 여성명사
라틴어에서 유래

그럼 현명한 방법이 뭐냐고?

나는 Smart~

남성 명사에는 남성을 등장시키고

책을 보는 남성

핸드폰을 보는 남성

전화를 하는 남성

여성 명사에는 여성을 등장시켜서 상황을 만들어 봐.

물을 마시는 여성

사진을 찍는 여성

파티에 간 여성

괜히 예외도 있다는 얘기를 하니까 이탈리아어가 어렵게 느껴지지?

이 놈의 예외…

절대로 그러라고 해준 말이 아니야.

어렵지 않다는 건 아니지만 벌써 겁먹지 마!

우리가 해왔던 공부는 대부분 시험과 관련된 것이었기 때문에

어렵다….

수능 D-7

사람들은 뭐든지 완벽하게 하려고 하고 틀리지 않으려고 해.

100번 외우기!

물론 이탈리아어의 성 구분을 알지 못하면 절대 이탈리아어를 완벽하게 말할 수 없어.

이탈리아어가 맞긴 맞는데….

하지만 사실 완벽하게 말하는 건 중요하지 않아.

팍팍하게 생각하지 마~

단어의 성 구분을 할 줄 안다면 더욱 정확하게 말할 수 있겠지만

woman

man

!!!

단어의 성별을 잘못 말한다고 해서 이탈리아인이 내 말을 알아듣지 못하는 게 아니야.

…!

중요한 것은 맞고 틀리는 게 아니라 상대방과의 의사소통이 아닐까?

그 가게

맛있다!

맞아, 거기 또 갈까?

틀린 말이라도 무작정 써보고 입 밖으로 꺼내 보는 습관. 그게 모든 어학의 시작이야.

세상은 말만 통하면 되는 거 아닐까?

Don't worry, Be happy!

그러니까 너무 걱정하지 않았으면 좋겠어.

재미있게 배우는 일만 남은 거야!

03

6가지 모양의
일반동사

Stessi caratteri,
forme diverse.
같은 성질, 다른 모양.

한눈에 배운다!
동사의 6가지 변화

규칙적으로 변하는 동사들

동영상 강의

지금까지 우리는 Essere 동사에 대해 공부했습니다.
이제부터는 일반동사에 대해서 알아보겠습니다.
일반동사에는 수천 개의 동사가 포함되는데,
이들은 다시 규칙변화 동사와 불규칙변화 동사들로 나뉩니다.

동사 ⟨ Essere 동사
   ⟨ 일반동사 ⟨ 규칙 동사 ✓
           ⟨ 불규칙 동사

Essere 동사는 무엇과 무엇이 '똑같다'는 의미입니다.
반면 누군가의 행동을 나타낼 때는
수많은 **일반동사들 중 하나**를 골라서 사용합니다.

영어의 일반동사는
원형과 3인칭 단수형 뿐입니다.

does
3인칭
단수형

do
원형

하지만 이탈리아어의 일반동사는 원형이
주어에 따라 6가지로 변화합니다.

1인칭
복수형

1인칭
단수형

2인칭
단수형

원형

3인칭
복수형

2인칭
복수형

3인칭
단수형

동사 하나 외우기도 힘든데 7개씩 함께 외우기는 더 힘들겠죠?
하지만 다행히 **동사 변화에는 일정한 패턴**이 있으므로
조금만 익숙해지면 그리 어렵게 느껴지지 않을 것입니다.

TIP

읽어
보세요

동사 변화에 대한 조언 1
마음을 비우세요

이 단원에서 우리는 6가지로 변화하는 동사에 대해 배우고 있습니다. 하지만 사실 이 6가지 변화는 현재형에 국한된 이야기입니다. 동사에는 현재형 외에도 과거형, 과거분사형 등 여러 형태가 있고, 이 형태마다 다시 주어에 따른 6가지 변화가 일어납니다. 이탈리아어만 그런 것이 아니라, 영어를 제외한 다른 유럽어들도 대부분 동사가 수십 가지로 변화하죠. 그래서 이 모든 변화를 외우려 드는 것은 좋지 않습니다. 우선 현재형, 특히 자주 사용되는 주어, 그중에서도 대략의 변화 스타일을 익혀두는 것 정도를 목표로 해야겠습니다.

읽어
보세요

동사 변화에 대한 조언 2
단수형만 외우세요

1인칭, 2인칭, 3인칭 중에서 가장 많이 쓰이는 것은 무엇일까요? 대화에서건 글에서건 이들 셋은 거의 비슷한 비율로 사용됩니다. 그럼 단수와 복수는 어떨까요? 단수형은 복수형에 비해 몇 배 이상 자주 쓰입니다. 어차피 사용하기 위해 배우는 언어라면 자주 쓰이는 것부터 확실하게 정복하는 것이 현명한 선택 아닐까요?

읽어
보세요

동사 변화에 관한 조언 3
한 걸음씩 완벽하게

이 많은 동사의 이 많은 변화를 어떻게 다 외워야 할지 막막하시죠? 물론 처음에는 어렵습니다. 그러나 조급해하지 않고 하나씩 꼼꼼하게 외워나가다 보면, 원형의 모양만 딱 봐도 '변형은 이렇겠구나!' 하고 짐작할 수 있게 됩니다. 규칙변화 동사들만 그런 것이 아닙니다. 불규칙변화 동사들 역시 표로 정리하기는 어려운 규칙성을 느낄 수 있습니다.

이탈리아어의 동사 변화에는 크게 세 가지의 패턴이 있는데,
are, ere, ire로 끝나는 동사들의 변화 패턴입니다. 그럼 먼저 are 와 ere 로 끝나는 동사부터 만나볼까요?

① are …… 말하다 parlare 빠를라레

Io	parlo	빠를로
Tu	parli	빠를리
Lui/Lei	parla	빠를라
Noi	parliamo	빠를리아모
Voi	parlate	빠를라떼
Loro	parlano	빠를라노

② ere …… 팔다 vendere 벤V데레

Io	vendo	벤V도
Tu	vendi	벤V디
Lui/Lei	vende	벤V데
Noi	vendiamo	벤V디아모
Voi	vendete	벤V데떼
Loro	vendono	벤V도노

ire 형 동사는 두 가지의 유형으로 변화합니다.
그러나 ire 형 동사가 둘 중 어느 유형을 따르는지에는 규칙성이 없습니다.
따라서 ire 형 단어를 외울 때는 **변화 유형까지 함께** 외우는 것이 좋습니다.

③ ire 1유형 …… 느끼다 sentire 쎈띠레

Io	sento	쎈또
Tu	senti	쎈띠
Lui/Lei	sente	쎈떼
Noi	sentiamo	쎈띠아모
Voi	sentite	쎈띠떼
Loro	sentono	쎈또노

③ ire 2유형 …… 이해하다 capire 까삐레

capisco	까삐스코
capisci	까삐시sh
capisce	까삐셰sh
capiamo	까삐아모
capite	까삐떼
capiscono	까삐스코노

그러나 동사 규칙 변화에는 일부 예외도 존재합니다. 이를 **불규칙변화 동사**라고 합니다.
불규칙변화 동사들은 규칙변화 동사와 달리 불규칙하게 변화하기 때문에 암기해야 합니다.

① **are**

가다
andare 안다레

Io	vado	바V도
Tu	vai	바V이
Lui/Lei	va	바V
Noi	andiamo	안디아모
Voi	andate	안다떼
Loro	vanno	반V노

② **ere**

앉다
sedere 쎄데레

Io	siedo	씨에도
Tu	siedi	씨에디
Lui/Lei	siede	씨에데
Noi	sediamo	쎄디아모
Voi	sedete	쎄데떼
Loro	siedono	씨에도노

③ **ire**

오다
venire 베니레

Io	vengo	벵V고
Tu	vieni	비V에니
Lui/Lei	viene	비V에네
Noi	veniamo	베니아모
Voi	venite	베니떼
Loro	vengono	벵V고노

불규칙 변화 동사는 어미가 아닌 어간이 불규칙하게 변하는 것이 특징으로,
대개 어간에 뒤따르는 어미의 형태는 규칙 변화 동사와 다르지 않습니다.

TIP

**are 동사의
불규칙 변화**

불규칙하게 변화하는 경우가 많은 ere형 동사나 ire형 동사와 달리
are형 동사에서 주로 쓰이는 불규칙 변형은 앞서 배운 andare를 포함해
stare, dare, fare 네 개뿐입니다.
이 동사는 일상에서 매우 자주 사용하는 동사이기 때문에 모두 외워두는 것이 좋습니다.

	있다 **st**are 스따레		주다 **d**are 다레		하다 **f**are 파f레	
Io	sto	스떠	do	도	faccio	파f쵸
Tu	stai	스따이	dai	다이	fai	파f이
Lui/Lei	sta	스따	dà	다	fa	파f
Noi	stiamo	스띠아모	diamo	디아모	facciamo	파f챠모
Voi	state	스따떼	date	다떼	fate	파f떼
Loro	stanno	스딴노	danno	단노	fanno	판f노

동영상 강의

영어에는 동사 앞에 붙이는 to가 있습니다.
to + 동사원형은 명사 역할을 합니다. 이럴 때 사용되는 to를 to 부정사라고 부릅니다. 부정사라는 말은 '정해져 있지 않고 변화한다'는 의미입니다.

$$\text{I learn } \underline{\text{to cook}}. \longrightarrow \text{to + 동사원형 = 명사}$$
나는 　배운다 　　요리하기를

이탈리아어에도 to 부정사 역할을 하는 a 부정사와 di 부정사가 있습니다. 이 두 가지 부정사는 문장에서 완벽히 같은 역할을 하지만, 어떤 경우에 a 부정사 혹은 di 부정사를 사용해야 하는지에 관한 명확한 기준은 없습니다. 다만, 문장의 동사가 무엇이냐에 따라 a 또는 di 를 사용 하므로, 다이얼로그를 통해서 동사와 뒤따르는 부정사의 형태에 익숙해져야 합니다.

▶ 나는 춤추기를 시작해(I start to dance). [이오 이니치ᶻ오 아 발라레.]

Io	inizio	a	ballare
나는	시작하다		춤추기를

▶ 나는 춤추기를 결정해(I decide to dance). [이오 데치도 디 발라레.]

Io	decido	di	ballare
나는	결정하다		춤추기를

동사를 명사처럼 사용하더라도 부정사를 쓰지 않을 때가 있습니다. 선호(원하다, 좋아하다 등)를 표현하거나, 의무(해야 하다)를 표현할 때죠.

▶ 나는 춤추기를 해야 해(I have to dance). [이오 데ᵛ보 발라레.]

Io	devo	∅	ballare
나는	해야 하다		춤추기를

위의 세 가지 예문은, 결국 부정사의 형태를 결정하는 것은 문장의 동사라는 것을 보여줍니다.

TIP

읽어
보세요

a 부정사는 매우 자주 사용된다

이탈리아어에서 a 부정사는 매우 유용하게 쓰입니다. 왜일까요? 예를 들어 산책하는 행위를 좋아한다고 표현할 때, 우리는 '산책하다'라는 동사를 '산책하는 것' 혹은 '산책하기'라는 명사로 바꾸어 말하곤 합니다. 이처럼 우리말의 '~하는 것', '~하기'에 해당하는 것이 이탈리아어의 a 부정사입니다. 동사를 명사로 쉽게 바꿀 수 있으므로 자주 사용하게 되는 것이죠.

읽어
보세요

왜 a나 di의 다음에는 동사원형일까?

동사에는 원형이 있고 이를 변화시켜 만드는 '변형'이 있습니다. 여기서 변형을 만드는 방법의 하나가 바로 동사원형의 앞에 a 부정사나 di 부정사를 붙여주는 것이죠. 이때 부정사 뒤에 있는 동사원형을 다시 변화시키게 되면, 이미 변형을 거친 동사를 또 변형하게 됩니다. 굳이 말하자면 '변변형' 동사가 되어버리는 것이죠. 그러니 잊지 마세요. a 부정사는 항상 '원형 동사'에만 붙여줍니다.

읽어
보세요

to 부정사와 a 부정사의 신기한 관계

영어에서 'to'는 to 부정사 외에도 전치사로 사용되기도 하죠. 이탈리아어의 a도 전치사로 사용됩니다. 신기한 점은 전치사로 사용될 때도 to와 a의 의미가 비슷하다는 것입니다. 반면 부정사 di 는 전치사로 쓰일 때 영어의 of나 from을 의미하게 되죠.

영어의 전치사 to = 이탈리아어의 전치사 a

네 동사만 외우자!
기초 동사

따라 말하기

Volere [볼^{V}레레] 원하다

Io	voglio	벌^{V}료
Tu	vuoi	붜^{V}이
Lui/Lei	vuole	뷜^{V}레
Noi	vogliamo	볼^{V}랴모
Voi	volete	볼^{V}레떼
Loro	vogliono	벌^{V}료노

Attendere [아땐데레] 기다리다

Io	attendo	아땐도
Tu	attendi	아땐디
Lui/Lei	attende	아땐데
Noi	attendiamo	아땐댜모
Voi	attendete	아땐데떼
Loro	attendono	아땐도노

Studiare [스뚜댜레] 공부하다

Io	studio	스뚜됴
Tu	studi	스뚜디
Lui/Lei	studia	스뚜댜
Noi	studiamo	스뚜댜모
Voi	studiate	스뚜댜떼
Loro	studiano	스뚜댜노

Acquistare [아뀌스따레] 사다

Io	acquisto	아뀌스또
Tu	acquisti	아뀌스띠
Lui/Lei	acquista	아뀌스따
Noi	acquistiamo	아뀌스따모
Voi	acquistate	아뀌스따떼
Loro	acquistano	아뀌스따노

 앞에서 배운 동사를 활용하여 문장을 만들어 보세요.

1 나는 사과 하나를 사.

2 나는 책 한 권을 사.

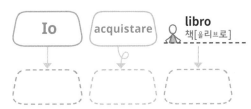

3 나는 기차를 기다려.

4 우리는 이탈리아어를 배워.

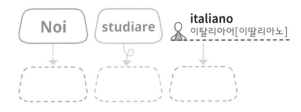

5 나는 그림을 원해.

6 그녀는 여성 친구를 기다려.

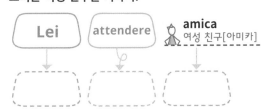

7 나는 차 한잔을 원해.

· 정답입니다! ·

1 Io acquisto una mela.
2 Io acquisto un libro.
3 Io attendo il treno.
4 Noi studiamo l' italiano.
5 Io voglio un disegno.
6 Lei attende una amica.
7 Io voglio un tè.

네 동사만 외우자!
기초 동사

따라 말하기

Mangiare [만쟈레] 먹다

Io	mangio	만죠
Tu	mangi	만지
Lui/Lei	mangia	만쟈
Noi	mangiamo	만쟈모
Voi	mangiate	만쟈떼
Loro	mangiano	만쟈노

Cantare [칸따레] 노래하다

Io	canto	칸또
Tu	canti	칸띠
Lui/Lei	canta	칸따
Noi	cantiamo	칸땨모
Voi	cantate	칸따떼
Loro	cantano	칸따노

Andare [안다레] 가다

Io	vado	바ᵛ도
Tu	vai	바ᵛ이
Lui/Lei	va	바ᵛ
Noi	andiamo	안댜모
Voi	andate	안다떼
Loro	vanno	반ᵛ노

Correre [코ㄹ~레레] 달리다

Io	corro	코ㄹ~로
Tu	corri	코ㄹ~리
Lui/Lei	corre	코ㄹ~레
Noi	corriamo	코ㄹ~랴모
Voi	correte	코ㄹ~떼
Loro	corrono	코ㄹ~로노

따라 말하기

 앞에서 배운 동사를 활용하여 문장을 만들어 보세요.

1 나는 그 그림을 봐.

2 나는 노래를 불러.

Io | cantare | **canzone**
노래[칸초ᵏ네]

3 너는 고기를 먹어.

Tu | mangiare | **carne**
고기[카르네]

4 나는 차를 팔아.

Io | vendere | **auto**
자동차[아우또]

5 그녀는 집으로 달린다.

Lei | correre | **casa**
집[카사]

6 우리는 숙제를 시작해.

Noi | fare | **compiti**
숙제[콤삐띠]

7 우리는 피자를 먹어.

Noi | mangiare | **pizza**
pizza [삐짜]

정답입니다!

1 Io guardo il disegno.
2 Io canto la canzone.
3 Tu mangi la carne.
4 Io vendo l'auto.
5 Lei corre a casa.
6 Noi facciamo i compiti.
7 Noi mangiamo la pizza.

네 동사만 외우자!
기초 동사

따라 말하기

Odiare [오다레] 미워하다

Io	odio	어됴
Tu	odii	어디이
Lui/Lei	odia	어댜
Noi	odiamo	어댜모
Voi	odiate	어댜떼
Loro	odiano	어댜노

Lottare [을로따레] 싸우다

Io	lotto	을러또
Tu	lotti	을러띠
Lui/Lei	lotta	을러따
Noi	lottiamo	을로따모
Voi	lottate	을로따떼
Loro	lottano	을러따노

Amare [아마레] 사랑하다

Io	amo	아모
Tu	ami	아미
Lui/Lei	ama	아마
Noi	amiamo	아먀모
Voi	amate	아마떼
Loro	amano	아마노

Parlare [빠를라레] 말하다

Io	parlo	빠를로
Tu	parli	빠를리
Lui/Lei	parla	빠를라
Noi	parliamo	빠를랴모
Voi	parlate	빠를라떼
Loro	parlano	빠를라노

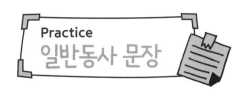

Practice
일반동사 문장

따라 말하기

 앞에서 배운 동사를 활용하여 문장을 만들어 보세요.

1 나는 선생님(여성)을 미워해.

Io	odiare	maestre
Io	odio	la maestra

2 나는 아이들(남성)과 싸워.

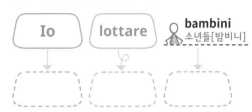

| Io | lottare | **bambini** 소년들[밤비니] |

3 너는 이탈리아를 사랑해.

| Tu | amare | **Italia** 이탈리아[이딸리아] |

4 우리는 이탈리아어를 말해.

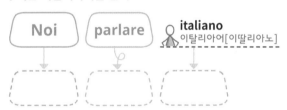

| Noi | parlare | **italiano** 이탈리아어[이딸리아노] |

5 나는 영화를 사랑해.

| Io | amare | **film** 영화[필ᶠ므] |

6 너는 남편을 미워해.

| Tu | odiare | **marito** 남편[마리또] |

7 그녀는 소설들을 사랑해.

| Lei | amare | **romanzi** 소설들[로만지ᶻ] |

· 정답입니다! ·

1 Io odio la maestra.
2 Io lotto con i bambini.
3 Tu ami l'Italia.
4 Noi parliamo l'italiano.
5 Io amo i film.
6 Tu odii il marito.
7 Lei ama i romanzi.

 따라 말하기

Imparare [임빠라레] 배우다

Io	imparo	임빠로
Tu	impari	임빠리
Lui/Lei	impara	임빠라
Noi	impariamo	임빠랴모
Voi	imparate	임빠라떼
Loro	imparano	임빠라노

Comprendere [콤쁘랜데레] 이해하다

Io	comprendo	콤쁘랜도
Tu	comprendi	콤쁘랜디
Lui/Lei	comprende	콤쁘랜데
Noi	comprendiamo	콤쁘랜댜모
Voi	comprendete	콤쁘랜데떼
Loro	comprendono	콤쁘랜도노

Avere [아베ᵛ레] 가지고 있다

Io	ho	어
Tu	hai	아이
Lui/Lei	ha	아
Noi	abbiamo	아빠모
Voi	avete	아베ᵛ떼
Loro	hanno	안노

Bere [베레] 마시다

Io	bevo	베보ᵛ
Tu	bevi	베비ᵛ
Lui/Lei	beve	베베ᵛ
Noi	beviamo	베뱌모
Voi	bevete	베베ᵛ떼
Loro	bevono	베보ᵛ노

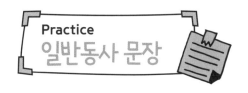

 앞에서 배운 동사를 활용하여 문장을 만들어 보세요.

1 나는 이탈리아어를 배워.　　　Io imparo l'italiano. ✎

2 그들은 이탈리아어를 이해해.

3 나는 추워. (추위를 가지고 있어.)　　　freddo : 추위[프레또]

4 나는 선물 하나를 가지고 있어.

5 나는 와인을 마셔.　　　vino : 와인[비ᵛ노]

6 우리는 프랑스어를 배워.　　　francese : 프랑스어[프란체세]

7 우리는 맥주를 마셔.　　　birra : 맥주[비ㄹ~라]

8 나는 그 영화를 이해해.

9 너희는 이탈리아어를 배워.

10 나는 물을 마셔.

·정답입니다!· 1 Io imparo l'italiano. 2 Loro comprendono l'italiano. 3 Io ho freddo. 4 Io ho un regalo.
5 Io bevo il vino. 6 Noi impariamo il francese. 7 Noi beviamo la birra. 8 Io comprendo il film.
9 Voi imparate l'italiano. 10 Io bevo l'acqua.

한눈에 배운다!
일반동사 부정문

non만 붙여주면 끝!

이 단원에서는 Essere동사가 아닌,
일반동사가 사용된 문장으로 부정문을 만드는 연습을 해 보겠습니다.

▶ 나는 이탈리아어를 공부해. [이오 스뚜됴 이딸리아노.]

주어   동사   목적어

위의 문장을 부정문으로 만들어보겠습니다.

앞에서 Essere동사의 부정문을 배운 적이 있는데, 기억하시나요?
동사 앞에 'non'을 붙여주기만 하면 되었지요.
일반동사의 부정문을 만들 때도,
Essere동사와 마찬가지로 동사 앞에 'non'을 붙여주기만 하면 **됩니다.**

▶ 나는 이탈리아어를 공부하지 않아. [이오 논 스뚜됴 이딸리아노.]

자, 이제 여러분은 모든 이탈리아어 문장을 부정문으로 만들 수 있게 되었습니다.

<< 더 알아 봅시다   **이탈리아어의 부정 표현**

non을 활용해서 여러 가지 의미의 부정문
을 만들 수 있습니다. 모양새가 매우 간단
하죠?

1 Lei non sorride mai.
    그녀는 절대 웃지 않는다.

2 Lei non sorride più.
    그녀는 더는 웃지 않는다.

3 Anche lei non sorride.
    그녀 또한 웃지 않는다.

4 Non è niente.
    아무것도 아니다.

5 Non c'è nessuno.
    아무도 없다.

6 Non c'è da nessuna parte.
    아무 데도 없다.

c'è는 ci è의 줄임말입니다. 특정한 공간에
서 사람이나 물건의 존재를 지칭할 때의
ci와 Essere 동사의 조합으로 이루진 것
입니다. 그렇다면 c'è 의 복수는 ci sono
이겠네요.

Practice
일반동사 부정문

따라 말하기

 앞에서 배운 동사를 활용하여 문장을 만들어 보세요.

1 나는 이탈리아어를 공부하지 않아.　Io non studio l'italiano.

2 나는 고기를 먹지 않아.

3 나는 버스를 기다리지 않아.

4 그는 양주를 마시지 않아.　　　　　liquore : 양주[을리꾸오레]

5 그는 책을 사랑하지 않아.

6 우리는 선물을 가지고 있지 않아.

7 그는 음식을 찾지 않아.　　　　　　cibo : 음식[치보]

8 우리는 포도주를 사지 않아.

9 나는 과일을 먹지 않아.　　　　　　frutta : 과일[ᵖf루따]

10 나는 숙제를 시작하지 않아.

·정답입니다!· ① Io non studio l'italiano. ② Io non mangio la carne. ③ Io non aspetto l'autobus.
④ Lui non beve il liquore. ⑤ Lui non ama i libri. ⑥ Noi non abbiamo i regali. ⑦ Lui non cerca il cibo.
⑧ Noi non compriamo il vino. ⑨ Io non mangio la frutta. ⑩ Io non comincio i compiti .

한눈에 배운다!
일반동사 의문문

'?'만
붙이자

이전 단원에서 Essere동사로 의문문을 만들어 보았지요? 이번에는 일반동사로 의문문을 만들어 보겠습니다. Essere동사의 의문문을 만들 때와 마찬가지로, 주어와 동사의 위치가 바뀌지 않으며, 평서문에 물음표를 사용하여 의문을 표현합니다.

방법 1 '?'를 붙여라

참 신기한 일입니다. 전 세계 모든 언어가 말꼬리만 올리면 의문문이 되지요. 이탈리아어에서도 마찬가지입니다. 글을 쓸 때는 물음표로, 글을 읽을 때는 말꼬리를 올려 발음함으로써 의문을 나타냅니다.

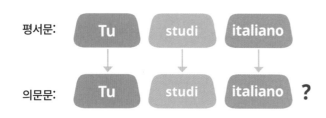

평서문: Tu studi italiano

의문문: Tu studi italiano **?**

방법 2 주어의 생략이 가능한 의문문

앞서 평서문과 부정문을 배울 때, 주어를 생략할 수 있다는 것을 배웠습니다. 의문문도 마찬가지입니다. 보통, 이탈리아어 의문문을 만들 때, 주어는 생략하는 것이 더 자연스럽습니다. 앞서 배웠듯이 동사의 모양만으로도 주어를 충분히 짐작할 수 있으니까요.

Tu studi italiano **?**
=
Studi italiano **?**

평서문 뒤에 부가의문문을 덧붙이는 것만으로도 의문 표현을 만들 수 있습니다.

Tu studi italiano, vero?
[뚜 스뚜디 이딸리아노, 베'로?]

너는 이탈리아어를 공부하잖아, 그렇지?

'그렇지?', '그렇지 않니?'라고 되묻는 것이지요. 부가의문문에는 다음과 같은 것들이 있습니다.

Vero? [베'로?]	right?	
Giusto? [쥬스또?]	right?	
No? [너?]	no?	
Davvero? [다베'로?]	really?	

더 알아 봅시다 **Essere 표현 불가**

I am cold.	나는 추워.
I am hungry.	나는 배고파.

영어에서 Be동사를 이용해 나타낼 수 있는 몇몇 상태를, Essere동사로는 표현할 수 없습니다. 이런 경우에 'Avere' 라는 동사를 사용합니다.

Io ho freddo. [이오 어 프'레도]
: 나는 추워.

Avere 는 사실 '가지다'라는 뜻의 동사입니다. 위의 문장에서 freddo 는 '추움, 추위'라는 뜻의 명사이고요. 그러니까 저 문장을 굳이 직역하자면, '나는 추위를 가지고 있어.'라는 뜻이 되겠지요. Avere 동사를 사용하여 어떠한 상태를 가리키는 관용 표현들은 다음과 같습니다.

freddo	[프'레도]	: 추위
caldo	[칼도]	: 더위
fame	[파'메]	: 배고픔
sete	[세떼]	: 갈증
sonno	[선노]	: 잠

Vivere [비ᵛ베ᵛ레] 살다

Io	vivo	비ᵛ보ᵛ
Tu	vivi	비ᵛ비ᵛ
Lui/Lei	vive	비ᵛ베ᵛ
Noi	viviamo	비ᵛ뱌ᵛ모
Voi	vivete	비ᵛ베ᵛ떼
Loro	vivono	비ᵛ보ᵛ노

Scrivere [스크리베ᵛ레] 쓰다

Io	scrivo	스크리보ᵛ
Tu	scrivi	스크리비ᵛ
Lui/Lei	scrive	스크리베ᵛ
Noi	scriviamo	스크리뱌ᵛ모
Voi	scrivete	스크리베ᵛ떼
Loro	scrivono	스크리보ᵛ노

Ballare [발라레] 춤추다

Io	ballo	발로
Tu	balli	발리
Lui/Lei	balla	발라
Noi	balliamo	발랴모
Voi	ballate	발라떼
Loro	ballano	발라노

Sapere [사뻬레] 알다

Io	so	서
Tu	sai	사이
Lui/Lei	sa	사
Noi	sappiamo	사빠모
Voi	sapete	사뻬떼
Loro	sanno	산노

 빈칸을 채워 보세요.

1 너는 맥주를 마시니?

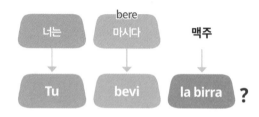

너는	bere 마시다	맥주
Tu	bevi	la birra ?

2 너는 소설을 쓰니?

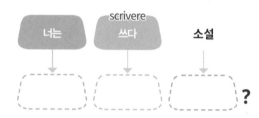

너는	scrivere 쓰다	소설
		?

3 너는 피자를 원하니?

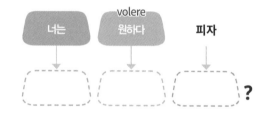

너는	volere 원하다	피자
		?

4 너는 책들을 원하니?

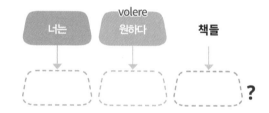

너는	volere 원하다	책들
		?

5 너는 생선을 먹니?

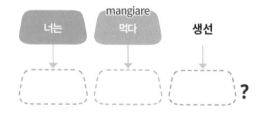

너는	mangiare 먹다	생선
		?

6 너는 문제를 이해하니?

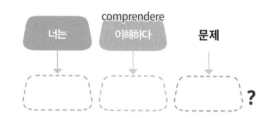

너는	comprendere 이해하다	문제
		?

7 너는 그 사실을 아니?

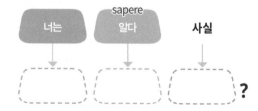

너는	sapere 알다	사실
		?

8 너는 편지를 쓰니?

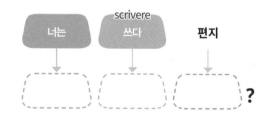

너는	scrivere 쓰다	편지
		?

9 너는 버스를 기다리니?

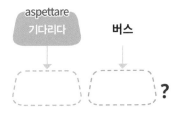

aspettare
기다리다

버스

⬚ ⬚ ?

10 너는 혼자 사니?

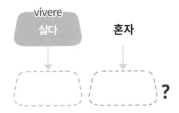

vivere
살다

혼자

⬚ ⬚ ?

11 그녀는 열심히 일하니?

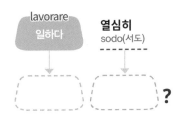

lavorare
일하다

열심히
sodo(서도)

⬚ ⬚ ?

12 그녀는 가까이 사니?

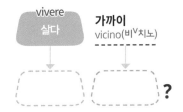

vivere
살다

가까이
vicino(비ⱽ치노)

⬚ ⬚ ?

13 너는 사과를 파니?

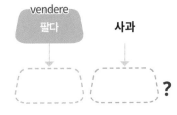

vendere
팔다

사과

⬚ ⬚ ?

14 너희는 함께 점심을 먹니?

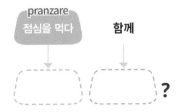

pranzare
점심을 먹다

함께

⬚ ⬚ ?

15 그들은 멀리 사니?

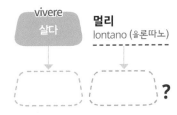

vivere
살다

멀리
lontano (을론따노)

⬚ ⬚ ?

16 그녀들은 걸어서 가니?

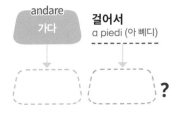

andare
가다

걸어서
a piedi (아 뻬디)

⬚ ⬚ ?

03 6가지 모양의 일반동사

1 나도 너도 사과를 좋아해.

LETICIA

Mi piacciono le mele.
미 / 뺘쵸노 / 울레 멜레.
나에게 / 좋아함을 받는다 / 사과들.

Ti piacciono le mele?
띠 / 뺘쵸노 / 울레 멜레?
너에게 / 좋아함을 받는다 / 사과들?

MARIA

Sì, anche a me piacciono le mele.
씨, / 안께 / 아 메 / 뺘쵸노 / 울레 멜레.
응, / ~도 / 나에게 / 좋아함을 받는다 / 사과들.

LETICIA

A noi piacciono le mele.
아 노이 / 뺘쵸노 / 울레 멜레.
우리에게 / 좋아함을 받는다 / 사과들.

A Roberto non piacciono le mele.
아 로배르또 / 논 / 뺘쵸노 / 울레 멜레.
로배르또 남성이름 에게 / 부정 / 좋아함을 받는다 / 사과들.

MARIA

Anche a Chiara non pAiacciono le mele.
안께 아 캬라 / 논 / 뺘쵸노 / 울레 멜레.
캬라 여성이름 에게 / 부정 / 좋아함을 받는다 / 사과들.

LETICIA

A loro non piacciono le mele.
아 을로로 / 논 / 뺘쵸노 / 울레 멜레.
그들에게 / 부정 / 좋아함을 받는다 / 사과들.

L : 나는 사과를 좋아해.
　　너는 사과를 좋아하니?
M : 응, 나도 사과를 좋아해.
L : 우리는 사과를 좋아해.
　　로배르또는 사과를 좋아하지 않아.
M : 캬라도 사과를 좋아하지 않아.
L : 그들은 사과를 좋아하지 않아.

Anche a me & Neanche a me
두 가지 표현 모두 '나도' 라는 의미입니다. 하지만 **anche a me** 는 긍정문에서, **neanche a me** 는 부정문에서 사용됩니다.

Anche a me piacciono le mele.
[안께 아 메 뺘쵸노 울레 멜레.]
: 나도 사과를 좋아해.

Neanche a me piacciono le mele.
[네안께 아 메 뺘쵸노 울레 멜레.]
: 나도 사과를 싫어해.

Piacciono
사랑한다 를 의미하는 동사 amare 는, 다음의 두 가지 방식으로 사용할 수 있습니다.

능동형 (일반적 방식) ▶ I love apples.
　Io / amo / le mele.
　[이오 / 아모 / 울레 멜레.]
　: 나는 / 사랑한다 / 사과들.

수동형 (특수한 방식) ▶ By me loved apples.
　Le mele / sono amate / da me.
　[울레 멜레 / 쏘노 아마떼 / 다 메.]
　: 나에 의해 / 사랑받는다 / 사과들은.

반면, **piacere**는 동사 자체에 수동의 의미가 있어 좋아함을 받는다 고 해석한다는 것을 1단원에서 배웠습니다. '좋아한다'로 해석되는 몇몇 이탈리아어 표현이 있지만, 그중 piacere는 압도적으로 많이 사용됩니다. 따라서 다음과 같은 방식만을 취한다는 것에 익숙해져야 합니다.

수동형 (특수한 방식) ▶ By me liked apples.
　Mi / piacciono / le mele.
　[미 / 뺘쵸노 / 울레 멜레.]
　A me piacciono le mele.
　[아 메 / 뺘쵸노 / 울레 멜레.]
　: 나에 의해 / 좋아함을 받는다 / 사과들.

Mi piacciono le mele.
미 뺘쵸노 을레 멜레.
나는 사과를 좋아해.

② 너 주말에 뭐 해?

 FEDERICO
Cosa fai durante il fine settimana?
커사 파f이 / 두란떼 / 일 피f네 세띠마나?
(너는) 무엇을 한다 / ~동안 / 주말?

 CARLOS
Sabato esco con la mia ragazza
사바또 / 에스코 / 콘 / 울라 미아 라가짜
토요일에 / (나는) 나간다 / ~와 함께 / 나의 여자친구

e domenica vado in bicicletta.
에 / 도메니카 / 바ᵛ도 / 인 비치클레따.
그리고 / 일요일은 / (나는) 탄다 / 자전거를.

Sabato faccio un picnic nel parco
사바또 / 파f쵸 / 운 삐크닉크 / 넬 / 빠르코
토요일에 / (나는) 한다 / 소풍을 / ~에서 / 공원

e vado a vedere un film.
에 / 바ᵛ도 / 아 베ᵛ데레 / 운 필f므.
그리고 / (나는) ~할 것이다 / 보는 것 / 영화.

Domenica io vado in bicicletta
도메니카 / 이오 바ᵛ도 / 인 비치클레따
일요일에 / 나는 탄다 / 자전거를

con i soci del club di ciclismo.
콘 / 이 서치 / 델 / 클랍 / 디 치클리스모.
~와 함께 / 회원들 / ~의 (전치사관사) / 동호회 / 자전거의.

E tu? Cosa fai nel fine settimana?
에 / 뚜? / 커사 파f이 / 넬 피f네 세띠마나?
그리고 / 너는? / 무엇을 한다 / 주말에?

F : 너 주말에 뭐 해?
C : 토요일에는 여자친구랑 데이트하고 일요일에는 자전거를 타.
토요일에는 공원으로 소풍을 가고 영화를 보러 갈 거야.
일요일에는 자전거 동호회 사람들이랑 자전거를 탈 거고.
너는 이번 주말에 뭐 해?

 TIP

Fine settimana
Fine settimana를 직역하면 주의 끝이라는 의미로, 주말을 의미합니다. 영어로는 end of the week와 같죠. 그럼 이탈리아어로 주중은 어떻게 표현할까요? Giorno infrasettimanale[죠르노 인프라세띠마날레] 혹은 giorno della settimana[죠르노 델라 세띠마따]라고 표현합니다.

Bicicletta
이탈리아어도 영어나 한국어처럼, 긴 단어를 종종 줄여 말합니다.

• 자전거	**Bicicletta**	[비치클레따]
	···→ **Bici**	[비치]
• 오토바이	**Motocicletta**	[모또치클레따]
	···→ **Moto**	[머또]
• 냉장고	**Frigorifero**	[프f리고리페f로]
	···→ **Frigo**	[프f리고]

Film
Film 는 영어에서 온 외래어로 영화를 의미합니다. 옛날에 사진을 찍을 때 쓰던 '필름'을 이야기할 때는 pellicola[펠리콜라]라는 단어를 사용합니다.

Vado a vedere un film
'나는 영화를 보러 갈 거야.'라는 뜻입니다. Andare 는 '가다' 라는 뜻을 가지고 있지만, 근접한 미래에 대해서 말할 때 조동사로 사용되기도 합니다.

Mi piace andare in bicicletta.
미 삐아체 안다레 인 비치클레따.
나는 자전거 타는 것을 좋아해.

Sabato vado ad una festa.
사바또 / 바ᵛ도 / 아ᴅ 우나 패f스따.
토요일에 / (나는) 간다 / 하나의 파티에.

Un mio amico ha organizzato
운 미오 아미코 / 아 오르가니짜또
나의 친구가 / 기획했다

una grande festa per sabato
우나 그란데 패f스따 / 뻬르 사바또
하나의 큰 파티 / 토요일에

e andremo a divertirci tutta la notte.
에 / 안드레모 / 아 디베ᵛ르띠르치 / 뚜따 / 울라 너떼.
그리고 / (우리는) ~할 것이다 / 우리가 즐기는 것 / 모든 / 밤.

Domenica riposo a casa mia.
도메니카 / 리뻐소 / 아 / 카사 미아.
일요일에 / (나는) 쉰다 / ~에서 / 나의 집.

Vado a giocare ai videogiochi.
바ᵛ도 / 아 죠카레 / 아이 비ᵛ데오져키.
(나는) ~할 것이다 / 노는 것 / 비디오 게임들을.

Buon fine settimana, buon divertimento!
뷘 / 피f네 세띠마나, / 뷘 / 디베ᵛ르띠멘또!
좋은 / 주말, / 좋은 / 즐거움!

Buon fine settimana
뷘 / 피f네 세띠마나
좋은 / 주말

e ci vediamo la settimana prossima!
에 / 치 베ᵛ댜모 / 울라 세띠마나 쁘러씨마!
그리고 / (우리는) ~에 보자 [명령] / 다음 주에!

F : 토요일에는 파티에 가서 놀 거야.
　　내 친구가 토요일에 큰 파티를 열거든. 밤새워 놀 거야.
　　일요일에는 집에서 쉬려고. 비디오 게임을 할 거야.
C : 즐거운 주말 보내, 재미있게 놀아!
F : 즐거운 주말 보내, 다음 주에 보자!

◀ **Andare ad una festa**

Andare ad una festa 는 파티에 가다라는 뜻입니다. 유사한 표현으로 fare festa 가 있는데요, 파티를 하다, 즐기다, 놀다 라는 의미로 사용되는 표현입니다.

◀ **Sabato**

특정한 어떤 날을 지칭할 경우 이탈리아어에서는 요일 앞에 관사를 붙이지 않습니다. 요일 앞에 관사를 붙이는 경우는 '매주 토요일'처럼 반복되는 일을 표현할 때입니다.

Faccio festa il sabato.
[파f쵸 패f스따 일 사바또.]

: 토요일마다 파티를 해.

Faccio festa la domenica.
[파f쵸 패f스따 울라 도메니카.]

: 일요일마다 파티를 해.

◀ **Buon fine settimana!**

앞서 배웠던 'Buona notte!'처럼 헤어질 때 하는 인사로, '주말 잘 보내!'라는 뜻입니다.

◀ **Ci vediamo la settimana prossima !**

'다음 주에 봐.'라는 의미의 표현입니다.

Faccio una festa a casa mia!
파f쵸 우나 패f스따 아 카사 미아!
나의 집에서 파티할 거야!

3 저는 밥을 좋아합니다.

 SOFIA

Ti piace il riso?
띠 / 뺘체 / 일 리소?
너에게 / 좋아함을 받는다 / 쌀?

 JAVIER

Sì, io adoro il riso.
씨, / 이오 아도로 / 일 리소.
응, / 나는 정말 좋아한다 / 쌀.

A casa mia mangio cibo coreano.
아 카사 미아 / 만죠 / 치보 코레아노.
나의 집에서 / (나는) 먹는다 / 한국의 음식.

Quindi (io) mangio sempre il riso.
뀐디 / (이오) 만죠 / 샘쁘레 / 일 리소.
그래서 / (나는) 먹는다 / 항상 / 쌀.

E a te? Ti piace il riso?
에 / 아 떼? / 띠 / 뺘체 / 일 리소?
그리고 / 너는? / 너에게 / 좋아함을 받는다 / 쌀?

 SOFIA

Sì, mi piace il riso,
씨, / 미 / 뺘체 / 일 리소,
응, / 나에게 / 좋아함을 받는다 / 쌀,

ma lo mangio raramente.
마 / 을로 만죠 / 라라멘떼.
하지만 / (나는) 그것을 먹는다 / 드물게.

S : 너는 쌀밥을 좋아하니?
J : 응, 나는 쌀밥을 매우 좋아해.
    나는 집에서 한식을 먹기 때문에 언제나 밥을 먹어.
    너는 쌀밥을 좋아하니?
S : 응, 좋아하지만 드물게 먹어.

 TIP

Adoro il riso
Adorare는 강한 선호를 나타내는 표현입니다. 좋아하다를 의미하는 piacere 보다, 훨씬 더 강력하게 좋아한다고 표현하는 것이죠.

**Mangiare cibo coreano
& mangiare cibo italiano**
한국 음식을 먹다, 이탈리아 음식을 먹다라는 의미의 표현입니다. 응용해보자면, 중국 음식을 먹다라는 말은 'mangiare cibo cinese[만쟈레 치보 치네제]'가 되겠죠.

이탈리아어의 빈도부사

언제나 (always) :	sempre [샘쁘레]
자주 (often) :	spesso [스뻬쏘]
평소에 (frequently) :	di solito [디 설리또]
가끔 (sometimes) :	a volte [아 벌ᵛ떼]
드물게 (rarely) :	raramente [라라멘떼]
절대로 (never) :	mai [마이]

Questo è bibimbap.
꿰스또 에 비빔밥.
이것은 비빔밥입니다.

Io mangio spesso il cibo italiano.

이오 만죠 / 스뻬쏘 / 일 치보 이딸리아노.
나는 먹는다 / 자주 / 이탈리아의 음식.

Quindi mangio spesso il pane.

뀐디 / 만죠 / 스뻬쏘 / 일 빠네.
그래서 / (나는) 먹는다 / 자주 / 빵.

Cucini bene?

쿠치니 / 배네?
(너는) 요리한다 / 잘?

No. Io non cucino molto bene.

너. / 이오 / 논 / 쿠치노 / 몰또 배네.
아니. / 나는 / [부정] 요리한다 / 아주 잘.

Però sono molto

뻬러 / 쏘노 / 몰또
하지만 / (나는) 있다 / 많이

interessato alla cucina.

인떼레싸또 / 알라 / 쿠치나.
관심 갖다 / 〜에 / 요리.

Mia madre è una cuoca,

미아 마드레 / 애 / 우나 쿼카,
나의 엄마는 / 〜이다 / 요리사,

quindi lei mi aiuta molto.

뀐디 / 올래이 / 미 아유따 / 몰또.
그러므로 / 그녀는 / 나를 도와준다 / 많이.

S : 나는 이탈리아 음식을 자주 먹어서 종종 빵을 먹어.
　　요리 잘해?
J : 아니, 나는 아직 요리를 잘하지 못해.
　　하지만 요리에 관심이 많이 있어.
　　우리 어머니가 요리사이셔서 도움을 많이 주셔.

◀ **Cucini bene?**

이탈리아어로 의문문을 만들 때는 주어와 동사의
순서를 바꾸지 않고 그냥 끝을 올려 읽으면 됩니다.

Tu cucini bene.
[뚜 쿠치니 배네.]
: 너는 요리를 잘해.

Tu cucini bene?
[뚜 쿠치니 배네?]
: 너는 요리를 잘해?

◀ **Cuoca**

이탈리아어의 모든 명사에는 성이 있습니다. 그런데
명사에 성을 정하다 보니, 직업을 나타낼 때 문제가
생겼습니다. 남녀 모두 그 직업을 가질 수 있기 때문
이죠. 그래서 직업을 나타내는 명사들은 남성형과
여성형이 모두 있습니다. 위 dialogo를 보면 어머니
가 요리사이므로 'cuoca'라고 말했지만, 만약 아버지
가 요리사였다면 'cuoco'가 됐을 것입니다.

4 같이 쇼핑하러 갈래?

 Ciao, Tommaso. Sono Anna.
챠오, 똠마소. / 쏘노 / 안나.
안녕, 똠마소 남성이름. / (나는) ~이다 / 안나 여성이름.

 Ciao, Anna. Come stai?
챠오, 안나. / 꼬메 / 스따이?
안녕, 안나. / (너는) 어떻게 / 있다?

 Come
Come 는 어떻게 라는 뜻을 가진 단어입니다. 영어
의 how와 같은 표현입니다.

 Sto bene, grazie.
스떠 / 배네, / 그라쳬ᶻ.
(나는) 있다 / 잘, / 고맙다.

Sei libero sabato?
쌔이 / 울리베로 / 사바또?
(너는) ~이다 / 자유로운 / 토요일?

Giorni della settimana (요일)
요일을 의미하는 이탈리아어를 알아볼까요?

lunedì	[울루네디]	: 월요일
martedì	[마르떼디]	: 화요일
mercoledì	[메르콜레디]	: 수요일
giovedì	[조베ᵛ디]	: 목요일
venerdì	[베ᵛ네르디]	: 금요일
sabato	[사바또]	: 토요일
domenica	[도메니카]	: 일요일

 Sì, io sono libero. Cosa vuoi fare?
씨, / 이오 쏘노 / 울리베로. / 커사 / 붜ᵛ이 / 파ᶠ레?
응, / 나는 ~이다 / 자유로운. / (너는) 무엇을 / 원한다 / 하다?

이때 lunedì 부터 venerdì 까지는 accento가
붙은 모양에 따라 강세를 맨 뒤에 두고, sabato는
맨 첫 음절에, domenica는 앞에서 두 번째 음절
에 강세를 두고 발음합니다.

 Io voglio fare shopping
이오 벌ᵛ료 / 파ᶠ레 / 셔삥
나는 원한다 / 하다 / 쇼핑

al centro commerciale.
알 / 첸뜨로 콤메ᵣ챨레.
~에서 / 백화점.

Centro commerciale
Centro commerciale 는 상업의 중심이라는 의
미로, '백화점'을 의미합니다.

Non ho vestiti estivi.
논 / 어 / 베ᵛ스띠띠 에스띠비ᵛ.
부정 / (나는) 가지고 있다 / 여름옷.

A : 여보세요, 똠마소? 나야, 안나.
T : 안녕, 안나. 잘 지냈어?
A : 매우 잘 지내고 있지, 고마워.
     이번 주 토요일에 시간 있어?
T : 응, 시간 있어. 뭐 할 건데?
A : 백화점에 가서 쇼핑할 생각이야, 여름옷이 없거든.

Adoro fare shopping.
아도로 파레 셔삥.
나는 쇼핑하는 것을 너무 좋아해.

Vuoi venire insieme a me?

붜ᵛ이 / 베ᵛ니레 / 인쌔메 / 아 메?
(너는) 원한다 / 오다 / ~와 함께 / 나에게?

Va bene. Neanche io ho vestiti estivi. ◀

바ᵛ 배네. / 네안께 / 이오 / 어 / 베ᵛㅅ띠띠 에ㅅ띠비ᵛ.
적절하다. / ~도 [부정] / 나는 / 가지고 있다 / 여름 옷.

Andiamo insieme.

안댜모 / 인쌔메.
(우리) 가자 [명령] / 같이.

Sabato, davanti al centro commerciale

사바또, / 다반ᵛ띠 알 / 첸뜨로 콤메ㄹ챨레
토요일, / ~의 앞에서 / 백화점

alle 14:00. Cosa ne pensi?

알레 꽈또ㄹ디치. / 커사 / 네 / 뻰시?
두 시에. / (너는) 무엇 / ~에 관하여 / 생각한다?

Beh, ci vediamo sabato allora.

배, / 치 베ᵛ댜모 / 사바또 / 알로라.
그래, / 우리는 보자 [명령] / 토요일에 / 그렇다면.

A sabato!

아 사바또!
토요일에!

A : 같이 쇼핑하러 갈래?
T : 잘됐네,
　　나도 여름옷이 없거든.
　　같이 가자.
A : 토요일 2시 백화점 앞에서 만나자, 어때?
T : 좋아, 그럼 토요일에 보자.
A : 그래, 토요일에 봐!

Va bene

직역하면 잘 간다 이지만, 좋다, 괜찮다 라는 의미로 사용되는 표현입니다.

Neanche io ho vestiti estivi

'나 또한 여름옷이 없어.' 라는 의미로, 'Neanche io.' 는 부정문에서 '나도 없다.' 라는 뜻으로 사용된 표현입니다.

Cosa ne pensi?

영어의 의문사 what은 이탈리아어로 che cosa [께 커사]라고 할 수 있는데, che와 cosa 둘 중 한 단어를 생략할 수 있습니다. 그렇다면 여기서는 che가 생략되었군요. 그러면 같은 의미의 문장을 다음과 같이 표현할 수도 있겠군요?

Che ne pensi?　[께 네 뻰시]

A sabato

보자라는 의미를 가진 Ci vediamo[치 베ᵛ디아모]를 생략한 채로 전치사 a를 이용해서 문장을 간단히 표현할 수도 있습니다.

A domani!　　　[아 도마니]　　: 내일 봐!
Alla prossima! [알라 쁘로씨마]　: 다음에 봐!

사계절의 명칭 (Le quattro stagioni)

봄	:	primavera	[쁘리마배ᵛ라]
여름	:	estate	[에스따떼]
가을	:	autunno	[아우뚠노]
겨울	:	inverno	[인배ᵛㄹ노]

5 누가 잘 생겼다고 생각해?

 CARLOTA

Chi è il più bello
끼 / 애 / 일 쀼 밸로
누가 / ~이다 / 가장 잘생긴?

della nostra classe?
델라 너스뜨라 클라쎄?
~중에서 전치사관사 / 우리 반?

 JULIA

Forse Luigi è il più bello.
포f르세 / 울루이지 / 애 / 일 쀼 밸로.
아마 / 루이지 남성이름 / ~이다 / 가장 잘생긴.

E trovo che anche
에 / 뜨러보ᵛ / 께 / 안께
그리고 / 생각한다 접속사 / ~도

Giacomo sia molto bello.
쟈코모 / 씨아 / 몰또 밸로.
쟈코모 남성이름 / ~이다 / 아주 잘생긴.

 CARLOTA

Ah sì?
아 씨?
아 그래?

 JULIA

Sì. Luigi assomiglia a Tom Cruise.
씨 . / 울루이지 아쏘밀랴 / 아 떰 크루이스.
응 . / 루이지는 닮았다 / 톰 크루즈를.

E Giacomo assomiglia a Nicholas Hoult.
에 / 쟈코모 아쏘밀랴 / 아 니콜라스 홀뜨.
그리고 / 쟈코모는 닮았다 / 니콜라스 홀트를.

C : 우리 반에서 누가 제일 잘생긴 거 같아?
J : 루이지가 제일 잘생긴 거 같아.
　　그리고 쟈코모도 잘생긴 거 같아.
C : 그래?
J : 응, 루이지는 톰 크루즈 닮았어.
　　그리고 쟈코모는 니콜라스 홀트를 닮았어.

TIP

◀ **Bello**
Bello [밸로] 라는 단어는 라틴어 bellus 에서 유래했습니다. bellus 는 '예쁘다, 소중하다' 라는 뜻을 지니고 있습니다.

◀ **Classe**
Classe 는 이탈리아어로 학급을 뜻합니다. 이 외에도 수업이나 교실을 의미하기도 하죠.

Aula　　　[아울라]　　　: 교실
Lezione　[을레치ᵶ오네]　: 수업

◀ **E trovo che anche**
Trovare 는 찾다, 발견하다 라는 뜻이지만, '~라고 생각하다' 라는 뜻도 있습니다. 여기서는 쟈코모를 잘생겼다고 생각한다는 말이 되는 거죠.

◀ **Assomiglia a**
~와 닮았다는 뜻입니다. 주로 생김새가 유사할 때 사용하는 표현입니다. 무엇과 똑같다고 말할 때는 uguale a ~ 라고 합니다.

CARLOTA

Nicholas Hoult? Lo zombie?
니콜라스 홀뜨? / 을로 좀Z비?
니콜라스 홀트? / 좀비?

JULIA

Non lo zombie. Lo zombie 'romantico'.
논 / 을로 좀Z비. / 을로 좀비 / '로만띠코'.
(부정) / 좀비. / 좀비 / '로맨틱한'.

E lui interpreta anche altri ruoli.
에 / 을루이 / 인때ㄹ쁘레따 / 안께 / 알뜨리 룰리.
그리고 / 그는 / 맡는다 / ~도 / 다른 역할들.

CARLOTA

Sì, ma ha un sacco di ruoli strani.
씨, / 마 / 아 / 운 사꼬 / 디 룰리 / 스뜨라니.
응, / 하지만 / (그는) 가지고 있다 / 하나의 자루 / 역할의 / 이상한.

JULIA

E tu?
에 / 뚜?
그리고 / 너는?

Chi pensi sia il più bello
끼 / 뻰시 / 씨아 / 일 쀼 밸로
누가 / (너는) 생각한다 / ~일 것이다 / 제일 잘생긴

della nostra classe?
델라 / 너스뜨라 클라쎄?
~중에서 (전치사관사) / 우리 반?

CARLOTA

Senza dubbio Tommaso.
센차Z / 두뽀 / 똠마소.
~ 없이 / 의심 / 똠마소 (남성이름).

Lui sembra Christian Bale.
을루이 / 셈브라 / 크리스땨 베일.
그는 / ~ 같다 / 크리스찬 베일.

C : 니콜라스 홀트? 그 좀비?
J : 그냥 좀비가 아니지. '로맨틱한' 좀비지.
  그리고 다른 역할도 맡았어.
C : 그래도 이상한 역할을 많이 맡던데.
J : 그럼 너는?
  우리 반에서 누가 제일 잘생겼다고 생각하는데?
C : 한 치의 망설임도 없이 똠마소지.
  크리스찬 베일 닮았어.

TIP

◀ **Lo zombie**
게임이나 만화, 영화에서 많이 등장하는 죽었다 살아나는 좀비라는 괴물 아시죠? 영어로 zombie, 이탈리아어로도 zombie [좀Z비] 라고 합니다. 여기에서는 영화 〈웜 바디스〉에서 니콜라스 홀트가 좀비로 출연했던 것에 관해 이야기하고 있습니다. 이탈리아 고유의 단어로, '좀비'를 뜻하는 morti viventi 는 직역하면 살아있는 죽은 자들이랍니다.

Un sacco
부정관사 un 과 자루를 뜻하는 명사 sacco 가 결합한 표현으로, 관용적으로 쓰입니다. 커다란 자루에 든 짐처럼 매우 많다는 의미죠.

◀ **E tu?**
'E tu?' 는 영어의 'and you?' 와 같은 표현입니다. '너는?' 이라고 되물을 때 사용됩니다.

◀ **Christian Bale**
이탈리아 사람들은 외국 배우들 이름을 영어 발음과 이탈리아어 발음의 중간으로 발음합니다.

Christian Bale : 크리스땨 베일
Tom Cruise : 떰 크루이스
Bradley Cooper : 브라들리 쿠뻬르
Scarlett Johansson : 스카를렛 조안쏜

Christian Bale? Dici sul serio?
크리스챤 베일? / 디치 / 쑬 새료?
크리스찬 베일? / (너는) 말한다 / 진심으로?

Certo.
채ㄹ또.
당연하지.

Christian Bale è
크리스땬 베일 / 애
크리스찬 베일은 / ～이다

affascinante in Batman.
아파f쉬sh난떼 / 인 / 바ㄸ만.
매력 있는 / ～에서 / 배트맨.

Anche Christian Bale svolge un sacco
안께 / 크리스땬 베일 / 스벌V제 / 운 사꼬
～도 / 크리스찬 베일 / 맡는다 / 하나의 자루

di ruoli particolari.
디 뤌리 / 빠ㄹ띠콜라리.
역할의 / 이상한.

E mi ricorda sempre
에 / 미 리커ㄹ다 / 샘쁘레
그리고 / 나에게 기억난다 / 항상

quell'americano pazzo.
꿸라메리카노 / 빠쪼.
그 미국인 / 미친.

J : 크리스찬 베일? 진심이야?
C : 응, 배트맨에서 크리스찬 베일이 엄청 세련됐잖아.
J : 크리스찬 베일도 이상한 역할 많이 맡아.
　　그는 언제나 그 정신 나간 미국인을 떠오르게 해.

◀ **Certo**
당연하지, 물론이지라는 의미의 표현입니다. 여기에
접미사 mente 가 붙은 형태인 certamente [채
ㄹ따멘떼]는 훨씬 강한 확신을 의미합니다. 영어의
certainly, definitely 처럼요.

◀ **Batman**
검은색 의상을 입고 다니는 박쥐 인간, 배트맨! 배
트맨은 이탈리아식 발음으로 바ㄸ만입니다. 스파이
더맨은 스빠이데ㄹ맨이고 슈퍼맨은 수뻬ㄹ맨입니다.
귀엽지 않은가요?

Americano pazzo
영화 〈아메리칸 싸이코〉의 한 장면에 관해 이야기하
고 있습니다.

◀ **Americano**
이탈리아어로 미국인을 의미하는 단어는 두 가지가
있습니다. 첫 번째는 본래 아메리카 대륙에 거주하는
모든 사람을 뜻하다가 의미가 축소된 americano
[아메리카노], 두 번째는 '미국 연방'을 의미하는 이탈
리아어 **'Stati Uniti d' America'** 라는 말에서 유래
된 statunitense [스따뚜니땐세] 입니다.

L'uomo pipistrello.
ㄹ뤄모 삐삐스ㄸ렐로.
박쥐 인간.

6 내기 할래?

TIP

JAVIER
Non moriremo saltando dalla scogliera.
논 / 모리레모 / 살딴도 / 달라 / ㅅ콜랴라.
(부정) / (우리는) 죽을 것이다 / 뛴다 / ~에서 / 절벽.

CAROLINA
Ma se succedesse?
마 / 세 / 수체대쎄?
하지만 / 만약 / (그것이) 일어날 것이다?

JAVIER
No. Non moriremo.
너. / 논 / 모리레모.
아니. / (부정) / (우리는) 죽을 것이다.

CAROLINA
Vuoi scommettere?
붜V이 / ㅅ콤메떼레?
(너는) 원한다 / 내기하다?

JAVIER
Va bene. Quanto ci scommetti?
바V 배네. / 꾸안또 / 치 ㅅ콤메띠?
그래. / (너는) 얼마 / (그것에) 걸다?

CAROLINA
Scommetto 5 euro.
ㅅ콤메또 / 친꿰 애우로.
(나는) 내기한다 / 5 유로.

JAVIER
Va bene. Guardami. Aaaaaaaa! Oww!
바V 배네. / 과ㄹ다미. / 아아아아아! 아우!
그래. / (너) 나를 보아라(명령). / 아아아아아(의성어)! 아야(의성어)!

J : 이 절벽에서 뛰어도 안 죽는다.
C : 만약에 죽는다면?
J : 안 죽는다니까.
C : 내기할래?
J : 그래, 얼마 내기걸래?
C : 5유로 내기하자.
J : 그래. 나를 잘 봐. 으아~~~! 아야!

Ma se succedesse?
Se 는 영어의 **if** 와 같은 가정적 조건 을 나타내는 접속사입니다. 우리말로는 만약에, 만일, 설령 과 같은 뜻을 가진 단어입니다.

Scommettere
이탈리아의 아이들이 거의 매일 사용한다고 해도 과언이 아닌 표현입니다. 내기를 걸다 라는 뜻의 동사로, 내기 라는 명사로 사용할 때는 **scommessa** [스콤메싸] 가 됩니다.

Scommettiamo?
[스콤메땨모?]
: 나랑 내기할래?

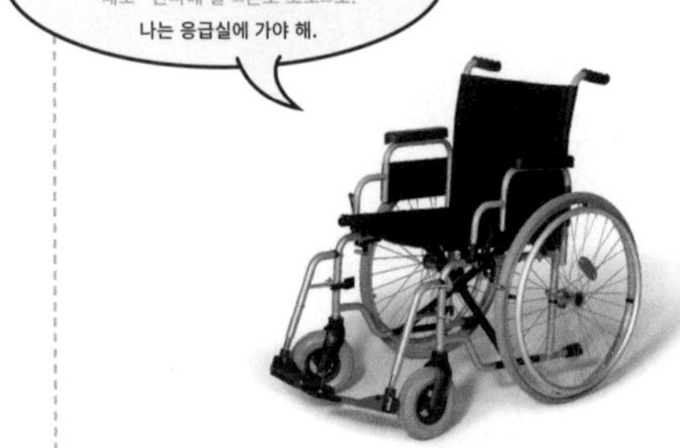
Devo andare al pronto soccorso.
데보V 안다레 알 쁘론또 소꼬ㄹ소.
나는 응급실에 가야 해.

 CAROLINA

Stai bene? Sei vivo?

ㅅ따이 / 배네? / 쌔이 / 비ᵛ보ᵛ?
(너는) ~이다 / 괜찮은? / (너는) ~이다 / 살아있는?

 JAVIER

Ho rotto la gamba!

어 로또 / 을라 감바!
(내가) 부러뜨렸다 / 다리!

 CAROLINA

Non sei morto. Hai vinto.

논 / 쌔이 / 머르또. / 아이 빈ᵛ또.
[부정] / (너는) ~이다 / 죽은. / (네가) 이겼다.

Ti devo 5 euro.

띠 데보ᵛ / 친꿰 애우로.
(나는) 너한테 빚진다 / 5 유로.

 JAVIER

Sì, grazie.

씨, / 그라체ᶻ.
응, / 고맙다.

 CAROLINA

Chiamo l'ambulanza?

캬모 / 을람불란차ᶻ?
(나는) 부른다 / 구급차?

 JAVIER

Sì, presto! Mi fa male!

씨, / 쁘래ㅅ또! / 미 / 파ᶠ / 말레!
응, / 빨리! / 나를 / 하다 / 아프게!

C : 괜찮아? 살아있어?
J : 나 다리 한쪽이 부러졌어!
C : 안 죽었네, 네가 이겼어.
　　 내가 5유로 빚졌어.
J : 응, 고마워!
C : 구급차를 부를까?
J : 응, 빨리, 나 아패!

 TIP

Morto

Morto 는 죽은, 사망한 을 뜻하는 형용사이지만, 죽은 사람, 사망자, 고인 을 뜻하는 명사로 사용하기도 합니다.

◀ **Ti devo 5 euro**

Dovere는 무엇을 해야 한다 는 의미의 동사이기도 하지만, 여기서는 누군가에게 돈을 빚지다 라는 뜻으로 사용됐습니다.

◀ **L'ambulanza**

화재·구조 신고 전화번호는 우리나라에서 119번이지만, 이탈리아에서는 112번 입니다. 우리나라의 범죄 신고번호와 같죠! 이탈리아에서 화재를 입거나 구조가 필요한 경우 112번 으로 전화를 걸면 됩니다.

Io sono vivo.
이오 쏘노 비ᵛ보ᵛ.
나는 살아있다.

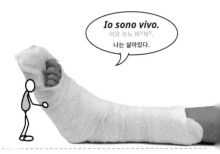

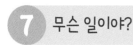

7 무슨 일이야?

Che cosa hai?
께 커사 / 아이?
(너는) 무엇을 / 가지고 있다?

Ho un mal di pancia terribile.
어 / 운 말 / 디 빤챠 / 떼르~리빌레.
(나는) 가지고 있다 / 고통 / 배의 / 끔찍한.

◀ **Pancia**
Pancia와 stomaco는 둘 다 '배(복부)'를 뜻하는 말입니다.

Hai delle medicine per
아이 / 델레 메디치네 / 뻬르
(너는) 가지고 있다 / 몇몇의 [부정관사] 약들 / ~을 위한

il mal di stomaco?
일 말 / 디 스떠마코?
고통 / 배의?

◀ **Per il mal di stomaco**
Per는 여러 가지의 뜻을 지닌 전치사입니다. 보통 목적, 용도, 시간, 기간, 예정일, 동기, 이유를 뜻하는 단어이지만, 여기서는 ~을 위한 약이라는 의미로 쓰였습니다.

medicine per il mal di testa
[메디치네 뻬르 일 말 디 때스따]
: 두통을 위한 약

No. Non ho medicine.
너. / 논 / 어 / 메디치네.
아니. / [부정] / (나는) 가지고 있다 / 약들.

I compiti sono per giovedì.
[이 콤삐띠 쏘노 뻬르 죠베ᵛ디.]
: 숙제는 목요일까지 해야 해.

C'è un ospedale qui vicino?
채 / 운 오스뻬달레 / 뀌 / 비ᵛ치노?
있다 / 병원 / 여기 / 근처의?

Studio per prendere 10.
[스뚜됴 뻬르 쁘랜데ᵛ레 대치.]
: 나는 만점을 받기 위해 공부해.

Sì, non è molto lontano da qui.
씨, / 논 / 애 / 몰또 을론따노 / 다 뀌.
응, / [부정] 있다 / 매우 멀리 / 여기에서.

Ti accompagno là.
띠 / 아꼼빤뇨 / 을라.
너를 / (나는) 동행한다 / 그곳에.

M : 무슨 일이야?
V : 지금 배가 끔찍하게 아파.
M : 배 아플 때 먹는 약 있어?
V : 아니, 약이 하나도 없어.
　　　 이 주변에 병원이 있어?
M : 응, 여기서 멀지 않아.
　　　 내가 거기까지 데려다줄게.

Ho mal di testa.
어 말 디 때스따.
나는 머리가 아파.

8 뻥치지 마.

 Puoi prestarmi dei soldi?
뿨이 / 쁘레스따르미 / 데이 설디?
(너는) 할 수 있다 / 나에게 빌려주다 / 약간의 돈을?

 Per cosa?
뻬르 / 커사?
～를 위해서 / 무엇?

 Voglio comprare un computer,
벌V료 / 콤쁘라레 / 운 콤쀼떼르.
(나는) 원한다 / 구입하다 / 컴퓨터,

ma non ho i soldi.
마 / 논 / 어 / 이 설디.
하지만 / 부정 / (나는) 가지고 있다 / 돈.

 No. Non ho soldi.
너. / 논 / 어 / 설디.
아니. / 부정 / (나는) 가지고 있다 / 돈.

 Non prendermi in giro.
논 / 쁘랜데르미 인 지로.
부정 / (너는) 나를 놀리다 명령 .

So che hai soldi.
서 / 께 / 아이 / 설디.
(나는) 안다 / 접속사 / (너는) 가지고 있다 / 돈.

 È vero. Ma non ho soldi per te.
애 / 베V로. / 마 / 논 / 어 / 설디 / 뻬르 떼.
～이다 / 진짜. / 하지만 / 부정 / (나는) 가지고 있다 / 돈 / 너를 위해.

C : 나 돈 좀 빌려줄 수 있어?
Y : 뭐하려고?
C : 컴퓨터를 사고 싶은데 돈이 하나도 없어.
Y : 아니, 나도 돈이 없어.
C : 뻥치지 마.
　　너 돈 있는 거 다 알아.
Y : 맞아. 하지만 너를 위한 돈은 없어.

 TIP

Soldi

유럽 대륙에 속한 국가인 이탈리아는 유로화를 사용합니다. 그렇다면 이탈리아에서 지폐와 동전은 뭐라고 부를까요?

moneta	[모네따]	: 동전
monete	[모네떼]	: 동전들
banconota	[반코너따]	: 지폐
banconote	[반코너떼]	: 지폐들

Computer

영어 단어인 computer 를 이탈리아에서도 그대로 사용합니다. 가전제품의 경우 영어에서 온 단어를 그대로 사용할 때가 많습니다. 대부분 현대에 새로 만들어진 외래어이기 때문이죠.

computer	[콤쀼떼르]	: 컴퓨터
scanner	[스깐네르]	: 스캐너

Prendermi in giro

나를 놀린다 는 의미의 표현입니다. 나를 잡다 라는 뜻의 prendermi 와 뱅글뱅글 이라는 의미의 in giro 가 합쳐졌죠. 많은 사람이 내 주위를 뱅글뱅글 둘러싸고 나를 놀리는 모습이 연상되지 않나요?

Sono un milionario!
쏘노 운 밀료나료!
나는 백만장자야.

9 애완동물 키우니?

Hai un animale domestico?
아이 / 운 아니말레 도매ㅅ띠코?
(너는) 가지고 있다 / 애완동물?

Sì, ho un cane. È un barboncino.
씨, / 어 / 운 카네. / 애 / 운 바르본치노.
응, / (나는) 가지고 있다 / 개. / (그것은) ~이다 / 푸들.

Deve essere bello! Quanti anni ha?
데베ᵛ / 애쎄레 / 밸로! / 꾸안띠 안니 / 아?
(그는) ~일 것이다 / ~인 것 / 예쁜! / (그는) 몇 살 / 가지고 있다?

◀

Ha 4 anni. Ti piacciono i cani?
아 / 꽈뜨로 안니. / 띠 / 뺘쵸노 / 이 카니?
(그는) 가지고 있다 / 4살. / 너에게 / 좋아함을 받는다 / 개들?

◀

Sì, mi piacciono i cani,
씨, / 미 / 뺘쵸노 / 이 카니,
응, / 나에게 / 좋아함을 받는다 / 개들,

ma preferisco i gatti.
마 / 쁘레페ᶠ리ㅅ코 / 이 가띠.
하지만 / (나는) 선호한다 / 고양이들.

◀

Ho un gatto siamese. Ha 8 anni.
어 / 운 가또 / 쌰메세. / 아 / 어또 안니.
(나는) 가지고 있다 / 고양이 / 샴 종류의. / (그는) 가지고 있다 / 8살.

I gatti siamesi sono così belli!
이 가띠 / 쌰메시 / 쏘노 / 코씨 / 밸리!
고양이들 / 샴 종류의 / ~이다 / 그렇게나 / 예쁜!

L : 너 애완동물 키우니?
S : 응, 나는 개를 한 마리 키워. 푸들이야.
L : 엄청 귀엽겠다! 몇 살이야?
S : 네 살이야. 개들 좋아해?
L : 응, 개도 좋아하는데 나는 고양이가 더 좋아.
　　나는 삼고양이 한 마리를 키워. 여덟 살이야.
S : 샴고양이 정말 아름답지!

Deve essere bello!
Dovere는 의무 혹은 추측을 나타내는 자동사로, 준조동사로도 자주 쓰입니다. 영어의 must 처럼요. 따라서 본문의 내용을 풀어보면, '네 푸들은 매우 예쁠 것이다' 정도의 의미가 되는 것이죠.

동물들도 '그, 그녀'
이탈리아어로 동물을 가리킬 때, 동물의 성별에 따라서 정관사 il, lo 혹은 la 를 사용합니다. 성별을 구분하지 않는 영어의 it 과는 다르죠.

Ti piacciono i cani? Preferisco i gatti.
'개를 좋아해?' 혹은 '나는 고양이를 더 좋아해.'라고 말할 때는, 다시 말해 일반적인 대상으로서의 개나 고양이를 가리킬 때는 복수 정관사 i를 사용합니다. 영어에서는 이 상황에서 정관사를 사용하지 않죠. 영어와 이탈리아어의 정관사 사용법은 거의 비슷하지만 이 경우는 서로 다릅니다.

Mi piace... ma preferisco...
'나는 ~를 좋아하지만, ~를 더 선호한다' 라는 의미의 표현입니다.

Mi piacciono gli ippopotami.
미 빠쵸노 울리 이뽀뽀따미.
나는 하마를 좋아해.

10 그래서 너한테 사귀자고 한 거야.

 JAVIER

Vuoi uscire con me?
붜V이 / 우쉬sh레 / 콘 / 메?
(너는) 원한다 / 나가다 / ~와 함께 / 나?

 CAROLINA

Hai una auto?
아이 / 우나 아우또?
(너는) 가지고 있다 / 자동차를?

 JAVIER

No. Non ho una auto.
너. / 논 / 어 / 우나 아우또.
아니. / 부정 / (나는) 가지고 있다 / 자동차를.

 CAROLINA

Hai un sacco di soldi?
아이 / 운 사꼬 / 디 설디?
(너는) 가지고 있다 / 하나의 부정관사 자루 / 돈의?

 JAVIER

No. Non ho soldi.
너. / 논 / 어 / 설디.
아니. / 부정 / (나는) 가지고 있다 / 돈.

 CAROLINA

E tu mi chiedi
에 / 뚜 / 미 께디
그런데 / 너는 / 나한테 물어본다

se voglio uscire con te?
세 / 벌V료 / 우쉬sh레 / 콘 / 떼?
만약 / (나는) 원한다 / 나가는 것 / ~와 함께 / 너?

 JAVIER

Sì. Perché tu non sei diversa da me.
씨. / 뻬르케 / 뚜 / 논 / 쌔이 / 디배V르사 / 다 / 메.
응. / 왜냐하면 / 너는 / 부정 / ~이다 / 다른 / ~와 / 나.

J : 나랑 사귈래?
C : 자동차 있어?
J : 아니, 자동차 없어.
C : 돈은 있어?
J : 아니, 돈 없는데.
C : 그런데 나한테 사귀자고 하는 거야?
J : 응, 왜냐하면 너는 나랑 같거든.

 TIP

◀ **Vuoi uscire con me?**
직역하면 '나와 함께 나갈래?'라는 뜻입니다. '나와 사귈래?' 혹은 '나와 데이트할래?'라는 의미로도 사용되는 문장입니다.

◀ **Auto**
이탈리아 사람들은 전통적인 자동차 개념을 선호하기 때문에, 자동보다는 수동(기어식) 면허의 취득 비율이 월등히 높습니다. 게다가 면허 관리도 비교적 엄격한데요. 음주 운전이나 사고 발생 시 엄청난 벌금을 물거나 십 년 이상의 면허 취소도 감수해야 한다고 하네요.

◀ **E**
대부분의 경우, 접속사 e 는 그리고 를 뜻하지만, 여기서는 그런데를 의미합니다.

Ho superato l'esame!
어 수뻬라또 V레사메!
나 시험에 합격했다!

04

대명사 &
소유 형용사

È mio fratello.
그는 내 남동생입니다.

따라 말하기

영어의 This와 That은 이것, 저것을 가리킬 때 사용합니다. 이러한 대명사들을 '지시대명사'라고 부르죠. 이탈리아어의 지시대명사는 남성 명사를 지칭하는 경우와 여성 명사를 지칭하는 경우로 분류하여 사용합니다.

● 남성 명사 사물/사람
● 여성 명사 사물/사람

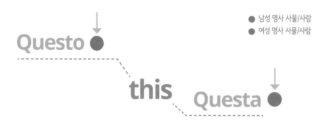

Questo ●

this   Questa ●

영어의 This처럼 가까이 있는 사람과 사물을 지시하는 경우입니다.

이것 this

quest**o**
[꿰스또]

quest**a**
[꿰스따]

이것들 these

quest**i**
[꿰스띠]

quest**e**
[꿰스떼]

영어의 That처럼 멀리에 있는 사람과 사물을 지시하는 경우입니다.
이탈리아어의 경우에는 그것, 저것을 quello로 사용합니다.

저것 that

quel**lo**
[꿸로]

quel**la**
[꿸라]

저것들 those

quel**li**
[꿸리]

quel**le**
[꿸레]

TIP

읽어
보세요
지시대명사는 모두 3인칭

이번에 배우는 지시대명사들은 모두 3인칭이라는 공통점을 가지고 있습니다. 3인칭 단수이거나, 3인칭 복수인 것이죠. 따라서 이 지시대명사들을 주어로 사용할 경우 동사는 항상 3인칭에 맞추어 사용하게 됩니다. 몇 개의 동사를 예로 들어 연습해 보겠습니다.

- **Essere 동사**
  › Questo è ~
    이것은 ~ 이다.
  › Quelli sono ~
    저것들은 ~ 이다.

- **Andare 동사**
  › Questo va ~
    이것은 간다
  › Quelli vanno ~
    저것들은 간다

더 알아
봅시다
이것, 저것, 그것의 차이

우리말과 마찬가지로 이탈리아어에도 이것, 그것, 저것을 나타내는 지시대명사가 있습니다.

- **questo (이것)**   말하는 사람에게 가까운
- **quello (저것)**   둘 모두에게 먼
- **codesto (그것)**   듣는 사람에게 가까운

일반적으로 그것과 저것을 둘다 포함하는 의미로 Quello를 사용합니다.

영어의 This는 지시대명사이지만 형용사로 사용될 때도 있습니다. 이런 경우를 '지시형용사'라고 부르는데, 단어의 모양은 똑같습니다. 다음과 같이 말이죠.

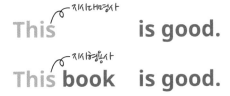

This ⌐지시대명사
is good.

This ⌐지시형용사 book is good.

이번에는 이탈리아어의 지시형용사를 살펴보겠습니다. 역시 지시대명사들과 모양은 똑같죠. 다만 다른 명사와 함께 쓰인다는 점이 다릅니다. 여기서는 함께 사용되는 명사로 '남자'와 '여자'를 선택해 보았습니다

이것할 때 '이'

questo uomo [꿰스또 워모] 이 남자	questa donna [꿰스따 던나] 이 여자
questi uomini [꿰스띠 워미니] 이 남자들	queste donne [꿰스떼 던네] 이 여자들

'저, 그'를 의미하는 지시형용사는 뒤따르는 명사가 자음으로 시작하는지 혹은 모음으로 시작하는지에 따라 모양이 다릅니다.

저것할 때 '저'

자음 앞		모음 앞	
quel libro [꿸 을리브로] 저 책	quella casa [꿸라 카사] 저 집	quell'albero [꿸랄베로] 저 나무	quell'aula [꿸라울라] 저 교실
quei libri [꿰이 을리브리] 저 책들	quelle case [꿸레 카세] 저 집들	quegli alberi [꿸리 알베리] 저 나무들	quelle aule [꿸레 아울레] 저 교실들

TIP

<< 더 알아
봅시다 **quei / quegli?**

여성명사를 가리키는 지시형용사의 경우에는 깔끔하게 **quella**(단수)–**quelle**(복수)로 분류됩니다. 반면에, 남성명사를 가리키는 지시형용사 **quello**(단수)는 **quei**(복수)와 **quegli**(복수)로 나뉩니다. 이를 쉽게 구분하는 간단한 방법이 있습니다. 바로 해당 명사의 관사 형태가 **il**인지 **lo**인지를 생각해보면 됩니다.

• **quei**를 사용하는 경우
  il + 일반 자음으로 시작하는 명사

  ▸ il bambino ▶ quel bambino
    소년 ▶ 저 소년

  ▸ i bambini ▶ quei bambini
    소년들 ▶ 저 소년들

• **quegli**를 사용하는 경우
  lo + 모음
    z, s+자음, ps, pn으로 시작하는 명사

  ▸ lo studente ▶ quello studente
    학생 ▶ 저 학생

  ▸ gli studenti ▶ quegli studenti
    소년들 ▶ 저 소년들

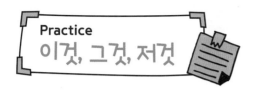

따라 말하기

 빈칸 안에 지시형용사와 명사를 써넣어 보세요.

1 이 펜   questa   penna

2 그 편지들

3 저 가방

4 저 사진들

5 이 책들

6 그 고양이

7 이 텔레비전

8 저 시계

9 그 가게

10 그 전화기

11 이 편지들

12 그 책들

남성 명사

orologio	[오롤러죠]	시계
telefono	[뗄래포f노]	전화기
libro	[을리브로]	책
negozio	[네거치z오]	가게
gatto	[가또]	고양이

여성 명사

borsa	[보르사]	가방
lettera	[을레떼라]	편지
fotografia	[포f또그라피f아]	사진
televisione	[뗄레비v씨오네]	텔레비전
penna	[뺀나]	펜

정답입니다!   **1** questa penna **2** quelle lettere **3** quella borsa **4** quelle fotografie **5** questi libri
6 quel gatto **7** questa televisione **8** quell'orologio **9** quel negozio **10** quel telefono
11 queste lettere **12** quei libri

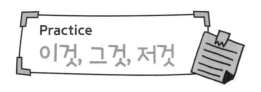

Practice
이것, 그것, 저것

따라 말하기

 다음 문장들을 이탈리아어로 옮겨 적어 보세요.

1 저 시계는 아름답다.   **Quell'orologio è bello.**

----

2 그 구두는 빨간색이다.

rosso : 빨간색 [로쏘]

----

3 이 빵은 맛있다.

----

4 나는 그 남자를 좋아한다.

----

5 나는 이 여자를 안다.

conosco : 안다 [코노스코]

----

6 그 여자는 빵을 먹지 않는다.

----

7 저 여자는 빵을 먹지 않는다.

----

8 저 사진들은 아름답다.

----

9 이 가방은 더럽다.

sporco : 더러운 [스뽀르코]

----

10 나는 저 가게에 자주 간다.

spesso : 자주 [스뻬쏘]

·정답입니다!·
1 Quell'orologio è bello. 2 Quella scarpa è rossa. 3 Questo pane è delizioso.
4 Mi piace quell'uomo. 5 Conosco questa donna. 6 Quella donna non mangia il pane.
7 Quella donna non mangia il pane. 8 Quelle fotografie sono bellissime.
9 Questa borsa è sporca. 10 Vado spesso a quel negozio.

동영상 강의

우리말에서 '나는'과 '나를'은 다른 의미입니다. '너는'과 '너를'도 마찬가지이고요. 영어로 치면 'I'와 'me'의 차이인 것이죠.
주격으로 쓰이는 'I'와 목적격으로 쓰이는 'me'는 다릅니다.
어떻게 다른지 영어 문장으로 살펴보고, 목적격 인칭대명사에 대해 이해해 볼까요?

나 (주격)
I love you.
You love me.
나를 (목적격)

앞에 쓰이는 '나는'의 'I'는 주격의 '나',
뒤에 쓰이는 '나를'의 'me'는 목적격의 '나'임을 확실히 이해하셨다면,
본격적으로 이탈리아어의 직접목적격 인칭대명사에 관해 알아봅시다.

나를 **mi** [미]	우리를 **ci** [치]
너를 **ti** [띠]	너희들을/당신들을 **vi** [비ᵛ]
당신을 **La** ★ L은 항상 대문자 [을라]	
그 남자를 **lo** [을로]	그 남자들을 **li** [을리]
그 여자를 **la** [을라]	그 여자들을 **le** [을레]

TIP

읽어
보세요
이탈리아어의 존댓말

존댓말을 만드는 방법에는 여러 가지가 있겠지만, 그중 하나가 '일부러 부정확하게 말하기'입니다. 영어로 예를 들어 볼까요?

| Can you? **puoi?** | 할 수 있어? [뿨이?] |
| Could you? **può?** | 하실 수 있어요? [뿨?] |

현재의 일인데도 일부러 과거형 could를 사용해 부정확하게 표현하고 있습니다.

| Lei è~ | 당신(2인칭) 께서는 ~입니다. |
| Lei è~ | 그녀(3인칭) 는 ~입니다. |

이탈리아어도 '부정확하게 말하기'를 통해 존댓말을 표현합니다. 바로 2인칭 단수 주어인 '당신(Lei)'을 3인칭처럼 사용하는 것이죠. 이것이 바로 이탈리아어에서 존댓말을 표현하는 방식입니다.

더 알아
봅시다
직접목적격 대명사가 동사 뒤에 오는 경우

주어 동사 대명사

이탈리아어의 직접목적격 대명사는 일반적으로 동사 앞에 사용하지만, 대명사를 강조하기 위해서 동사 뒤에 쓰기도 합니다. 이 경우 대명사의 형태가 바뀌게 됩니다.

◆ Io	me	메
◆ Tu	te	떼
◆ Lui	lui	을루이
◆ Lei	lei	을래이
◆ Lei	Lei	을래이
◆ Noi	noi	노이
◆ Voi	voi	보ᵛ이
◆ Loro	loro	을로로

주어진 주격 인칭대명사를 목적격 인칭대명사로 변화시켜 보세요.

1. io _____

2. tu _____

3. lui _____

4. lei _____

5. Lei _____

6. noi _____

7. voi _____

8. loro _____

여기서 잠깐! 한 가지 귀찮은 주의사항이 있습니다.
목적격 대명사를 사용하면,
그것이 동사와 자리를 바꿔버리는 현상이 일어납니다.

나는 수산나를 사랑한다. ⟶ 나는 그녀를 사랑해.

 목적격 대명사가 쓰인 다음 문장들을 열 번 읽어보세요.

1.	나는 나를 사랑해	**Io mi amo.**	[이오 미 아모.]
2.	나는 너를 사랑해.	**Io ti amo.**	[이오 띠 아모.]
3.	나는 그를 사랑해.	**Io lo amo.**	[이오 을로 아모.]
4.	나는 그녀를 사랑해.	**Io la amo.**	[이오 을라 아모.]
5.	나는 우리를 사랑해.	**Io ci amo.**	[이오 치 아모.]
6.	나는 너희를 사랑해.	**Io vi amo.**	[이오 비ᵛ 아모.]
7.	나는 그들을 사랑해.	**Io li amo.**	[이오 을리 아모.]
8.	나는 그녀들을 사랑해.	**Io le amo.**	[이오 을레 아모.]

TIP

정답입니다!

1 mi 2 ti 3 lo 4 la 5 La 6 ci
7 vi 8 li/le

 대명사는 앞으로 이동

주어	동사	명사

주어	대명사	동사

원래 목적어의 자리는 동사의 뒤입니다. 그런데 대명사가 목적어인 경우에는 동사의 앞으로 이동합니다. 대명사가 보통의 명사보다 더 익숙하기 때문입니다. 익숙한 단어를 앞으로 이동시켜서 더 쉽게 내용을 전달하기 위한 것입니다.

 3인칭 주어를, '자신'이라고 지칭할 때 'Si'

영어의 themselves 처럼 3인칭 주어인 '그들'을 '그들 자신'이라는 말로 문장에서 다시 가리킬 때가 있죠. 이와 같은 이탈리아어 표현이 si입니다. si 는 3인칭 주어인 **lui/lei/loro**와 당신을 뜻하는 **Lei**에 모두 사용할 수 있는 표현입니다.

● **Lui si ama.** [울루이 씨 아마.]
: 그는 그 자신을 사랑해.

 amare 동사의 변화

• Io	amo	아모
• Tu	ami	아미
• Lui	ama	아마
• Noi	amiamo	아먀모
• Voi	amate	아마떼
• Loro	amano	아마노

✏️ **빈칸을 채워 보세요.**

1. 나는 까롤리나를 기다려.

→ 나는 그녀를 기다려.

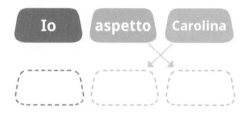

2. 나는 고양이를 그려.

→ 나는 그것을 그려.

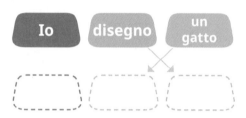

3. 나는 이탈리아어를 배워.

→ 나는 그것을 배워.

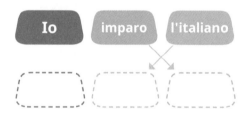

4. 나는 휴가를 원해.

→ 나는 그것을 원해.

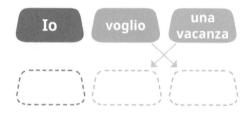

5. 나는 볼펜 하나를 산다.

→ 나는 그것을 산다.

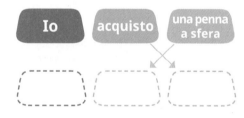

6. 그녀는 그녀의 남자친구를 사랑해.

→ 그녀는 그를 사랑해.

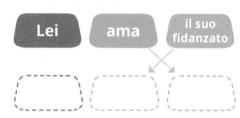

7. 우리는 돈을 사용해.

→ 우리는 그것을 사용해.

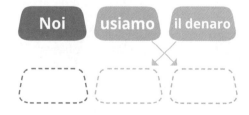

· 정답입니다! ·

1️⃣ Io la aspetto.
2️⃣ Io lo disegno.
3️⃣ Io lo imparo.
4️⃣ Io la voglio.
5️⃣ Io la acquisto.
6️⃣ Lei lo ama.
7️⃣ Noi lo usiamo.

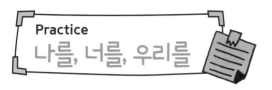

Practice
나를, 너를, 우리를

 다음 문장들을 이탈리아어로 옮겨 적어 보세요.

1 나는 그를 이해해.　　**Io lo capisco.**
----

2 나는 그녀를 사랑해.
　　　　　　　　　　　　　　amare : 사랑하다 [아마레]
----

3 나는 그들을 알아.
----

4 그는 나를 사랑해.
----

5 그는 그녀를 기다린다.
　　　　　　　　　　　　aspettare : 기다리다 [아스뻬따레]
----

6 그는 그녀를 무시한다.
　　　　　　　　　　　　　ignorare : 무시하다 [인뇨라레]
----

7 그녀는 그들을 증오한다.
　　　　　　　　　　　　　　odiare : 증오하다 [오댜레]
----

8 그들은 그녀를 쳐다본다.
　　　　　　　　　　　　osservare : 보다 [오쎄르바ᵛ레]
----

9 그들은 그녀를 시기한다.
　　　　　　　　　　　　invidiare : 질투하다 [인비ᵛ댜레]

정답입니다! ① Io lo capisco. ② Io la amo. ③ Io li conosco. ④ Lui mi ama. ⑤ Lui la aspetta. ⑥ Lui la ignora.
⑦ Lei li odia. ⑧ Loro la osservano. ⑨ Loro la invidiano.

He gives me a book.
그는 나에게 책을 준다.

위 문장에는 두 개의 목적어가 있습니다. '나에게'와 '책을'이 그것입니다. '책을'처럼, 주어가 하는 행동의 직접적인 대상이 되는 것을 **직접목적어**라고 부릅니다. '나에게'처럼, 주어가 하는 행동의 영향을 받는 대상을 **간접목적어**라고 부릅니다. 앞에서 배운 인칭대명사들은 직접목적어로 쓰이는 인칭대명사였습니다. 이번에는 간접목적어로 쓰이는 인칭대명사들을 배워보겠습니다.

주어	간접목적어	동사	직접목적어
Lui	**mi**	**dà**	**un libro**
그는	나에게	준다	책을

간접목적어로 쓰이는 인칭대명사를 '간접대명사'라고 하며, 역시 동사의 바로 앞에 자리합니다.

읽어
보세요 >> 간접목적어와 간접대명사

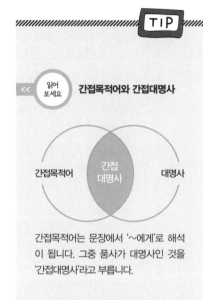

간접목적어는 문장에서 '~에게'로 해석이 됩니다. 그중 품사가 대명사인 것을 '간접대명사'라고 부릅니다.

나에게
mi
[미]

우리들에게
ci
[치]

너에게
ti
[띠]

너희들에게/당신들에게
vi
[비ᵛ]

당신에게
Le
[올레]

그 남자에게
gli
[올리]

그들에게
gli
[올리]

그 여자에게
le
[올레]

dare [다레] 주다

Io	do	더
tu	dai	다이
lui/lei	dà	다
noi	diamo	댜모
voi	date	다떼
loro	danno	단노

dire [디레] 말하다

Io	dico	디코
tu	dici	디치
lui/lei	dice	디체
noi	diciamo	디챠모
voi	dite	디떼
loro	dicono	디코노

Practice
나에게, 너에게, 우리에게

간접목적어를 사용하여 다음 문장을 완성하세요.

1 그는 나에게 선물을 줘.

(Lui) (mi) (dà)   선물 🏹
[도노]
un dono

2 나는 너에게 나의 비밀을 말해.

( ) ( ) ( )   나의 비밀 🏹
[일 미오 세그레또]
il mio segreto

3 나는 너에게 선물을 줘.

( ) ( ) ( ) ( )

4 나는 당신에게 말해.

( ) ( ) ( )

5 나는 당신들에게 말해.

( ) ( ) ( )

6 나는 너에게 책을 줘.

( ) ( ) ( ) ( )

7 그는 우리에게 이탈리아어로 말해.

( ) ( ) ( ) ( )

• 정답입니다! ① Lui mi dà un dono. ② Io ti dico il mio segreto. ③ Io ti do un dono. ④ Io Le parlo.
⑤ Io vi parlo. ⑥ Io ti do il libro. ⑦ Lui ci parla in italiano.

한눈에 배운다!
나의, 너의, 우리의 ①

영어로 My

'**내** 집'을 영어로는 'my house'라고 하지요. 영어에서의 'my' 역시 형용사의 일종입니다. 보통은 소유형용사라고 부릅니다.

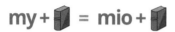

영어와 마찬가지로 이탈리아어도 '나의' 이외에 여러 가지 소유형용사들이 있습니다. 남성명사인 libro를 예로 들어보겠습니다. 일단은 모두 암기하세요.

남성형 명사를 꾸밀 땐 남성형 소유형용사를, 여성형 명사를 꾸밀 땐 여성형 소유형용사를 사용합니다. 즉, '우리 책'이냐, 혹은 '우리 집'이냐 하는 문제입니다. 다시 말해, 소유물인 명사의 성별을 따르는 것이지, 소유자의 성별과는 관련이 없습니다.

TIP

더 알아 봅시다
남자도 여자도 Suo, 당신도 Suo

소유형용사에는 '그 남자의, 그 여자의' 하는 식으로 소유자의 성을 나누지 않습니다. 남자의 것이든 여자의 것이든 'Suo'라는 형용사를 사용 합니다.

이탈리아어의 존대 표현인 '당신'이 문장에서 3인칭처럼 사용된다는 것을 앞서 배웠죠? 따라서 '당신의'라는 의미를 표현할 때도 역시 Suo라는 형용사를 사용합니다.

더 알아 봅시다
3인칭 단수/복수에 쓰이는 소유형용사 Proprio

Proprio는 '자신의, 자기의'를 뜻하는 소유형용사입니다. 주어가 3인칭 단수/복수일 때만 사용하게 됩니다.

● **Gli amici ascoltano i propri genitori.**
[일리 아미치 아스콜따노 이 쁘러쁘리 제니또리.]
: 친구들은 그들의 부모님 말씀을 경청한다.

160

이탈리아어에서는 '소유형용사' 앞에 관사를 붙여 사용합니다. 소유형용사가 소유물의 성별에 따라 결정되듯, 관사도 이와 같습니다. 즉, 관사와 소유형용사는 명사에 의해 결정되는 것이죠.

il nostro libro → la nostra casa

이번에는 수에 따른 변화를 살펴보겠습니다. 다른 모든 형용사들과 마찬가지로, 소유형용사 역시 명사의 수에 따라 형태가 달라집니다.

단수명사를 꾸밀 땐 단수형 소유형용사를, 복수명사를 꾸밀 땐 복수형 소유형용사를 사용합니다. 하나를 가지고 있느냐, 여러 개를 가지고 있느냐의 문제입니다. 다시 말해, 소유자가 '나'인지, '우리'인지와는 관련이 없습니다.

il nostro libro → i nostri libri

이처럼 소유형용사는 성, 수에 따라 각각 4가지씩의 형태로 나뉘게 됩니다. 다음 페이지에서 정리된 표를 이용해 연습해보겠습니다.

6개의 소유형용사, 모두 외우셨나요? 이제부터는 이들 6개의 소유형용사들을 사물의 성수에 맞게 변형하는 방법을 배워보겠습니다. 우선 성별에 따른 변화부터 살펴보죠. 다른 모든 형용사와 마찬가지로, 소유형용사 역시 남성형과 여성형이 있습니다.

남성형   여성형

nostro   nostra

TIP

<< 읽어
보세요

**소유자의 성수는
상관이 없어요**

모든 형용사는 함께 있는 명사의 성수를 따릅니다. 소유형용사도 마찬가지입니다. 가지고 있는 물건이 남성에 해당하는지, 여성에 해당하는지에 따라 소유형용사의 모양이 결정되는 것입니다. 다시 말하자면, 소유자가 '남성인지 여성인지'와는 관계가 없는 것이죠. 그림에서 소유자가 모두 노란색(성별 없음)인 것을 봐도 알 수 있습니다.

<< 읽어
보세요

**소유형용사를 사용할 때
관사를 생략하는 경우**

'관사 + 소유형용사 + 명사'의 기본 구조에서 관사를 생략하는 유일한 경우가 있습니다. 친족을 나타내는 단수명사가 주어가 될 때입니다. '우리 엄마는~'이라고 표현할 때 'la mia mamma~'라는 표현보다는, 관사를 생략한 'mia mamma~'라는 표현이 더 자연스럽습니다. 다른 친족(단수명사)의 경우도 마찬가지입니다.

• mio zio   나의 삼촌/고모부
• tua zia   너의 외숙모/고모
• mio nonno   나의 할아버지
• tua cugina   너의 (여자) 사촌

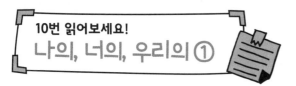

10번 읽어보세요!
나의, 너의, 우리의 ①

 자. 이제 성, 수에 따라 나뉘어진 소유형용사 전체를 보시겠습니다.

 libro [올리브로]
남성명사 : 책

 casa [카사]
여성명사 : 집

나의~

il mio libro
[일 미오 올리브로]

la mia casa
[올라 미아 카사]

i miei libri
[이 미에이 올리브리]

le mie case
[올레 미에 카세]

우리의~

il nostro libro
[일 너스뜨로 올리브로]

la nostra casa
[올라 너스뜨라 카사]

i nostri libri
[이 너스뜨리 올리브리]

le nostre case
[올레 너스뜨레 카세]

너의~

il tuo libro
[일 뚜오 올리브로]

la tua casa
[올라 뚜아 카사]

i tuoi libri
[이 뚸이 올리브리]

le tue case
[올레 뚜에 카세]

너희의~

il vostro libro
[일 버ᵛ스뜨로 올리브로]

la vostra casa
[올라 버ᵛ스뜨라 카사]

i vostri libri
[이 버ᵛ스뜨리 올리브리]

le vostre case
[올레 버ᵛ스뜨레 카세]

그 사람의~

il suo libro
[일 쑤오 올리브로]

la sua casa
[올라 쑤아 카사]

i suoi libri
[이 쑤어이 올리브리]

le sue case
[올레 쑤에 카세]

그 사람들의~

il loro libro
[일 올로로 올리브로]

la loro casa
[올라 올로로 카사]

i loro libri
[이 올로로 올리브리]

le loro case
[올레 올로로 카세]

 빈칸 안에 관사, 소유형용사, 명사를 써넣어 보세요.

1 나의 방   la   mia   camera

2 그녀의
남성 친구

3 그의 집

4 너의 아버지

5 너의 침대

6 그녀들의
어머니

7 너의
여성 친구

8 그의 이름

9 나의 책들

10 그들의 집들

11 우리의 볼펜들

12 너희의 의자들

남성 명사		
letto	[올래또]	침대
amico	[아미코]	남성 친구
padre	[빠드레]	아버지
nome	[노메]	이름

여성 명사		
camera	[카메라]	방
amica	[아미카]	여성 친구
madre	[마드레]	어머니
casa	[카사]	집
sedia	[새댜]	의자

정답입니다!
1 la mia camera 2 il suo amico 3 la sua casa 4 il tuo padre 5 il tuo letto 6 la loro madre
7 la tua amica 8 il suo nome 9 i miei libri 10 le loro case 11 le nostre penne a sfera
12 le vostre sedie

 다음 문장들을 이탈리아어로 옮겨 적어 보세요.

1 나의 어머니는 선생님이다.   **Mia madre è una insegnante.**

2 나의 아버지는 한국 사람이다.

3 너의 고양이는 귀엽다.

carino : 귀여운 [카리노]

4 그의 집은 크다.

5 그의 여형제들은 예쁘다.

6 나의 부모님은 친절하다.

7 우리의 친구들은 이탈리아 사람들이다.

8 너희의 수업들은 지루하다.

9 나의 이름은 마르타다.

◆정답입니다!◆   1 Mia madre è una insegnante. 2 Mio padre è coreano. 3 Il tuo gatto è carino.
4 La sua casa è grande. 5 Le sue sorelle sono belle. 6 I miei genitori sono gentili.
7 I nostri amici sono italiani. 8 Le vostre lezioni sono noiose. 9 Il mio nome è Marta.

우리는 1단원에서 이탈리아어의 형용사가 명사의 앞과 뒤에 올 수 있다는 것을 배웠습니다. 소유형용사도 마찬가지입니다. 이번에 배울 것은 바로 명사 뒤에서 소유를 나타내는 **후치형 소유형용사** 입니다.

전치형 소유한 **사람**을 강조

il **nostro** libro

후치형 소유한 **물건**을 강조

il libro **nostro**

이번에는 '나의'를 뜻하는 전치형과 후치형 소유형용사를 한눈에 살펴보겠습니다.

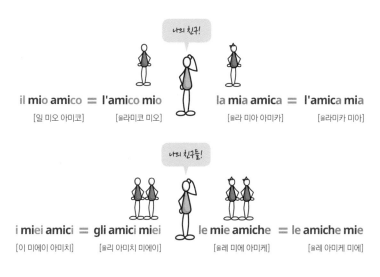

나의 친구!

il mio amico = l'amico mio
[일 미오 아미코]　　　[을라미코 미오]

la mia amica = l'amica mia
[을라 미아 아미카]　　　[을라미카 미아]

나의 친구들!

i miei amici = gli amici miei
[이 미에이 아미치]　　　[을리 아미치 미에이]

le mie amiche = le amiche mie
[을레 미에 아미케]　　　[을레 아미케 미에]

소유형용사의 위치에 따라 강조하는 대상이 달라집니다. 후치형 소유형용사는 주로 사람을 부를 때나, 감탄의 표현으로 쓰이게 되죠.

Figlio mio! [필료 미오!] : 아들아! 사람을 부를 때

Amore mio! [아모레 미오!] : 내 사랑! 사람을 부를 때

Mamma mia! [맘마 미아!] : 어머나! 감탄의 표현

TIP

《《 읽어 보세요 **어떤 성수를 따라야 하나요?**

1. 형용사는 주어의 성수를 따릅니다.
2. 형용사는 명사의 성수를 따릅니다.

무엇이 맞는 것일까요?
조금 다른 예를 들어보겠습니다. 보통 병사들은 멀리 있는 왕보다 가까이 있는 장군의 명령을 따릅니다. 물론 장군이 없다면 왕을 따르겠죠. 마찬가지로 형용사는 가까이 있는 명사의 성수를 따릅니다. 물론 명사가 없다면 멀리 있는 주어의 성수를 따르는 것이죠.

성수일치

주어　동사　형용사

주어　동사　명사　형용사

성수일치

이 단원에서 배우고 있는 소유형용사는 100% 명사와 함께 사용됩니다. 따라서 주어와는 아무런 관계가 없이 명사의 성수를 따릅니다.

▶ 주어가 남자여도 *mio libro*
▶ 주어가 여자여도 *mio libro*

《《 읽어 보세요 **소유형용사의 위치에는 지역적 차이도 존재한다**

일반적으로 강조하려는 대상이 무엇인가에 따라 소유형용사의 위치가 달라지죠. 그러나 지역적 차이가 소유형용사의 위치를 결정하기도 합니다.

자. 이제 성, 수에 따라 나뉜 후치형 소유형용사 전체를 보시겠습니다.

 libro [을리브로]
남성명사 : 책

 casa [카사]
여성명사 : 집

나의~

il libro **mio**
[일 을리브로 미오]

i libri **miei**
[이 을리브리 미에이]

la casa **mia**
[을라 카사 미아]

le case **mie**
[을레 카세 미에]

우리의~

il libro **nostro**
[일 을리브로 너스뜨로]

i libri **nostri**
[이 을리브리 너스뜨리]

la casa **nostra**
[을라 카사 너스뜨라]

le case **nostre**
[을레 카세 너스뜨레]

너의~

il libro **tuo**
[일 을리브로 뚜오]

i libri **tuoi**
[이 을리브리 뚜어이]

la casa **tua**
[을라 카사 뚜아]

le case **tue**
[을레 카세 뚜에]

너희의~

il libro **vostro**
[일 을리브로 버ᵛ스뜨로]

i libri **vostri**
[이 을리브리 버ᵛ스뜨리]

la casa **vostra**
[을라 카사 버ᵛ스뜨라]

le case **vostre**
[을레 카세 버ᵛ스뜨레]

그 사람의~

il libro **suo**
[일 을리브로 쑤오]

i libri **suoi**
[이 을리브리 쑤어이]

la casa **sua**
[을라 카사 쑤아]

le case **sue**
[을레 카세 쑤에]

그 사람들의~

il libro **loro**
[일 을리브로 을로로]

i libri **loro**
[이 을리브리 을로로]

la casa **loro**
[을라 카사 을로로]

le case **loro**
[을레 카세 을로로]

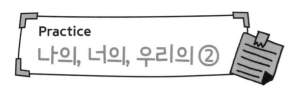

 빈칸 안에 소유형용사와 명사를 써넣어 보세요. (전치형과 후치형 모두 써보세요.)

1 나의 방 - - - - - - - - - - - - - - - - - - -

- - - - - - - - - - - - - - - - - - -

2 그녀의
남성 친구 - - - - - - - - - - - - - - - - - - -

3 그의 집 - - - - - - - - - - - - - - - - - - -

- - - - - - - - - - - - - - - - - - -

4 너의 아버지 - - - - - - - - - - - - - - - - - - -

5 너의 침대 - - - - - - - - - - - - - - - - - - -

- - - - - - - - - - - - - - - - - - -

6 그녀의 어머니 - - - - - - - - - - - - - - - - - - -

7 그녀의
여성 친구 - - - - - - - - - - - - - - - - - - -

- - - - - - - - - - - - - - - - - - -

8 그의 이름 - - - - - - - - - - - - - - - - - - -

- - - - - - - - - - - - - - - - - - -

9 나의 책들 - - - - - - - - - - - - - - - - - - -

- - - - - - - - - - - - - - - - - - -

10 그들의 집들 - - - - - - - - - - - - - - - - - - -

- - - - - - - - - - - - - - - - - - -

11 우리의 볼펜들 - - - - - - - - - - - - - - - - - - -

- - - - - - - - - - - - - - - - - - -

12 너희의 의자들 - - - - - - - - - - - - - - - - - - -

- - - - - - - - - - - - - - - - - - -

남성 명사

letto	[을래또]	침대
amico	[아미코]	남성 친구
padre	[빠드레]	아버지
nome	[노메]	이름

여성 명사

camera	[카메라]	방
amica	[아미카]	여성 친구
madre	[마드레]	어머니
casa	[카사]	집

· 정답입니다! ·

1 la mia camera / la camera mia **2** il suo amico / l'amico suo **3** la sua casa / la casa sua
4 tuo padre / padre tuo **5** il tuo letto / il letto tuo **6** sua madre / madre sua **7** la tua amica /
l'amica tua **8** il suo nome / il nome suo **9** i miei libri / i libri miei **10** le loro case / le case loro
11 le nostre penne / le penne nostre **12** le vostre sedie / le sedie vostre

 남성 명사

telefono	[뗄래포ᶠ노]	전화기
cane	[카네]	개
anello	[아낼로]	반지
lavoro	[을라보ᵛ로]	직업
bicchiere	[비깨레]	잔
portafoglio	[뽀르따펄ᶠ료]	지갑

여성 명사

auto	[아우또]	자동차
penna	[뺀나]	펜
televisione	[뗄레비ᵛ시오네]	텔레비전
casa	[카사]	집
ragazza	[라가짜]	여자친구
borsa	[보르사]	가방

✏️ **문장의 뜻에 맞추어 빈칸을 채워보세요.**

1. 이것은 내 책이다.

> **Questo**   è   il mio libro

2. 이것은 나의 전화기다.

3. 이것은 나의 차다.

4. 이것은 나의 가방이다.

5. 이것은 나의 텔레비전이다.

6. 이것은 나의 집이다.

7. 이것은 나의 잔이다.

8. 이것은 나의 지갑이다.

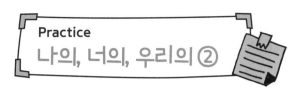

Practice
나의, 너의, 우리의 ②

따라 말하기

 다음 문장들을 이탈리아어로 옮겨 적어 보세요.

1 이것은 나의 책상이다. **Questo è il mio tavolo.** 🖊

2 이것은 나의 침대다.

letto : 침대 [을래또] 👤

3 그녀는 나의 여자친구다.

4 이것은 나의 펜이다.

5 이것은 나의 일기장이다.

diario : 일기장 [디아료] 👤

6 이것은 나의 개다.

7 이것은 나의 옷이다.

vestito : 옷 [베ᵛ스띠또] 👤

8 그는 나의 남자친구다.

ragazzo : 남자친구 [라가쪼] 👤

9 이것은 나의 반지다.

10 이것은 나의 직업이다.

·정답입니다!·
1 Questo è il mio tavolo. 2 Questo è il mio letto. 3 Questa è la mia ragazza.
4 Questa è la mia penna. 5 Questo è il mio diario. 6 Questo è il mio cane.
7 Questo è il mio vestito. 8 Questo è il mio ragazzo. 9 Questo è il mio anello.
10 Questo è il mio lavoro.

나의 것, 너의 것, 우리의 것

영어는 mine

영어를 처음 배울 때 가장 먼저 배우는 것 중의 하나가 이것입니다. 'I, my, me, mine' 말이에요. 이 네 가지 중 I와 my, me가 각각 이탈리아어로 무엇에 해당하는지는 앞서 다 배웠습니다. 이제 마지막으로 **mine**에 대해서 배워보 겠습니다. 우리말로 하면 '**나의 것**'이라는 뜻이지요.

나의 것. 너의 것. 이런 말을 보통 '**소유대명사**'라고 합니다. 이탈리아어 의 소유대명사는 소유형용사와 똑같습니다.

$$\boxed{\text{소유대명사}} = \boxed{\text{정관사}} + \boxed{\text{소유형용사}}$$

읽어 보세요   **관사의 생략**

소유형용사에서 사용되는 관사는 말하는 사람의 마음대로 생략할 수 있습니다. 관사 를 생략하고 나면 결국 후치형 소유형용사 와 같은 형태가 되는 것이죠.

소유형용사 + 명사 사용
Questo è il mio libro.
[꿰스또 애 일 미오 율리브로]
그건 내 책이야.

소유대명사 사용
Questo è mio.
[꿰스또 애 미오.]
그건 내 거야.

나의 것

il mio [일 미오]	**la** mia [율라 미아]
i miei [이 미에이]	**le** mie [율레 미에]

우리의 것

il nostro [일 너스뜨로]	**la** nostra [율라 너스뜨라]
i nostri [이 너스뜨리]	**le** nostre [율레 너스뜨레]

너의 것

il tuo [일 뚜오]	**la** tua [율라 뚜아]
i tuoi [이 뚸이]	**le** tue [율레 뚜에]

너희의 것

il vostro [일 버ᵛ스뜨로]	**la** vostra [율라 버ᵛ스뜨라]
i vostri [이 버ᵛ스뜨리]	**le** vostre [율레 버ᵛ스뜨레]

그 사람의 것

il suo [일 쑤오]	**la** sua [율라 쑤아]
i suoi [이 쑤어이]	**le** sue [율레 쑤에]

그 사람들의 것

il loro [일 율로로]	**la** loro [율라 율로로]
i loro [이 율로로]	**le** loro [율레 율로로]

Practice
나의 것, 너의 것, 우리의 것

 빈칸에 알맞은 명사와 소유대명사를 채워 넣어 보세요.

1. 나의 책과 너의 것

접속사 and

(_____) e (_____)

2. 내 볼펜들과 그의 것들

(_____) e (_____)

3. 내 베개와 그녀의 것

(_____) e (_____)

4. 그녀의 치마와 나의 것

(_____) e (_____)

5. 그의 자전거와 너의 것

(_____) e (_____)

6. 나의 컴퓨터와 너의 것

(_____) e (_____)

7. 그들의 자전거와 우리의 것들

(_____) e (_____)

8. 그의 편지와 그녀의 것

(_____) e (_____)

9. 나의 그림과 너의 것

(_____) e (_____)

10. 너의 휴대전화기와 나의 것

(_____) e (_____)

남성 명사

cellulare	[첼룰라레]	휴대전화기
disegno	[디셴뇨]	그림
computer	[콤퓨떼르]	컴퓨터
cuscino	[쿠쉬sh노]	베개

여성 명사

penna a sfera	[뺀나 아 스패f라]	볼펜
gonna	[곤나]	치마
bici	[비치]	자전거
chiave	[꺄베V]	열쇠

· 정답입니다! · ① il mio libro e il tuo ② le mie penne a sfera e le sue ③ il mio cuscino e il suo
④ la sua gonna e la mia ⑤ la sua bici e la tua ⑥ il mio computer e il tuo ⑦ le loro bici e le nostre
⑧ la sua lettera e la sua ⑨ il mio disegno e il tuo ⑩ il tuo cellulare e il mio

1 카프리 섬에서 만나기로 했어.

Mamma,
맘마,
엄마,

dove sono i miei occhiali da sole?
도베∨ 쏘노 / 이 미에이 오꺌리 다 솔레?
어디에 있다 / 나의 선글라스?

Gli occhiali sono sul tuo tavolo.
을리 오꺌리 / 쏘노 / 쑬 / 뚜오 따볼∨로.
선글라스는 / 있다 / ~의 위에 / 너의 책상.

E i nostri biglietti aerei dove sono?
에 / 이 너ㅅ뜨리 빌래띠 / 아애레이 / 도베∨ 쏘노?
그리고 / 우리의 표들 / 비행기의 / 어디에 있다?

Tuo padre ha portato via i biglietti
뚜오 빠드레 / 아 뽀ㄹ따또 비∨아 / 이 빌래띠
너의 아버지가 / 가지고 나갔다 / 티켓들

e il resto dei nostri bagagli.
에 / 일 래ㅅ또 / 데이 너ㅅ뜨리 바갈리.
그리고 / 나머지 / 우리 짐들.

I tuoi amici vengono all'aeroporto?
이 퉤이 아미치 / 벤∨고노 / 알라에로뽀ㄹ또?
너의 친구들은 / 온다 / 공항으로?

No, ci incontreremo a Capri.
너, / 치 인콘뜨레레모 / 아 / 카ㅃ리.
아니, / 우리는 만나기로 한다 / ~에서 / 카프리.

J : 엄마, 내 선글라스 어디에 있어?
E : 네 선글라스 저기 있잖아, 네 책상 위에.
J : 우리 비행기 표는 어디에 있어?
E : 티켓이랑 나머지 짐들은 아빠가 가져갔어.
J : 엄마 친구분들은 공항으로 와?
E : 카프리 섬에서 만나기로 했어.

Occhiali da sole
Occhiali는 안경, sole는 태양을 뜻하는 단어입니다. 이 둘을 합쳤으니 직역하면 '태양용 안경', 즉 선글라스라는 뜻이 되지요.

Tuo padre
이탈리아어에서 존대를 표현하는 방법에는 다음 두 가지가 있습니다.

1. 상대를 지칭할 때 Lei, Voi를 사용
2. 상대를 지칭할 때 signor(e), signora를 사용

사적인 관계에서는 존댓말을 사용하지 않습니다. 자신의 부모님은 물론, 친구의 부모님께도 존댓말을 사용하지 않습니다. 존댓말을 사용해야 하는 경우에는 다음 두 가지가 있습니다.

1. 공적인 관계 (손님, 거래처, 직장 상사 등)
2. 모르는 관계 (길을 물을 때 등)

Capri
카프리 섬은 이탈리아 남부 나폴리 현에 딸린 섬입니다. 섬 전체는 용암으로 뒤덮여 있고, 온난한 기후와 아름다운 풍경의 관광지로 유명합니다.

Siamo in vacanza!
씨아모 인 바칸차!
방학이다!

2 나의 책이야.

Ehi! Quel libro è mio.
에이! / 꿸 올리브로 / 애 / 미오.
어이! / 그 책은 / ~이다 / 나의 것.

Questo libro è tuo?
꿰스또 올리브로 / 애 / 뚜오?
이 책은 / ~이다 / 너의 것?

Sì, è mio.
씨, / 애 / 미오.
응, / (그것) ~이다 / 나의 것.

Bugia.
부지아.
거짓말.

Non sto mentendo!
논 / 스떠 / 멘뗀도!
[부정] / (나는) ~있다 / 거짓말하는!

Io dico la verità!
이오 디코 / 올라 베^V리따!
(나는) 말한다 / 진실!

Come fai a sapere che è tuo?
꼬메 / 파^f이 / 아 사뻬레 / 께 / 애 / 뚜오?
어떻게 / (너는) ~하게 하다 / 알다 / [접속사] / (그것) ~이다 / 너의 것?

Perché c'è il mio nome scritto sopra.
뻬르케 / 채 / 일 미오 노메 / 스크리또 / 소쁘라.
왜냐하면 / 있다 / 나의 이름이 / 기입된 / ~의 위에.

G1 : 어이! 그 책은 내 거야.
G2 : 이 책이 네 거라고?
G1 : 응, 내 거라니까.
G2 : 거짓말.
G1 : 거짓말 아니야! 진짜라니까!
G2 : 네 건지 어떻게 알아?
G1 : 왜냐하면, 내 이름이 위에 적혀 있거든.

Ehi!
서로 친한 사람들끼리 인사를 나눌 때 쓰는 말입니다. 어이, 저기, 야 따위를 뜻하기도 합니다.

Mio
이번 단원에서 배운 mio는 소유대명사로 나의 것이라는 의미를 가지며, 소유대명사는 성과 수에 따라 분류됩니다.

Bugia
이탈리아에서 bugia는 거짓말을 의미합니다. 그리고 bugiarda / bugiardo는 거짓말쟁이죠. 그렇다면 진실은 뭐라고 할까요? verità라고 합니다.

Sto mentendo!
Stare는 있다, 계속하다 라는 의미로, 영어의 stay와 매우 유사한 표현입니다. 영어에서는 be+동사ing의 형태로 현재의 동작이 진행 중임을 나타내죠. 이탈리아어도 이와 비슷하게 stare + 현재분사 의 형태를 취합니다. 다만 영어는 모든 동사에 동일하게 −ing를 붙이지만 이탈리아어는 −are 동사에 −ando, −ere/−ire 동사에 −endo를 붙여 표현합니다.

Non so di cosa parli.
논 서 디 커사 빠를리.
무슨 이야기 하는지 모르겠어.

Provalo.
쁘러발ⱽ로.
(네가) 증명해라 [명령].

Vediamo un po'.
베ⱽ댜모 / 운 뻐.
(우리가) 보자 [명령] / 좀.

Ti chiami Giovanni?
띠 꺄미 / 죠반ⱽ니?
너는 불린다 / 죠반니 [남성이름]?

Sì. Visto che è il mio?
씨. / 비ⱽ스또 / 께 / 애 / 일 미오?
응. / (너는) 봤다 [접속사] / (그것) ～이다 / 나의 것?

Il problema è
일 쁘로블래마 / 애
문제는 / ～이다

che anche io mi chiamo Giovanni.
께 / 안께 / 이오 / 미 꺄모 / 죠반ⱽ니.
[접속사] / ～도 / 나는 / 불린다 / 죠반니.

Come?
꼬메?
어떻게?

Sei sicuro che sia tuo?
쌔이 / 씨쿠로 / 께 / 씨아 / 뚜오?
(너는) ～이다 / 확신에 찬 / [접속사] / (그것) ～이다 / 너의 것?

Perché penso che questo libro sia mio.
뻬르케 / 뻰소 / 께 / 꿰스또 을리브로 / 씨아 / 미오.
왜냐하면 / (나는) 생각한다 / [접속사] / 이 책은 / ～일 것이다 / 나의 것.

G2 : 확인해 봐.
G1 : 한번 보자.
G2 : 네 이름이 죠반니니?
G1 : 응. 그것 봐, 내 거 맞지?
G2 : 문제는 내 이름도 죠반니라는 거야.
G1 : 뭐라고?
G2 : 이게 네 것인 게 확실해? 내가 볼 땐 이건 내 책이야.

Vediamo un po'
Vediamo un po'는 한 번 보자는 뜻의 표현으로,
일상생활에서 자주 쓰입니다.

Che
이탈리아어의 che는 영어의 that과 같은 의미를
가지고 있는 접속사입니다.

Hai visto che è mio?
[아이 비ⱽ스또 께 애 미오?]
: 봤지, 내 것인 거? (You see that it's mine?)

Come?
Come는 어떻게를 의미하기도 하지만, 대답에 반
문할 경우 '뭐라고?'라는 뜻으로 쓰이기도 합니다.

Io sono assolutamente sicuro.
이오 쏘노 아쏠루따멘떼 시쿠로.
난 틀림없어.

3 가방을 집에 두고 왔어.

JULIA

Mi presti il tuo libro, per favore?
미 쁘래스띠 / 일 뚜오 을리브로, / 뻬르 파f보v레?
(너는) 나에게 빌려준다 / 너의 책, / 부탁한다?

YOOMIN

Non hai il tuo libro?
논 / 아이 / 일 뚜오 을리브로?
부정 / (너는) 가지고 있다 / 너의 책?

JULIA

No. Il mio libro è a casa mia.
너. / 일 미오 을리브로 / 애 / 아 / 카사 미아.
아니. / 나의 책은 / ~있다 / ~에 / 나의 집.

Puoi prestarmi la tua penna rossa?
뿨이 / 쁘레스따르미 / 을라 뚜아 뺀나 / 로싸?
(너는) ~할 수 있다 / 나에게 빌려주다 / 너의 펜 / 빨간색의?

YOOMIN

Non hai la penna rossa?
논 / 아이 / 을라 뺀나 / 로싸?
부정 / (너는) 가지고 있다 / 너의 펜 / 빨간색의?

J : 네 책 좀 빌려줄 수 있어?
Y : 네 책 없어?
J : 응, 내 책은 집에 있어.
　　네 빨간색 볼펜 빌려줄 수 있어?
Y : 네 빨간색 볼펜 없어?

◀ **Mi presti il tuo libro, per favore?**
이탈리아는 지역마다 사용하는 교과서가 달라서 학기가 시작되기 전에 학생들이 사야 할 교과서의 목록이 나옵니다. 학생들은 학교에서 교과서를 공동으로 구매할 수도 있습니다. 최근에는 온라인상에서 학교 코드 번호를 입력해서 교과서를 구매하기도 합니다.

Mi presti la tua roba?
미 쁘래스띠 을라 뚜아 러바?
네 물건 좀 빌려줄 수 있어?

No. È a casa mia.

너. / 애 / 아 / 카사 미아.

아니. / (그것은) ~있다 / ~에 / 나의 집.

Questi sono i tuoi fogli?

꿰ㅅ띠 쏘노 / 이 뚜이 펄ᶠ리?

이것들은 ~이다 / 너의 종이들?

Posso prenderne uno?

뻐쏘 / 쁘랜데르네 / 우노?

(나는) ~할 수 있다 / 잡다 / 하나?

Mi dai fastidio!

미 다이 파ᶠㅅ띠됴!

나에게 / (너는) 준다 / 귀찮은 일!

Dove sono le tue cose?

도베ᵛ 쏘노 / 울레 뚜에 커세?

어디에 있다 / 너의 물건들?

Le mie cose sono a casa mia.

울레 미에 커세 쏘노 / 아 / 카사 미아.

나의 물건들은 있다 / ~에 / 나의 집에.

Ho lasciato la mia borsa a casa.

어 울라샤ᶜʰ또 / 울라 미아 보르사 / 아 / 카사.

(나는) 남겨뒀다 / 나의 가방을 / ~에 / 집.

J : 응, 집에 있어.
   이거 네 종이들이니?
   내가 한 장 가져가도 돼?
Y : 귀찮게 구네!
   네 소지품은 다 어디에 있어?
J : 내 소지품은 다 집에 있어.
   가방을 집에 두고 나왔어.

◀ **Foglio**

Foglio는 종이를 의미합니다.

La mia borsa è a casa.
ㄹ라 미아 보르사 애 아 카사.
내 가방은 집에 있어.

◀ **Casa**

Casa dolce casa [카사 돌체 카사]라는 문장을 한 번쯤 들어보셨을 거예요. 직역하자면 집 달콤한 집이라는 뜻이지만, 아늑함과 편안함을 주는 달콤한 휴식과 같은 공간이라는 의미가 강하죠. 영화 제목 등으로도 자주 쓰일 만큼 익숙한 문장입니다.

4 이건 뭐야?

 LUCAS

Che cosa è?
께 커사 / 애?
무엇 / (그것은) ~이다?

 JAVIER

È la mia ocarina.
애 / 을라 미아 오카리나.
(그것은) ~이다 / 나의 오카리나.

Non toccare la mia ocarina.
논 / 또까레 / 을라 미아 오카리나.
[부정] / (너는) 만져라 [명령] / 나의 오카리나.

 LUCAS

E cosa sono queste cose?
에 / 커사 / 쏘노 / 꿰스떼 커세?
그리고 / 무엇 / ~이다 / 이 물건들?

 JAVIER

Si tratta di fumetti manga.
씨 뜨라따 / 디 푸f메띠 망가.
그것들은 다루어진다 / 만화책들에 대해.

Non toccarli, sono delicati.
논 / 또까를리, / 쏘노 / 델리카띠.
[부정] / (너는) 그것들을 만져라 [명령], / (그것들은) ~이다 / 연약한.

 LUCAS

E che cosa è questo?
에 / 께 커사 / 애 / 꿰스또?
그리고 / 무엇 / ~이다 / 이것?

 JAVIER

È il mio computer portatile.
애 / 일 미오 콤뷰떼르 뽀르따띨레.
(그것은) ~이다 / 나의 노트북.

L : 그게 뭐야?
J : 그건 내 오카리나야.
　　내 오카리나 만지지 마.
L : 그럼 이건 뭐야?
J : 그건 내 만화책들이야.
　　내 만화책들 만지지 마, 망가지기 쉬워.
L : 그럼 이건 뭐야?
J : 그건 내 노트북이야.

 TIP

◁ **Ocarina**
우리가 흔히 잘 알고 있는 오카리나는 이탈리아 악기입니다. 보통 찰흙으로 만들죠. 이탈리아어로 거위를 **oca**[어카]라고 하는데, **ocarina**[오카리나]는 거위 중에서도 아주 조그만 거위를 뜻합니다. 악기의 생김새가 마치 조그만 거위 같아서 **ocarina** 라는 이름을 갖게 된 것이죠.

Fumetti manga
대부분의 이탈리아 사람들은 동양에서 온 만화책을 보고 **fumetti manga**(일본 만화) 라고 합니다. 요새는 추세가 조금씩 바뀌면서 한국 만화 ◁ 는 **fumetti manhwa**, 중국 만화는 **fumetti manhua**라고 부르기도 합니다.

◁ **Delicati**
섬세한, 연약한이라는 뜻으로 **fragili**[프라질리] 라는 표현도 있습니다.

Computer portatile
Portatile는 '들고 다닐 수 있는, 휴대용의'를 의미하는 단어입니다. 따라서 노트북뿐만 아니라 휴대용 ◁ 손전등, 워키토키(무전기) 등의 명사에도 쓸 수 있는 형용사입니다.

Suono l'ocarina italiana.
쉬노 ㄹ로카리나 이딸리아나.
나는 이탈리아 오카리나를 연주해.

JAVIER

Anche quello è molto fragile,
안께 / 꿸로 / 애 몰또 ᵖf라질레,
~도 / 그것 / 매우 깨지기 쉽다,

stai attento.
ㅅ따이 / 아뗀또.
(너는) 있어라 [명령] / 주의 깊은.

 LUCAS

E quello che cos'è?
에 / 꿸로 / 께 코새?
그리고 / 그것은 / 무엇 ~이다?

 JAVIER

Questo è il mio cellulare.
꿰ㅅ또 애 / 일 미오 첼룰라레.
그것은 ~이다 / 나의 휴대전화기.

Basta! Esci dalla mia camera.
바ㅅ따! / 에쉬sh / 달라 미아 카메라.
멈춰라 [명령]! / (너는) 나가라 [명령] / 나의 방에서.

 LUCAS

Perché?
뻬르께?
왜?

 JAVIER

Perché mi dai fastidio.
뻬르께 / 미 다이 / 파f스띠됴.
왜냐하면 / (너는) 나에게 준다 / 방해.

 LUCAS

Perché?
뻬르께?
왜?

 JAVIER

Va bene, vattene.
바ᵛ 배네, / 바ᵛ떼네.
그래, / (너는) 물러가라 [명령].

J : 그것도 엄청 약하니까 조심해.
L : 그럼 그건 뭐야?
J : 그건 내 휴대전화기야.
   질문 그만하고 내 방에서 나가.
L : 왜?
J : 왜냐하면, 네가 나를 못살게 굴거든.
L : 왜?
J : 됐어, 나가.

 TIP

Cellulare
이탈리아어로 보통 휴대전화기를 뜻하지만, 세포의, 무선전화의와 같은 형용사를 의미하기도 합니다.

Esci dalla mia camera
'내 방에서 나가!'라는 표현입니다. 그러면 '내 방에 들어와.'라는 허락의 표현도 함께 배워볼까요? 들어가다라는 동사는 이탈리아어로 entrare [엔뜨라레]인데, 명령투로 변형하여 사용하게 됩니다.
Entra in camera.
[엔뜨라 인 카메라.]
: 방에 들어와.

Va bene
Bene 는 좋은, 행복한, 착한과 같은 의미로 주로 쓰입니다. 하지만 여기에서 나온 bene 는 감탄사로, '그래, 알겠어.'와 비슷한 의미로 사용되었습니다.

Vattene!
Vattene 은 '너 나가!'라는 표현입니다. 좀 더 강한 느낌의 표현으로 '저리 가!'라고 말하고 싶다면 Fuori! [풔f리!] 또는 Vai via! [바ᵛ이 비ᵛ아!] 라고 말할 수 있겠네요.

Ho intenzione di disturbarlo.
어 인뗀치ᶻ오네 디 디ㅅ뚜르바를로.
나는 그를 **방해하겠어.**

⑤ 그럼 너는 알아?

SOFIA

Amore mio, sai dov'è il mio telefono?
아모레 미오, / 사이 / 도배ⱽ / 일 미오 뗄래포ᶠ노?
나의 사랑, / (너는) 안다 / 어디에 있다 / 나의 휴대전화기?

CARLOS

No, caro. Mi dispiace.
너, 카로. / 미 / 디스뺘체.
아니, 자기. / 나에게 / 미안함을 받는다.

SOFIA

Non importa.
논 / 임뻐ㄹ따.
[부정] / 중요한.

Puoi chiamare il mio numero
뿨이 / 캬마레 / 일 미오 누메로
(너는) ~할 수 있다 / 전화하다 / 나의 번호

per trovare il mio cellulare?
뻬ㄹ / ㄸ로바ⱽ레 / 일 미오 첼룰라레?
~을 위해 / 찾다 / 나의 휴대폰을?

CARLOS

Certo. Qual è il tuo numero?
채ㄹ또. / 꽐 애 / 일 뚜오 누메로?
당연하다. / 어떤 것이다 / 너의 번호?

SOFIA

Il mio numero è... aspetta!
일 미오 누메로 / 애... / 아스빼따!
(나의) 번호는 / ~이다... / (너는) 기다려라 [명령]!

Non sai ancora il mio numero?
논 / 사이 / 안코라 / 일 미오 누메로?
[부정] / (너는) 안다 / 아직도 / 나의 번호?

S : 자기야, 내 휴대전화기가 어디 있는지 알아?
C : 아니 자기야. 미안해.
S : 괜찮아.
　　휴대전화기를 찾을 수 있게 내 번호로 전화해 줄 수 있어?
C : 당연하지. 네 번호가 뭐더라?
S : 내 번호는…잠깐!
　　아직도 내 번호를 모른다고?

Amore mio
Amore는 사랑을 뜻하는 단어입니다. 그러므로 amore mio는 '내가 사랑하는 대상', 즉 연인을 의미합니다.

Certo
Certo는 확실한이라는 뜻의 형용사로, 의미가 확장되어 물론이지, 당연하지라는 뜻으로도 쓰입니다.

◀ **Certo che sì!**
[채ㄹ또 께 씨!]
: 당연하지!

◀ **Non sai ancora il mio numero?**
이탈리아어에는 '알다'를 의미하는 두 가지 단어가 있습니다. conoscere[코노셰ˢʰ레]는 경험을 통해 아는 것을 의미하고, sapere[사뻬레]는 배움을 통해서 아는 것을 의미합니다. 물론 언제나 명확하게 이 방식대로 구분되지는 않습니다.

Conosco quella donna.
[코노스코 꿸라 던나.]
: 나는 그 여자를 알아.

So che l'Italia è in Europa.
[서 께 을리딸리아 애 인 에우러빠.]
: 나는 이탈리아가 유럽에 있다는 것을 알아.

CARLOS

Neanche tu conosci il mio!
네안께 / 뚜 / 코노쉬ʰ / 일 미오!
~도 [부정] / 너는 / 안다 / 나의 것!

SOFIA

Allora sai quando è
알로라 / 사이 / 꾸안도 애
그렇다면 / (너는) 안다 / 언제 ~이다

il mio compleanno?
일 미오 콤플레안노?
나의 생일?

E il nostro anniversario?
에 / 일 너쓰로 / 안니베ᵛ르사료?
그리고 / 우리의 / 기념일?

CARLOS

Lo so, ma ora non lo ricordo.
올로 서, / 마 / 오라 / 논 / 올로 / 리커르도.
(나는) 그것을 안다, / 하지만 / 지금 [부정] 그것을 / (나는) 기억한다.

SOFIA

Incredibile!
인크레디빌레!
믿을 수 없다!

CARLOS

Allora sai qual è
알로라 / 사이 / 꽐 애
그렇다면 / (너는) 안다 / 무엇이 ~이다

la mia squadra preferita?
올라 미아 스꽈드라 / 쁘레페ᶠ리따?
나의 팀 / 가장 선호하는?

C : 너도 내 번호 모르잖아.
S : 그러면 내 생일은 언제인지 알아?
　　그리고 우리 기념일은?
C : 알지만 지금 당장은 기억이 안 나.
S : 믿을 수가 없네.
C : 그러면 넌 내가 제일 좋아하는 팀이 누군지 알아?

Compleanno
Compleanno 라는 단어는 완수하다, 수행하다의 의미를 가진 동사 compiere 와, '나이, 해'라는 의미를 가진 형용사 anno 가 합쳐져서 만들어진 단어입니다.

◀ **Oggi Linda compie 20 anni.**
[어찌 울린다 콤삐 벤ᵛ띠 안니.]
: 오늘 린다는 20살이 된다.

Oggi è il compleanno di Linda.
[어찌 애 일 콤쁠레안노 디 울린다.]
: 오늘은 린다의 생일이다.

◀ **Lo so**
Lo는 그 또는 그것을 뜻하는 목적격 대명사입니다. 여기에서의 Lo so 는 '나는 그것을 알아'라는 의미입니다.

Quand'è il tuo compleanno?
꾸안대 일 뚜오 콤쁠레안노?
네 생일이 언제니?

 SOFIA

La tua squadra preferita è l'Inter.

을라 뚜아 ㅅ꽈드라 / ㅃ레페ᶠ리따 / 애̀ / 을린떼르.
너의 팀 / 가장 선호하는 / ～이다 / 인터밀란.

 CARLOS

Bene...

배네...
알겠다...

 SOFIA

Non sai niente di me.

논 / 사이 / 냰떼 / 디 메.
[부정] / (너는) 안다 / 아무것도 / 나에 대해.

 CARLOS

Non è vero.

논 / 애̀ / 베ᵛ로.
[부정] / (그것은) ～이다 / 사실.

Acquistiamo un'agenda

아뀌ㅅ땨모 / 우나잰다
(우리) 사자 [명령] / 수첩을

per scrivere tutto di noi.

뻬르 / ㅅ크리베ᵛ레 / 뚜또 / 디 노이.
～을 위해 / 쓰다 / 모든 것 / 우리의.

S : 네가 제일 좋아하는 팀은 바르셀로나잖아.
C : 맞아...
S : 너는 나에 대해 아무것도 몰라.
C : 그게 아니야.
　　그것들을 다 적어둘 만한 수첩을 하나 사자.

 TIP

◀ **La tua squadra preferita**

이탈리아하면 빼놓을 수 없는 것이 바로 축구입니다. 이탈리아 리그를 Serie A라고 부르는데요, 우리에게 익숙한 인터밀란, 유벤투스, AC밀란 등의 축구팀이 있습니다.

◀ **Niente**

아무것도, 아무도 등을 뜻하는 부정 표현들이 있습니다. 마치 영어의 **nothing** 처럼요.

Niente 　[냰떼] 　: 아무것도 (nothing)
Nessuno 　[네쑤노] 　: 아무도 (none)
Neanche 　[네안께] 　: ～도 아니다 (not even)

Non toccare nulla.
논 또까레 눌라.
아무것도 만지지 마.

05

명사를 변신시키는
전치사 &
문장을 변신시키는
접속사

Io sono sulla strada.
나는 거리에 있습니다.

전치사란 무엇일까요? 우선 우리말로 쉽게 설명해드리겠습니다. '침대'는 명사입니다. 하지만 '침대 위의'라는 표현도 있고, '침대 위로'라는 표현도 있죠? 이 표현들은 여전히 명사일까요? 그렇지 않습니다. '침대'라는 명사에 어떤 표현을 결합하니 다른 품사로 변신했습니다.

침 대 : 명사 LETTO [을래또]
침대 위의 : 형용사
침대 위로 : 부사

 읽어보세요 **전치사관사 [전치사+관사]**

이탈리아어는 연음의 언어입니다. 그래서 전치사와 관사를 함께 쓸 때, 전치사 끝의 형태에 따라 전치사와 관사가 함께 붙어 있는 새로운 형태가 나오기도 합니다. 하지만 걱정하지 마세요. 결국, 정관사의 형태를 기본으로 하고 있으므로 2단원에 있는 정관사를 공부했다면 어렵지 않습니다.

	il	i	lo	gli	la	le	l'
di	del	dei	dello	degli	della	delle	dell'
a	al	ai	allo	agli	alla	alle	all'
in	nel	nei	nello	negli	nella	nelle	nell'
con	col	coi	con lo	con gli	con la	con le	con l'

da
[다]
~로부터
from

su
[수]
~의 위에, ~에서
on

in
[인]
~의 안에
in

a
[아]
~에게
to

intorno
[인또르노]
~의 주위에
around

sotto
[쏘또]
~의 아래에
under

fuori da/di
[풔f리 다/디]
~의 밖에, ~을 넘어
out of

 읽어보세요 **전치사가 사용된 문장들**

- Io esco / **dal** / negozio.
  [이오 에스코 / 달 / 네거치²오.]
  나는 나간다 / ~로부터 / 가게.

- Il vestito / è / **sul** / letto.
  [일 베ᵛ스띠또 / 애 / 쑬 / 올래또.]
  옷이 / 있다 / ~의 위에 / 침대.

- Io sono / **in** / casa.
  [이오 쏘노 / 인 / 카사.]
  나는 ~있다 / ~의 안에 / 집.

- Io vado / **a** / scuola.
  [이오 바ᵛ도 / 아 / 스꿜라.]
  나는 간다 / ~로 / 학교.

- I gatti / vivono / **intorno** / alla chiesa.
  [이 가띠 / 비ᵛ보ᵛ노 / 인또르노 / 알라 꺄사.]
  고양이들은 / 산다 / ~의 주위에 / 성당의.

- La scatola / è / **sotto** / il letto.
  [올라 스카똘라 / 애 / 쏘또 / 일 올래또.]
  박스는 / 있다 / ~의 아래에 / 침대.

- Sono / **fuori di** / casa.
  [쏘노 / 풔f리 디 / 카사.]
  (나는) ~있다 / ~의 밖에 / 집.

이렇게 명사에 결합하는 표현을 우리말에서는 보통 '조사'라고 부르고, **유럽어에서는 '전치사'**라고 부릅니다. 조사는 명사의 뒤에 두지만, 전치사는 그 이름대로 명사의 앞에 둡니다. 앞 페이지의 전치사들은 모두 침대라는 명사 앞에, 아래의 전치사들은 모두 상자라는 명사 앞에 둔 예입니다.

조사: 명사 뒤에 위치

▶ 우리말 : 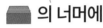 의 너머에

전치사: 명사 앞에 위치

▶ 이탈리아어 : oltre
[올뜨레]

davanti
[다반V띠]
~의 앞에
in front of

dietro
[데뜨로]
~의 뒤에
behind

tra/fra
[뜨라, ㅍ라]
~사이에
between

vicino
[비V치노]
~의 옆에
near

accanto a
[아깐또 아]
~의 옆에
next to

oltre
[올뜨레]
~의 너머에
over

attraverso
[아뜨라배V르소]
~을 가로질러
through

a
[아]
~에
at

lungo
[울룬고]
~을 따라서
along

전치사 a의 사용 [아]

이 단원에서 배우는 전치사 중 a 는 이탈리아어에서 특히 자주 활용되는 전치사입니다. 사람 또는 동작이 향하는 방향이나 도착 지점을 나타낼 때 사용합니다.

Lei parla a Luca.
[울래이 빠를라 아 울루카.]
그녀는 루카에게 말을 한다.

Noi andiamo a Roma.
[노이 안댜모 아 로마.]
우리는 로마에 간다.

전치사가 사용된 문장들

* Sono / **davanti** / a casa tua.
  [쏘노 / 다반V띠 / 아 카사 뚜아.]
  (나는) 있다 / 앞에 / 너의 집의.

* Il ristorante / è / **dietro** / l'ufficio.
  [일 리스또란떼 / 애 / 데뜨로 / 울루피f쵸.]
  레스토랑은 / 있다 / ~의 뒤에 / 사무실.

* La libreria / è / **tra** / la scuola / e / il parco.
  [울라 울리브레리아 / 애 / 뜨라 / 울라 스꿀라 / 에 / 일 빠르코.]
  도서관은 / 있다 / ~의 사이에 / 학교 / 그리고 / 공원.

* Il cane / è / **vicino** / al suo proprietario.
  [일 카네 / 애 / 비V치노 / 알 쑤오 ㅍ로ㅍ례따료.]
  개는 / 있다 / ~의 옆에 / 그의 주인의.

* **Oltre** / la montagna / c'è / un villaggio.
  [올뜨레 / 울라 몬딴냐 / 채 / 운 빌V라쬬.]
  ~의 너머에 / 산 / 있다 / 하나의 마을.

* Ho conosciuto / il mio ragazzo / **attraverso** / degli amici.
  [어 코노슈sh또 / 일 미오 라가쪼 / 아뜨라배V르소 / 밸리 아미치.]
  (나는) 알게 되었다 / 나의 남자친구 / ~을 통해 / 친구들.

* Io sono / **a** / casa.
  [이오 쏘노 / 아 / 카사.]
  나는 ~있다 / ~에 / 집.

* C'è / il mercato / **lungo** / la strada.
  [채 / 일 메르카또 / 울룬고 / 울라 스뜨라다.]
  있다 / 시장 / ~을 따라서 / 길.

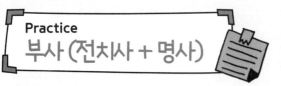

따라 말하기

 빈칸에 전치사와 명사를 넣어 보세요.

1 로마에

a   Roma

로마 : Roma [로마]

2 침대 아래에

3 식탁 위에

식탁 : tavolo [따볼ᵛ로]

4 서울에서부터

5 방 안에

6 침대 밖에

7 내 옆에

8 상자 아래에

9 상자 안에

상자 : scatola [스카똘라]

10 길을 따라서

길 : strada [스뜨라다]

11 옥상에

옥상, 테라스 : terrazza [떼ㄹ~라짜]

12 집 밖에

13 공원 주위에

공원 : parco [빠르코]

14 강을 따라서

15 강 너머에

16 식탁 앞에

• 정답입니다! • ① a Roma ② sotto il letto ③ sul tavolo ④ da Seul ⑤ nella camera ⑥ fuori dal letto
⑦ vicino a me ⑧ sotto la scatola ⑨ nella scatola ⑩ lungo la strada ⑪ sulla terrazza
⑫ fuori di casa ⑬ vicino al parco ⑭ lungo il fiume ⑮ oltre il fiume ⑯ davanti al tavolo

부사 (전치사 + 명사)

따라 말하기

 빈칸에 전치사와 명사를 넣어 보세요.

1 침대 뒤에

dietro   il letto

2 상자 두 개 사이에

3 내 옆에

4 집 앞에

5 집 뒤에

6 하늘과 땅 사이에

하늘 : cielo [챌로]   땅 : terra [때ㄹ~라]

7 산 너머에

산 : montagna [몬딴냐]

8 들판을 가로질러

들판 : campo [캄뽀]

9 벽 뒤에

벽 : muro [무로]

10 그들 앞에

11 강을 가로질러

12 식당 뒤에

13 상자 안에

14 책들 사이에

15 숲 너머에

숲 : foresta [포f래스따]

· 정답입니다!   **1** dietro il letto **2** tra le due scatole **3** vicino a me **4** davanti alla casa **5** dietro la casa
6 tra il cielo e la terra **7** oltre la montagna **8** attraverso il campo **9** dietro il muro
10 davanti a loro **11** attraverso il fiume **12** dietro il ristorante **13** nella scatola **14** tra i libri
15 oltre la foresta

P.184~189
한번에 배우자!
동영상 강의

그러면 '침대 위의', 혹은 '침대 위로'라는 표현의 품사는 무엇일까요?
'침대'라는 단어는 명사이지만,
전치사가 붙고 나면 형용사나 부사로 변신합니다.

▶ 침대 위의 고양이

← gatto sul letto

고양이(명사)를 꾸미고 있으니 형용사라 부른다

▶ 침대 위로 뛰다

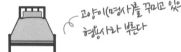

← saltare sul letto

뛰다(동사)를 보충 설명하고 있으니 부사라 부른다

---

da
[다]

~의, ~로부터(~ 이후로)
of, from

su
[수]

~에 관하여(~위에)
about

per
[뻬르]

~때문에
because of

senza
[센차ㅈ]

~없이
without

tra/fra
[뜨라, 프f라]

~사이에서
between, among

per
[뻬르]

~행의(목적지)
for

come
[꼬메]

~처럼, ~로서
like

con
[콘]

~와 함께, ~와
with

tranne
[뜨란네]

~을 제외하고
except

TIP

읽어 보세요 《 **전치사가 사용된 문장들**

• Io sono / vegetariano / **da** / 6 anni.
[이오 쏘노 / 베f제따라노 / 다 / 쌔이 안니.]
나는 ~이다 / 채식주의자 / ~전부터 / 6년.

• Il documentario / è / **sull'**Africa.
[일 도쿠멘따료 / 애 / 쑬라f리카.]
다큐멘터리는 / ~이다 / 아프리카에 대해서.

• **Per** / questo / sono / qui.
[뻬르 / 꿰스또 / 쏘노 / 뀌.]
~때문에 / 이것 / (내가) 있다 / 여기.

• Caffè / **senza** / zucchero / per favore.
[카퐤f / 센차ㅈ / 주ㄲ께로 / 뻬르 파f보v레.]
커피 / ~없이 / 설탕 / 부탁한다.

• La mia casa / è / **tra** / la farmacia / e
/ il supermercato.
[율라 미아 카사 / 애 / 뜨라 / 울라 파f르마치아 / 에
/ 일 수뻬르메르카또.]
나의 집은 / 있다 / ~사이에 / 약국 / 그리고
/ 슈퍼마켓.

• Il volo / **per** / Roma / è / in ritardo.
[일 볼v로 / 뻬르 / 로마 / 애 / 인 리따르도.]
그 항공편은 / ~로 향하는 / 로마 / ~이다
/ 지연된(늦은).

• Lei è / **come** / sua madre.
[울래이 애 / 꼬메 / 쑤아 마드레.]
그녀는 ~이다 / ~처럼 / 그녀의 어머니.

• Io voglio / la torta / **con** / la frutta.
[이오 볼v료 / 울라 또르따 / 콘 / 울라 프f루따.]
나는 원한다 / 케이크 / ~와 함께 / 과일.

• Lui mangia / tutto / **tranne**
/ la carne.
[울루이 만쟈 / 뚜또 / 뜨란네 / 울라 카르네.]
그는 먹는다 / 전부 / ~을 제외하고 / 고기를.

전치사는 방법이나 거리, 나이 등을 표현하는 데도 쓰이지만,
사물의 위치에 대해 말해주는 것들이 대부분입니다.
그리고 두 번째로 많은 비중을 차지하는 것은 **시간**에 대한 것들이죠.
아래의 전치사들은 모두 시간의 개념과 함께 쓰이는 전치사입니다.
이러한 전치사 뒤에는 주로 시각이나 날짜를 알려주는 명사가 사용되지만,
그 외에도 사건을 나타내는 명사나 문장이 사용되기도 합니다.

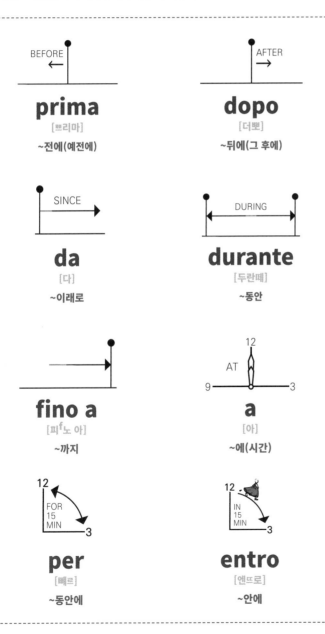

전치사가 사용된 문장들

· Lei prega / **prima di** dormire.
[을래이 쁘레가 / 쁘리마 디 도르미레.]
그녀는 기도한다 / 자기 전에.

· Noi stiamo andando / a camminare
/ **dopo** aver pranzato.
[노이 스땨모 안단도 / 아 캄미나레
/ 더뽀 아베ᵛ르 쁘란차ᶻ또.]
우리는 가는 중이다 / 걷다 / 점심식사 후에.

· **Da** / quando / faccio / yoga / sono
/ più / attivo.
[다 / 꾸안도 / 파ᶠ쵸 / 여가 / 쏘노 / 쀼 / 아띠보ᵛ.]
~이래로 / 언제 / (나는) ~하다 / 요가
/ (나는) ~이다 / 더 / 활동적.

· Sto a Roma / **durante** / quest'estate.
[스또 아 로마 / 두란떼 / 꿰스떼스따떼.]
로마에 있다 / ~동안 / 이번 여름.

· Io lavoro / **fino** / alle 6:00.
[이오 율라보ᵛ로 / 피ᶠ노 / 알레 새이.]
나는 일한다 / ~까지 / 오후 6시.

· Ho / una riunione / **alle** 9 del
mattino.
[어 / 우나 류뇨네 / 알레 너베ᵛ 델 마띠노.]
(나는) 갖다 / 하나의 회의를 / 아침 9시에.

· Ho dormito / **per** / 30 minuti.
[어 도르미또 / 뻬르 / 뜨렌따 미누띠.]
(나는) 잤다 / ~동안에 / 30 분.

· Io arrivo / **entro** / 15 minuti.
[이오 아르~리보ᵛ / 엔뜨로 / 뀐디치 미누띠.]
나는 도착하다 / ~안에 / 15분.

부사 (전치사 + 명사)

 빈칸에 전치사와 명사를 넣어 보세요.

1 이탈리아에 대해서

___sull'___ ....Italia............

2 내 여성 친구를 위해서

3 나의 아버지처럼

4 내 고양이의

5 내 남성 친구와

6 내 가족 없이

7 과일을 제외하고

8 소금 없이

소금 : sale [살레]

9 그를 위해서

10 너처럼

11 한국의

12 펜으로

13 돈 없이

14 영어를 제외하고

15 설탕을 넣은

16 내 여자친구를 위해서

정답입니다! ❶ sull'Italia ❷ per la mia amica ❸ come mio padre ❹ del mio gatto ❺ con il mio amico
❻ senza la mia famiglia ❼ tranne la frutta ❽ senza sale ❾ per lui ❿ come te ⓫ della Corea
⓬ con la penna ⓭ senza soldi ⓮ tranne l'inglese ⓯ con zucchero ⓰ per la mia ragazza

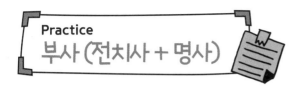

Practice
부사 (전치사 + 명사)

따라 말하기

 빈칸에 전치사와 명사를 넣어 보세요.

1 **10시 이전에**

　prima　　delle 10

2 **여행하는 동안에**

＿＿＿＿＿　＿＿＿＿＿

3 **1997년 이후로**

＿＿＿＿＿　＿＿＿＿＿

4 **자정까지**

＿＿＿＿＿　＿＿＿＿＿

자정 : mezzanotte [매짜너떼]

5 **오후 1시에**

＿＿＿＿＿　＿＿＿＿＿

6 **10분 뒤에**

＿＿＿＿＿　＿＿＿＿＿

7 **2시간 동안**

＿＿＿＿＿　＿＿＿＿＿

8 **수업 후에**

＿＿＿＿＿　＿＿＿＿＿

9 **점심을 먹기 전에**

＿＿＿＿＿　＿＿＿＿＿

10 **일하는 동안에**

＿＿＿＿＿　＿＿＿＿＿

11 **밥 먹은 뒤에**

＿＿＿＿＿　＿＿＿＿＿

12 **내일까지**

＿＿＿＿＿　＿＿＿＿＿

13 **오전 10시에**

＿＿＿＿＿　＿＿＿＿＿

14 **이틀 뒤에**

＿＿＿＿＿　＿＿＿＿＿

15 **일주일 동안**

＿＿＿＿＿　＿＿＿＿＿

일주일 : una settimana [우나 세띠마나]

16 **오후에**

＿＿＿＿＿　＿＿＿＿＿

·정답입니다! ① prima delle 10 ② durante il viaggio ③ dopo il 1997 ④ fino a mezzanotte
⑤ all'una di pomeriggio ⑥ dopo 10 minuti ⑦ per due ore ⑧ dopo la lezione
⑨ prima di pranzo ⑩ durante il lavoro ⑪ dopo aver mangiato ⑫ fino a domani
⑬ alle 10 di mattina ⑭ dopo due giorni ⑮ per una settimana ⑯ nel pomeriggio

Chapter05 명사를 변신시키는 전치사 & 문장을 변신시키는 접속사 **191**

 다음의 문장을 전치사를 활용하여 이탈리아어로 써 보세요.

1 나는 회사 뒤편에서 기다리고 있어. Sto aspettando dietro l'ufficio. 🖊

2 나는 부모님과 함께 살아.

3 그는 집 안에 있어.

4 그녀는 집 앞에 있어.

5 화장실은 네 뒤에 있어.

          bagno : 화장실 [반뇨]

6 집 옆에 경찰서가 있어.

          commissariato : 경찰서 [콤미싸랴또]

7 상자 안에 컵들이 있어.

8 공원 주변에는 고양이들이 살아.

9 내 자매들은 이탈리아에 살아.

10 2년 전부터 여기서 일해.

11 밖은 추워.

----

12 열쇠들은 밖에 있어.

chiave : 열쇠 [까베ᵛ]

----

13 책들은 책상 위에 있어.

----

14 나는 학교 건물 사이에 있어.

edificio: 건물 [에디피f쵸]

----

15 선물은 그녀를 위한 거야.

----

16 이 꽃은 널 위한 거야.

----

17 나는 교실에 있어.

----

18 길을 따라가 보면 신호등이 있어요.

semaforo : 신호등 [세마포f로]

• 정답입니다! • 1 Sto aspettando dietro l'ufficio. 2 Io vivo con i miei genitori. 3 Lui è in casa.
4 Lei è davanti alla casa. 5 Il bagno è dietro di te. 6 Il commissariato è vicino alla casa.
7 I bicchieri sono nella scatola. 8 I gatti vivono intorno al parco. 9 Le mie sorelle vivono in Italia.
10 Io lavoro qui da due anni. 11 Fuori fa freddo. 12 Le chiavi sono fuori. 13 I libri sono sul tavolo.
14 Io sono tra due edifici della scuola. 15 Il regalo è per lei. 16 Questo fiore è per te.
17 Io sono in classe. 18 Lungo la strada c'è un semaforo.

이전 장에서 우리는 전치사에 대해 배웠습니다. 전치사는 항상 명사 앞에 붙여 준다는 것, 기억하시죠? 이번에는 문장 앞에 붙여주는 몇 가지 표현을 배워보겠습니다. 이 경우에도 마찬가지로, 그렇게 함으로써 문장의 쓰임새가 살짝 변하기도 합니다. 마치 명사에 전치사를 붙였을 때처럼 말이죠.

and
e
→ **그리고** 나는 네가 싫어.
E io ti odio.

or
o
→ **아니면** 너는 내가 싫어?
O tu mi odii?

but
ma, però
→ **그러나** 나는 네가 싫어.
Ma(Però) io ti odio.

because
perché
→ **왜냐하면,** 나는 네가 싫어.
Perché io ti odio.

if
se
→ **만약** 내가 너를 싫어한다면,
Se io ti odiassi,

so
perciò
→ **그래서** 나는 네가 싫어.
Perciò io ti odio.

e와 o는 두 개의 명사를 서로 이어주기도 합니다.

italiano **e** francese
이딸리아노 에 ㅍ란체세
이탈리아어 그리고 프랑스어

italiano **o** francese
이딸리아노 오 ㅍ란체세
이탈리아어 또는 프랑스어

TIP

읽어
보세요
절이란 무엇인가요?

절을 이해하기 위해서는 우선 문장을 이해해야 합니다. 문장이란 주어와 동사로 이루어진 단위입니다. 문장 뒤에는 마침표나 물음표 등이 찍혀서 구분하기 쉽죠. 그런데 간혹 문장이 다른 더 큰 문장 속에 포함되는 경우가 있습니다. 이것을 바로 절이라고 합니다. 예를 들어 보겠습니다.

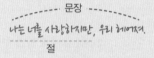

나는 너를 사랑해. 하지만 우리 헤어졌어.
　　문장　　　　　　문장

　　　　문장　　　　
나는 너를 사랑하지만, 우리 헤어졌어.
　　　　절

읽어
보세요
접속사란 무엇인가요?

접속사는 말 그대로 두 가지를 이어주는 역할을 합니다. 단어와 단어를 이어주는 경우는 다음과 같습니다.

› **A** and **B**
› **A** or **B**

절과 절을 이어주는 경우는 다음과 같습니다.

Io ti amo, ma io ti odio.
나는 너를 사랑해, 하지만 난 너를 싫어해.

Practice
접속사

 접속사가 들어간 다음 문장들을 이탈리아어로 옮겨 적어 보세요.

1 사탕 7개나 8개 줘.　　　Dammi sette o otto caramelle. ✎

---

2 아버지와 아들은 콘서트에 갔다.

👤 concerto : 콘서트 [콘채르또]

---

3 걷기만 하고 뛰지는 않는다.

camminare : 걷다 [캄미나레]　correre : 뛰다 [코ㄹ~레레]

---

4 생선은 먹지만 고기는 안 먹어요.

---

5 네가 원하면 갈게.

---

6 가고 싶지만 못 가.

---

7 내가 좋니, 싫니?

---

8 나는 여행을 가기 때문에 행복합니다.

---

9 이탈리아어 그리고 한국어를 할 줄 알아요.

---

10 그녀가 내게 소리를 질렀기 때문에 화가 났다.

urlare : 소리치다 [우를라레]

·정답입니다!· 　1 Dammi sette o otto caramelle. 2 Il padre e il figlio sono andati al concerto. 3 Cammina ma non corre.
4 Mangio pesce ma non mangio carne. 5 Se vuoi vado. 6 Voglio andare, ma non posso.
7 Ti piaccio o non ti piaccio? 8 Sono felice perché vado in viaggio. 9 Parlo italiano e coreano.
10 Sono arrabbiato perché lei ha urlato.

1 오늘 날씨 좋네.

 LIDIA

Oggi fa bel tempo.
어찌 / 파f / 밸 땜뽀.
오늘은 / 한다 / 좋은 날씨.

 CAROLINA

È vero, che bello.
애 / 베V로, / 께 밸로.
(그것은) ~이다 / 사실, / 얼마나 좋은.

Ma io preferisco quando piove.
마 / 이오 쁘레페f리스코 / 꾸안도 / 뻐베V.
하지만 / 나는 선호한다 / ~한 때 / 비가 온다.

 LIDIA

Ah sì? Perché?
아 씨? / 뻬르케?
아 그래? / 왜?

 CAROLINA

Perché amo il suono
뻬르케 / 아모 / 일 쉬노
왜냐하면 / (나는) 정말 좋아한다 / 소리

della pioggia sul tetto.
델라 / 뻐쨔 / 쑬 / 떼또.
~의 (전치사관사) / 비 / ~의 위에 / 지붕.

Però non mi piace stare sotto la pioggia.
뻬러 / 논 / 미 / 뺘체 / 스따레 / 쏘또 / 울라 뻐쨔.
하지만 / (부정) / 나에게 / 좋아함을 받는다 / 있다 / ~의 아래에 / 비.

 LIDIA

Io preferisco la neve alla pioggia.
이오 쁘레페f리스코 / 울라 네베V / 알라 / 뻐쨔.
나는 선호한다 / 눈 / ~보다 / 비.

L : 오늘 날씨 좋다.
C : 그러네, 오늘 날씨 좋네.
　　하지만 나는 비 올 때가 더 좋아.
L : 아, 그래? 왜?
C : 왜냐하면, 나는 지붕 위에 비가 떨어지는 소리를 좋아하거든.
　　하지만 비를 맞는 것은 좋아하지 않아.
L : 나는 눈이 비보다 더 좋아.

TIP

◀ **Oggi fa bel tempo.**

Tempo는 시간을 뜻하지만 **날씨, 기후**를 의미하기도 합니다. 여기서는 좋은 시간이 아닌 **좋은 날씨**로 쓰였습니다. 날씨를 이야기할 때는 '(자연이) 무엇을 한다'는 식으로 표현합니다.

Fa caldo.	[파f / 칼도.]	: 날이 덥다.
	[하다 / 뜨거움.]	
Fa freddo.	[파f / 프레또.]	: 날이 차다.
	[하다 / 차가움.]	
Fa bel tempo.	[파f / 밸 / 땜뽀.]	: 날이 좋다.
	[하다 / 좋은 / 날씨.]	

Quando

Quando는 **~할 때, ~하면**과 같은 의미를 가진 접속사입니다. **영어의 when**과 비슷하죠.

Quando vieni?
[꾸안도 베V니?]
: 언제 오니?

Piove a catinelle.
뻐베V 아 카띠넬레.
비가 억수같이 쏟아지네.

Piove

Piovere(비가 내리다)와 **nevicare**(눈이 내리다)라는 동사는 **3인칭으로만 사용**합니다.

Piove. [뻐베V.] : 비가 오네.
Nevica. [네비V카.] : 눈이 오네.

◀ **Preferire A a B**

'**A를 B보다 더 좋아한다, 선호한다**'는 뜻입니다. 영어의 **prefer A to B**와 용법이 완전히 같습니다.

Io preferisco la campagna alla città.
[이오 쁘레페f리스코 울라 캄빤냐 알라 치따.]
: 나는 시골을 도시보다 더 좋아한다.
(I prefer the country to the town.)

 CAROLINA
Perché?
뻬ㄹ케?
왜?

 LIDIA
La neve non ci bagna ed è bella.
을라 네베ᵛ / 논 / 치 반냐 / 에드 / 애 / 밸라.
눈은 / 부정 / 우리를 적신다 / 그리고 / ~이다 / 예쁜.

C : 왜?
L : 눈은 젖게 하지 않고 예쁘잖아.

2 여기에 살지 않으시나 봐요?

 PAOLO
Scusi.
ㅅ쿠시.
실례합니다.

 ELENA
Sì?
씨?
네?

 PAOLO
Sa dove si trova l'ufficio postale?
사 / 도베ᵛ / 시 ㄸ러바ᵛ / 을루피ᶠ쵸 뽀ㅅ딸레?
(당신은) 알고 있습니다 / 어디서 / 발견합니다 / 우체국?

 ELENA
Certamente.
체ㄹ따멘떼.
물론이죠.

L'ufficio postale è accanto al Municipio.
을루피ᶠ쵸 뽀ㅅ딸레 애 / 아깐또 / 알 무니치뽀.
우체국은 있습니다 / ~의 옆 / 시청에.

P : 실례합니다.
E : 무슨 일이세요?
P : 우체국이 어딘지 아시나요?
E : 그럼요, 우체국은 시청 옆에 있습니다.

 TIP

◁ È bella

Neve가 여성 명사이기 때문에 형용사 **bella**도 여성형입니다. 꼭 기억하세요! 이탈리아어에서는 **명사의 성과 수**에 따라서 **형용사도 그에 맞게 바뀐다**는 것을요!

◁ Scusi

Scusi는 실례합니다 를 의미하지만, 저를 용서하세요라는 뜻도 있습니다.

◁ Ufficio postale

Ufficio postale를 직역하면 **우편의 사무실** 이 됩니다. 곧, **우체국**을 의미하죠.

Nord, sud, est ed ovest.
너ㄹ드, 수드, 애스뜨 에드 어베ᵛㅅ뜨.
북, 남, 동 그리고 서.

PAOLO Il Municipio?
일 무니치뾰?
시청?

ELENA Sì, il Municipio.
씨, / 일 무니치뾰.
네, / 시청.

PAOLO Dove si trova il Municipio?
도베ᵛ / 시 ㄸ러바ᵛ / 일 무니치뾰?
어디서 / 발견합니다 / 시청?

ELENA Il Municipio è situato
일 무니치뾰 / 애 / 시뚜아또
시청은 / ～입니다 / 위치한

di fronte ad un centro commerciale.
디 ㆍᶠ론떼 / 아ㄷ 운 첸ㄸ로 콤메ㄹ챨레.
～의 앞 / 쇼핑센터에.

PAOLO E dove si trova il centro commerciale?
에 / 도베ᵛ / 시 ㄸ러바ᵛ / 일 첸ㄸ로 콤메ㄹ챨레?
그러면 / 어디서 / 발견합니다 / 쇼핑센터?

ELENA Non vive qui?
논 / 비ᵛ베ᵛ / 뀌?
[부정] / (당신은) 산다 / 여기에서?

PAOLO No. Io sono un viaggiatore.
너. / 이오 쏘노 / 운 비아ᵛ쨔또레.
아니. / 저는 ～입니다 / 여행자.

P : 시청요?
E : 네, 시청이요.
P : 시청은 어디에 있나요?
E : 시청은 쇼핑센터 앞에 있습니다.
P : 쇼핑센터는 어디에 있나요?
E : 여기에 살지 않으시나 봐요?
P : 네, 저는 여행자입니다.

Municipio

시청은 **municipio**라고 보통 표현합니다. 하지만 **palazzo municipale**[빨라쪼 무니치빨레]라는 단어도 있습니다. 직역하면 **도시의 궁전**이라는 뜻입니다.

Dove

Dove는 **어디, 어디에, 어느 곳, 어느 장소**의 뜻을 가진 의문사입니다. **dove**가 **무엇이든**을 의미하는 접미사 **-unque**와 만나면 '**dovunque (어디든, 어디에 있든)**'가 됩니다.

Dove sei?
[도베ᵛ 쌔이?]
: 어디에 있니?

Dovunque tu sia, lui ti troverà.
[도분ᵛ꿰 뚜 씨아, 을루이 띠 ㄸ로베ᵛ라.]
: 네가 어디에 있든, 그는 너를 찾을 것이다.

이런 조합을 가진 녀석들이 또 있습니다.

chi	chiunque
누구	누구든
quale + unque = qualunque	
어떤	어떤 것이든
come	comunque
어떻게	어떻게든

Mi sono perso.
미 쏘노 뻬ㄹ소.
나는 길을 잃었어요.

 ELENA D'accordo. Il centro commerciale

다꼬르도. / 일 첸뜨로 콤메르챨레
알겠습니다. / 쇼핑센터

dista 500 metri da qui.

디스따 / 친꿰챈또 매뜨리 / 다 뀌.
〜만큼 멀리 있습니다 / 500미터 / 여기에서.

 PAOLO In quale direzione è?

인 꽐레 디레치ᵏ오네 / 애?
어느 방향에 / (그것은) 있다?

 ELENA Vada diritto.

바ⱽ다 / 디리또.
(당신은) 가세요 [명령] / 똑바로.

Quando vede un grande hotel,

꾸안도 / 베ⱽ데 / 운 그란데 오땔,
〜한 때 / (당신은) 본다 / 큰 호텔,

giri a sinistra.

지리 / 아 / 시니스뜨라.
(당신은) 회전하세요 [명령] / 〜으로 / 왼쪽.

Prosegua ancora un po' ed è arrivato.

쁘로세과 / 안코라 운 뻐 / 에드 / 애 / 아르〜리바ⱽ또.
(당신은) 직진하세요 [명령] / 조금 더 / 그러면 / (당신은) 〜이다 / 도착한.

 PAOLO Grazie mille.

그라체ᵏ 밀레.
매우 감사합니다.

 ELENA Buon viaggio.

뷘 뱌ⱽ쬬.
좋은 여행.

E : 그렇군요. 쇼핑센터는 500m 떨어진 곳에 있습니다.
P : 어느 방향인가요?
E : 쭉 가세요.
　　큰 호텔이 보이시면, 왼쪽으로 도세요.
　　그리고 앞으로 조금만 가시면 됩니다.
P : 감사합니다.
E : 즐거운 여행 하세요.

◀ **Centro commerciale**
이탈리아어로 **쇼핑센터** 를 의미합니다. **'중심'** 을 뜻하는 명사 **centro** 와, **'상업의'** 라는 의미의 형용사 **commerciale** 가 결합된 단어죠.

◀ **Vada diritto.**
'직진하세요.' 라는 의미입니다.

Gira a sinistra.
[지라 아 시니스뜨라.]
: 좌회전하세요.

Gira a destra.
[지라 아 대스뜨라.]
: 우회전하세요.

Buon viaggio.
이탈리아에서는 여행을 가기 전에 항상 주변 사람으로부터 **'Buon viaggio. [뷘 뱌ⱽ쬬.]'** 라는 말을 듣곤 합니다. **좋은 여행** 을 기원하는 응원의 메시지와 같지요.
◀

3 못 찾겠어.

LUCAS Susanna, dove sono le matite colorate?
수산나, / 도베V 쏘노 / 을레 마띠떼 / 콜로라떼?
수산나(여성이름), / 어디에 있다 / 연필들 / 색색의?

SUSANNA Sono in camera mia, sul mio tavolo.
쏘노 / 인 / 카메라 미아, / 쑬 / 미오 따볼V로.
(그것들은) 있다 / ~ 안에 / 나의 방, / ~ 위에 / 나의 책상.

LUCAS Non riesco a trovare
논 / 랴스코 / 아 뜨로바V레
(부정) / (나는) 해낸다 / 찾는 것

le tue matite colorate.
을레 뚜에 마띠떼 / 콜로라떼.
너의 연필들 / 색색의.

SUSANNA Esse sono accanto al mio computer,
에쎄 / 쏘노 / 아깐또 / 알 미오 콤퓨떼르,
그것들은 / 있다 / 근처의 / 나의 데스크톱 컴퓨터에,

davanti alla lampada.
다반V띠 / 알라 / 을람빠다.
~의 앞에서 / ~에 / 전구.

LUCAS Ah sì, sono qui.
아 씨, / 쏘노 / 뀌.
아 그래, / (그것들은) 있다 / 여기에.

E gli evidenziatori, dove sono?
에 / 을리 에비V덴치Z아또리, / 도베V 쏘노?
그리고 / 너의 형광펜들은, / 어디에 있다?

L : 수산나, 네 색연필 어디 있어?
S : 내 방에 있어, 책상 위에.
L : 네 색연필은 못 찾겠어.
S : 내 데스크톱 컴퓨터 옆에 있어, 스탠드 앞에.
L : 아, 여기 있구나. 네 형광펜들은 어디에 있어?

TIP

Matite colorate

색연필과 사인펜은 이탈리아의 초등학생에게는 없어서는 안 될 필수품입니다. 미술 수업뿐만 아니라 지리학 수업 등 많은 수업에서 사용하기 때문입니다.

Riesco

~을 해내다라는 동사인 **riuscire** 뒤에는, 항상 그 동작의 대상이 되는 무언가가 있어야만 합니다. 그럴 때 a **부정사와 동사원형을 함께 사용**함으로써, 무엇을 해냈는지 밝혀낼 수 있죠.

Computer

영어 단어 **computer**와 모양이 같아서 외우기 참 쉽죠? 그럼 이탈리아어로 **노트북 컴퓨터**는 뭐라고 할까요? 휴대할 수 있는 컴퓨터라는 의미에서 **computer portatile [콤퓨떼르 뽀르따띨레]**라고 합니다.

Ordina la tua camera!
오르디나 을라 뚜아 카메라!
네 방 좀 정리해!

C'è un cassetto tra il mio letto
채 / 운 카쎄또 / 뜨라 / 일 미오 을래또
있다 / 한 개의 서랍장 / ~의 사이에 / 내 침대

e il mio scaffale.
에 / 일 미오 ㅅ까팔f레.
그리고 / 내 선반.

Sono in fondo al cassetto.
쏘노 / 인 / 폰f도 / 알 카쎄또.
(그것들은) 있다 / ~ 안에 / 아래 / 서랍장.

Grazie!
그라체ㅈ!
고맙다!

S : 내 침대랑 책장 사이에 서랍장이 하나 있어.
　　아래 서랍에 있어.
L : 고마워!

---

4 캐러멜 마키아토를 마셔야겠다.

Stiamo andando al bar a bere.
ㅅ땨모 / 안단도 / 알 바ㄹ / 아 베레.
(우리는) ~있다 / 가는 / 바에 / 마시러.

Ho tanta sete perché la mia colazione
어 / 딴따 세떼 / 뻬르케 / 을라 미아 콜라치ㅈ오네
(나는) 가지고 있다 / 많은 갈증 / 왜냐하면 / 나의 아침식사는

era troppo salata. Vuoi venire?
에라 / 뜨러뽀 살라따. / 붜ˇ이 / 베ˇ니레?
~였다 / 지나치게 짠. / (너는) 원한다 / 가다?

N : 카페테리아에 가서 뭐 하나 마실까?
　　아침 식사가 너무 짜서 목이 엄청 마르네. 같이 갈래?

 TIP

◀ **Cassetto**

각종 가구를 뜻하는 이탈리아어를 알아볼까요?

letto	[을래또]	: 침대
armadio	[아르마됴]	: 옷장
cassetto	[카쎄또]	: 서랍
sedia	[새댜]	: 의자
tavolo	[따볼ˇ로]	: 탁자

덧붙여 작은 크기의 가구를 표현하고 싶을 때는 접미사 **~ino**를 붙여줍니다. tavolo(탁자) + ino라면 **tavolino**(작은 탁자)가 되는 것이죠. 사람이나 사물의 크기가 **작음**을 표현하기 위해 명사의 어미에 붙인 접미사를 **축소사**라고 합니다. 축소사에는 **~ino / ~ina, ~etto / ~etta**가 있습니다.

fratello	[프f라땔로]	: 남자 형제
fratellino	[프f라뗄리노]	: 남동생
cassa	[카싸]	: 상자
cassetta	[카쎄따]	: 작은 상자

◀ **식사에 관한 표현**

colazione	[콜라치ㅈ오네]	: 아침 식사
pranzo	[쁘란초ㅈ]	: 점심 식사
cena	[체나]	: 저녁 식사
spuntino	[ㅅ뿐띠노]	: (언제든지 먹는) 간식
merenda	[메랜다]	: (오후에만 먹는) 간식

Perché no?

뻬ㄹ께 너?
왜 아니다?

Voglio ordinare

벌ᵛ료 / 오ㄹ디나레
(나는) 원한다 / 주문하다

un caffè senza crema al caramello

운 카패f / 센차ᶻ / ㅋ래마 / 알 카라맬로
한 잔의 커피 / ~없이 / 크림 / 캐러멜의

e senza panna.

에 / 센차ᶻ / 빤나.
그리고 / ~없이 / 생크림.

Ordini come mio fratello.

오ㄹ디니 / 꼬메 / 미오 ㅍf라땔로.
(너는) 주문한다 / ~처럼 / 나의 남자 형제.

A lui non piace la panna.

아 울루이 / 논 / 뺘체 / 울라 빤나.
그에게 / [부정] / 좋아함을 받는다 / 생크림.

Invece io la amo.

인베ᵛ체 / 이오 / 울라 아모.
반면에 / 나는 / 그것을 좋아한다.

Ho intenzione di ordinare

어 인떼치ᶻ오네 / 디 오ㄹ디나레
(나는) 의도를 가지고 있다 / 주문할

un caffè latte con molta panna.

운 카패f 울라떼 / 콘 / 몰따 빤나.
한 잔의 카페라테 / ~와 함께 / 많은 생크림.

A : 그러지 뭐.
N : 나는 생크림을 뺀 캐러멜 마키아토를 마셔야겠다.
A : 내 남동생처럼 주문하네.
　　내 남동생이 생크림을 좋아하지 않거든.
　　그런데 나는 엄청 좋아해.
　　나는 생크림을 많이 얹은 카페라테 한 잔 주문해야겠다.

Perché no?

영어의 Why not? 과 같은 뜻으로 '안될 것 없잖아?' 라는 의미입니다.

Caffè senza crema al caramello

caffè al caramello 는 캐러멜을 넣은 커피를 의미합니다. 우리가 흔히 아는 캐러멜은 이탈리아어로 caramello 인데, 단어의 끝의 o 를 a 로 바꾸면 사탕(caramella)이 됩니다.

caramelle al caffè　: 커피맛 사탕
[카라맬레 알 카패f]

caffè al caramello　: 캐러멜이 들어있는 커피
[카패f 알 카라맬로]

Caffè latte

스페인에 café con leche가 있다면, 이탈리아에는 caffè latte 가 있습니다. caffè latte 는 우유를 넣은 커피를 뜻합니다. 우리가 한국에서 흔히 마시는 카페라테와 별다를 게 없습니다.

Senti che profumo!
센띠 께 ㅍ로푸f모!
향을 느껴봐!

5 페인트 볼이 뭐야?

 VICTOR

Maria, ti piace il paintball?
마리아, / 띠 뺘체 / 일 / 뻬인뜨볼?
마리아 여성이름, / 너에게 / 좋아함을 받는다 / 페인트 볼?

 MARIA

Cos'è il paintball?
코새 / 일 뻬인뜨볼?
무엇 ~이다 / 페인트 볼?

 VICTOR

Paintball è un gioco di sparatorie.
뻬인뜨볼 / 애 / 운 져코 / 디 ㅅ빠라떠례.
페인트 볼은 / ~이다 / 놀이 / 사격의.

 MARIA

Vuoi uccidermi?
뷔ᵛ이 / 우치데ㄹ미?
(너는) 원한다 / 나를 죽이다?

 VICTOR

Ahah. No che non voglio.
아하. / 너 / 께 / 논 / 벌ᵛ료.
하하. / 아니 / 접속사 / 부정 / (나는) 원한다.

La pistola di paintball
ㅇ라 삐ㅅ떨라 / 디 뻬인뜨볼
총 / 페인트 볼의

contiene palline di colorante.
콘떼네 / 빨리네 / 디 콜로란떼.
포함한다 / 구슬들 / 염료의.

 MARIA

Ah sì? Come si gioca?
아 씨? / 꼬메 / 시 져카?
아 그래? / 어떻게 / 논다?

V : 마리아, 너 페인트 볼 좋아해?
M : 페인트 볼이 뭐야?
V : 총싸움이야.
M : 날 죽이고 싶어?
V : 하하. 그런 게 아니야.
　　페인트 볼 총에는 물감이 들어있는 구슬이 들어있어.
M : 그래? 어떻게 하는 거야?

 TIP

◀ **Paintball**
이탈리아에서도 외래어를 받아들일 때, 페인트 볼과 같이 적절하게 번역하기 어려운 외래어는 종종 있는 그대로 활용하기도 합니다.

◀ **No che non voglio**
우리말로 직역하면 **아니야**입니다. '**그런 거 원하지 않아**' 라는 의미로, 대화체에서 흔히 사용하는 표현입니다.

Mi piacciono tutti i colori!
미 빠쵸노 뚜띠 이 콜로리!
나는 모든 색을 좋아해!

È semplice. Devi colpire gli avversari
애 / 셈쁠리체. / 데비ˇ / 콜삐레 / 울리 아베ˇ르사리
(그것은) ~이다 / 간단한. / (너는) ~해야 한다 / 맞추다 / 상대방들

prima di essere colpito.
쁘리마 디 / 애쎄레 콜삐또.
~의 전에 / 총에 맞다.

 È vero, semplice.
애 베ˇ로, / 셈쁠리체.
(그것은) 진짜다, / 간단한.

 Ma è anche possibile
마 / 애 / 안께 / 뽀씨빌레
하지만 / (그것은) ~이다 / ~도 / 가능한

nascondersi dietro i muri,
나ㅅ콘데르시 / 디에뜨로 / 이 무리,
숨다 / ~의 뒤에 / 벽들,

saltare oltre gli ostacoli
살따레 / 올뜨레 / 울리 오ㅅ따콜리
뛰다 / ~의 위로 / 장애물들

e passare attraverso i tunnel.
에 / 빠싸레 / 아뜨라배ˇ르소 / 이 뚠넬.
그리고 / 지나가다 / ~을 통해서 / 터널들.

 Interessante.
인떼레싼떼.
흥미로운.

 Andiamo a provarlo insieme.
안댜모 / 아 쁘로바ˇ를로 / 인쌔메.
(우리는) 하자 [명령] / 시도하는 것 / 함께.

V : 간단해. 내가 구슬에 맞기 전에 상대방을 구슬로 맞추면 돼.
M : 정말 간단하네.
V : 하지만 벽 뒤에 숨기도 하고,
　　장애물을 뛰어넘거나 터널을 통과하기도 해.
M : 재미있겠다.
V : 같이 하러 가자.

 TIP

Avversario
이탈리아어에는 경쟁의 상대를 지칭하는 다양한 표현들이 있습니다.

sfidante	[스피ˈ단떼]	: 도전자
rivale	[리발ˇ레]	: 경쟁자
contendente	[콘뗀덴떼]	: 경쟁자
concorrente	[콘코ㄹ~렌떼]	: 경쟁자
oppositore	[오뽀시또레]	: 반대자
nemico	[네미코]	: 적

Nascondersi
숨다라는 의미의 재귀동사입니다. 아이들이 뛰어 놀면서 많이 하는 **숨바꼭질** 놀이 아시죠? 이 놀이는 이탈리아어로 **nascondino**입니다.

Muri
벽이라는 남성 명사는 특이하게도 두 가지의 복수 형태를 갖고 있습니다. **i muri (남성 명사 복수)**는 일반적인 **벽체**들을 뜻하는 반면, **le mura (여성 명사 복수)**는 닫거나 방어할 때 쓰이는 성벽을 뜻합니다.

6 두 자리 잡아둘 수 있어?

LAURA
Ciao Vittorio!
챠오 비ᵛ떠료!
안녕 비떠료 [남성이름]!

VICTOR
Sì Laura, cosa succede?
씨 / 울라우라, / 커사 / 수채데?
응 / 라우라 [여성이름], / 무엇 / 발생한다?

LAURA
A che ora comincia il festival?
아 께 오라 / 코민챠 / 일 패f스띠발ᵛ?
어떤 시간에 / 시작한다 / 축제?

VICTOR
La festa comincia alle 14:00.
울라 패f스따 / 코민챠 / 알레 꽈또르디치.
축제는 / 시작한다 / 오후 두 시에.

Ma devi essere lì alle 13:00.
마 / 데비ᵛ / 애쎄레 / 울리 / 알레 뜨레디치.
하지만 / (너는) ~해야 한다 / 있다 / 그곳 / 오후 한 시에.

LAURA
Perché?
뻬ᵣ케́?
왜?

VICTOR
Perché tutti i posti buoni
뻬ᵣ케́ / 뚜띠 이 뻐스띠 / 뷔니
왜냐하면 / 모든 자리 / 좋은

saranno occupati alle 14:00.
사란노 / 오꾸빠띠 / 알레 꽈또르디치.
~일 것이다 / 차지된 / 오후 두 시에.

L : 여보세요? 비떠료?
V : 응, 라우라, 무슨 일이야?
L : 축제가 몇 시에 시작해?
V : 축제는 오후 2시에 시작해.
　　하지만 오후 1시 이전에 가 있어야 해.
L : 왜?
V : 왜냐하면, 오후 2시에는 모든 좋은 자리가 잡혀 있거든.

Festival
이탈리아에는 다양한 축제가 있습니다. 그중에서
가장 유명한 축제는 산레모 음악제(Festival di
Sanremo)로, 이탈리아 대중가요인 canzone
[칸초ᶻ네] 가 울려퍼지는 축제의 장입니다. 이미
대중에게 널리 알려진 가수들이 대거 등장하죠. 매년
Liguria [울리구랴] 라는 지역에서 열리며 1951년
처음 개최되었습니다. 인지도가 낮은 가수에게는
존재감을 드러낼 기회의 장이기도 합니다.

14:00
이탈리아에서 시간을 말할 때는 보통 **am / pm**
또는 **di pomeriggio / di mattina** 라고 써서 오
전인지 오후인지 밝혀줍니다. 24시간제 표기 방식
은 **il sistema orario a 24 ore** [일 씨스떼마 오
라리오 아 벤ᵛ띠꽈뜨로 오레] 라고 합니다.

2:00 pm [두에 삐 엠메]
: 오후 2시

2:00 di pomeriggio [두에 디 뽀메리쬬]
: 오후 2시

시간 앞에 관사를 붙일 때, 하나를 뜻하는 1시에만
정관사 **la** (여성 단수) 를 사용하고, 나머지 시간에
는 정관사 **le** (여성 복수)를 씁니다.

Sono le 6:00 di mattina.
[쏘노 울레 쌔이 디 마띠나.]
: 오전 6시입니다.

Questo è il mio posto.
꿰스또 애 일 미오 뻐스또.
이것은 나의 자리야.

Caspita! Puoi tenere due posti per me?

카스삐따! / 뿨이 / 떼네레 / 두에 뻐스띠 / 뻬르 / 메?

이런! / (너는) ~할 수 있다 / 잡다 / 두 개의 자리 / ~을 위해 / 나?

Come mai?

꼬메 마이?

왜?

Farò un po' tardi.

파f러 / 운 뻐 / 따르디.

(나는) ~할 것이다 / 조금 / 늦게.

Perché?

뻬르케?

왜?

A causa della mia auto. Si è rotta.

아 카우사 / 델라 / 미아 아우또. / 시 애 / 로따.

원인으로 / ~의(전치사관사) / 나의 자동차. / (그것은) ~이다 / 부서진.

Quindi vieni in metro?

뀐디 / 베v니 / 인 / 메뜨로?

그러면 / (너는) 온다 / ~의 안으로 / 지하철?

No.

너.

아니.

Il meccanico arriva prima dell'una.

일 메까니코 아르~리바v / 쁘르~리마 / 델 / 루나.

수리공이 도착한다 / 전에 / ~의(전치사관사) / 오후 1시.

L : 저런. 나를 위해서 두 자리 잡아둘 수 있어?
V : 무슨 일이야?
L : 나 조금 늦을 거야.
V : 왜?
L : 내 자동차 때문에.
　　고장 났거든.
V : 그러면 지하철로 오는 거야?
L : 아니. 수리공이 1시 전으로 온대.

◀ **Caspita!**
Caspita는 이탈리아에서 자주 쓰이는 감탄사입니다. 한국어로 번역하면 '**이런!**'과 같은 의미입니다.

◀ **Tardi**
Tardi는 늦게라는 뜻의 부사로, **지각**을 한 상황에서 자주 쓰입니다. '지각'을 알았다면 '일찍'도 알아야겠죠? **일찍**은 **presto**입니다.

Sono arrivato a casa molto presto.
[쏘노 아르~리바v또 아 카사 몰또 쁘래스또.]
: 나는 집에 매우 일찍 도착했다.

◀ **Metro**
Metro는 **metropolitana**의 준말로, 이탈리아어로는 **지하철**을 의미합니다. 이 밖에도 길이를 표현하는 단위인 **미터(m)**로 쓰이거나, 길이를 재는 **줄자**를 뜻하기도 합니다. 하지만, **지하철**을 의미하는 metro는 사실상 metropolitana의 준말이므로 **여성형 명사**이고, 길이 단위인 **미터(m)**의 metro는 **남성형 명사**라는 차이가 있습니다.

 D'accordo. Tengo due posti per te.
다꺼ㄹ도. / 뗀고 / 두에 뻐스띠 / 뻬ㄹ / 떼.
알겠다. / (나는) 잡는다 / 두 개의 자리 / ~를 위해 / 너.

 Grazie. A più tardi!
그라체ㅈ! / 아 / 쀼 따ㄹ디!
고마워. / ~ 때에 / 더 늦게!

V : 알겠어. 두 자리 잡아 놓을게.
L : 고마워. 이따가 보자!

7 **어떤 자전거를 사야하지?**

 Quale bici dovrei comprare?
꽐레 / 비치 / 도ㅂV래이 / 콤쁘라레?
어떤 / 자전거를 / (내가) ~해야 한다 / 구입하다?

La bicicletta verde o rossa?
ㄹ라 비치클레따 / 베V르데 / 오 / 로싸?
자전거 / 초록색의 / 아니면 / 빨간색의?

 Qual è il problema?
꽐 / 애̀ / 일 쁘로블래마?
무엇이 / ~이다 / 문제?

 Il mio colore preferito è il verde.
일 미오 콜로레 / 쁘레페f리또 / 애̀ / 일 베V르데.
내 색깔 / 가장 선호하는 / ~이다 / 초록색.

 Allora compra la bicicletta verde.
알로라 / 콤쁘라 / ㄹ라 비치클레따 / 베V르데.
그러면 / (너는) 사라 [명령] / 자전거 / 초록색의.

 C : 어떤 자전거를 사야 하지?
초록색 자전거 아니면 빨간색 자전거?
J : 뭐가 문제야?
C : 내가 제일 좋아하는 색깔이 초록색이야.
J : 그럼 초록색 자전거를 사.

◁ A più tardi
잠시 후에 보자라는 말입니다. **a più tardi**에는 여러 가지 뜻이 있는데, '**~까지, (또) 만납시다**'라는 뜻도 있습니다. 비슷한 말로는 **A dopo**가 있습니다.

A domani.
[아 도마니.]
: 내일 보자.

Alla prossima settimana.
[알라 쁘러씨마 세띠마나.]
: 다음 주에 보자.

O
◁ O는 접속사로서,

또는
혹은
아니면
~ 이거나 와 같은 다양한 뜻이 있습니다.

Carne o pesce?
[카르네 오 뻬세sh?]
: 고기 아니면 생선?

Grande o piccolo.
[그란데 오 삐꼴로.]
: 크거나 작거나.

Chapter05 명사를 변신시키는 전치사 & 문장을 변신시키는 접속사 **207**

CAROLINA

Ma la bicicletta rossa
마 / 울라 비치클레따 / 로싸
하지만 / 자전거 / 빨간색의

è più conveniente.
애 / 쀼 콘베ⱽ냰떼.
~이다 / 더 저렴한.

 JAVIER

Quindi compra la bicicletta rossa.
꾄디 / 콤쁘라 / 울라 비치클레따 / 로싸.
그러면 / (너는) 구입해라 [명령] / 자전거 / 빨간색의.

 CAROLINA

Ma la bici verde è più veloce.
마 / 울라 비치 / 베ⱽ르데 / 애 / 퓨 벨ⱽ로체.
하지만 / 자전거는 / 초록색의 / ~이다 / 더 빠른.

 JAVIER

Se vuoi una buona bici,
세 / 뷔ⱽ이 / 우나 뷔나 비치,
만약 / (네가) 원한다 / 좋은 자전거를,

compra la bicicletta verde.
콤쁘라 / 울라 비치클레따 / 베ⱽ르데.
(너는) 구입해라 [명령] / 자전거 / 초록색의.

Se vuoi una bici a buon mercato,
세 / 뷔ⱽ이 / 우나 비치 / 아 붠 메르카또,
만약 / (네가) 원한다 / 자전거 / 저렴한,

compra la bicicletta rossa.
콤쁘라 / 울라 비치클레따 / 로싸.
(너는) 구입해라 [명령] / 자전거 / 빨간색의.

 CAROLINA

Non mi piace il rosso.
논 / 미 / 뺘체 / 일 로쏘.
[부정] / 나에게 / 좋아함을 받는다 / 빨간색.

C : 하지만 빨간색 자전거가 더 저렴해.
J : 그럼 빨간색 자전거를 사.
C : 하지만 초록색 자전거가 더 빨라.
J : 좋은 자전거를 원하면 초록색 자전거를 사.
　　저렴한 자전거를 원하면, 빨간색 자전거를 사.
C : 나는 빨간색을 좋아하지 않아.

Conveniente
Conveniente는 적절한, 알맞은이라는 뜻의 단어지만 **싸다, 저렴하다** 라는 의미도 가지고 있습니다. 비슷한 표현으로는 **economico**(경제적인, 저렴한), **a buon mercato**(저렴한) 등이 있습니다. 그렇다면 **비싸다**라는 단어는 무엇일까요?
바로 **caro** 입니다.

La bicicletta rossa è molto cara.
[울라 비치클레따 로싸 애 몰또 카라.]
: 빨간 자전거는 아주 저렴해!

Ma
Ma는 하지만, 그러나, 어쨌든의 의미를 가지고 있는 접속사입니다. **영어의 but**과 같죠.

Verde
이탈리아어로 색을 **colore** 라고 합니다. 그렇다면 색들의 명칭에 대해 배워볼까요?

rosa	[러사]	: 분홍색
rosso	[로쏘]	: 빨간색
arancione	[아란쵸네]	: 주황색
giallo	[쟐로]	: 노란색
verde	[베ⱽ르데]	: 초록색
blu	[블루]	: 파란색
viola	[별ⱽ라]	: 보라색
nero	[네로]	: 검은색
bianco	[반코]	: 흰색
marrone	[마르~로네]	: 밤색
grigio	[그리죠]	: 회색

Li voglio entrambi!
울리 벌ⱽ료 엔뜨람비!
나는 둘 다 원해!

 JAVIER

Quindi è deciso.
핀디 / 애` / 데치소.
그러면 / ~이다 / 확정적인.

 CAROLINA

Sì.
씨.
응.

Vado a comprare la bicicletta rossa.
바ᵛ도 / 아 콤ㅃ라레 / 울라 비치클레따 / 로싸.
(나는) ~할 것이다 / 구입하는 것 / 자전거 / 빨간색의.

 JAVIER

Che cosa?
께 커사?
무엇?

 CAROLINA

È che non ho molto denaro.
애` / 께 / 논 / 어 / 몰또 데나로.
(그것은) ~이다 / 접속사 / 부정 / (나는) 가지고 있다 / 많은 돈.

J : 그럼 결정된 거네.
C : 응, 나는 빨간색 자전거를 살 거야.
J : 뭐라고?
C : 왜냐하면, 돈이 많이 없거든.

◀ **Che cosa?**
직역하면 **무엇**이지만 '**뭐라고? 잘 못 들었어.**'라는 의미를 가진 말입니다. 같은 의미의 표현으로 '**Come?**'가 있습니다.

Come?
[꼬메?]
: 어떻게?, 뭐라고요?

보다 정중하게 '**잘 못 들었습니다.**'라고 표현할 때는 '**Scusi?**'를 사용합니다.

Scusi?
[스쿠시?]
: 죄송합니다.

Fammi passare.
팜ᶠ미 빠싸레.
저 좀 지나갈게요.

06

동사를 도와주는
조동사

동사를 도와주는 조동사

Io so parlare italiano.
이탈리아어를 할 줄 압니다.

네 가지 조동사

한눈에 배운다!
동사를 도와주는 조동사

영어에서의 **can, must, want** 등을 뭐라고 부르지요?
'**조동사**'라고 합니다. 조동사는 동사의 바로 앞에 놓여 동사를 돕습니다.
그리고 뒤의 동사는 항상 원형의 형태로 사용**됩니다**.

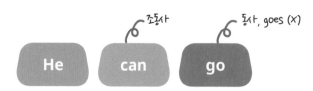

조동사

동사, goes (x)

He   can   go

이탈리아어에도 영어의 조동사와 같은 역할을 하는 동사들이 있습니다.
이들 동사에 대해서는 다음 두 가지 원칙만 기억하시면 됩니다.

> 1. 동사의 앞에 사용
> 2. 변화는 조동사가 대신하고, 동사는 원형을 사용

이제 중요한 조동사 4개를 배워보겠습니다.

---

1 Volere = Want [하고 싶다]

'~하고 싶다'는 뜻입니다. 평소에 쉽게 쓸 수 있는 말이죠.

▶ 나는 이탈리아어를 하고 싶어. [이오 벌V료 빠를라레 이딸리아노.]

Io   parlo   italiano   원형
+ 하고 싶다
(Volere)

Io   voglio   parlare   italiano
원형

2 Potere = Can [할 수 있다]

potere는 '~할 수 있다', '할 줄 안다' 라는 의미입니다. 영어로 can의 역할입니다.

▶ 나는 이탈리아어를 할 수 있어. [이오 뻐소 빠를라레 이딸리아노.]

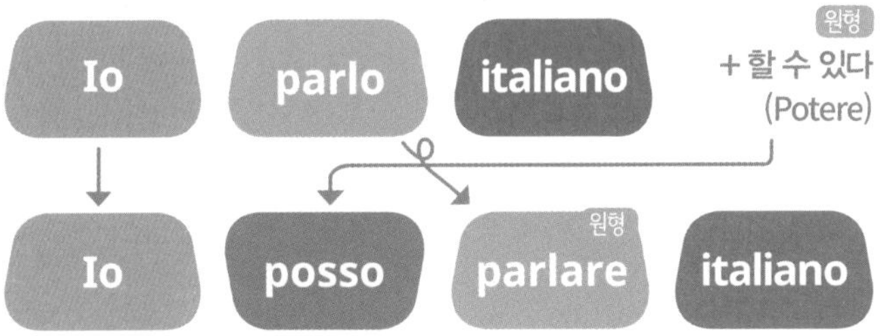

3 Dovere = Must [해야 한다]

dovere 동사는 꼭 '해야 한다'라는 의미로, 의무를 뜻하는 동사입니다.

▶ 나는 이탈리아어를 해야 해. [이오 데보V 빠를라레 이딸리아노.]

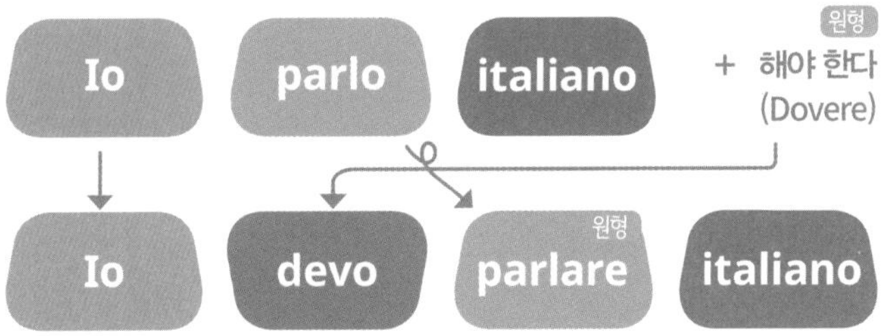

4 Sapere = Know how to [할 줄 안다]

'할 줄 안다'라는 뜻으로, 영어의 know how to에 해당합니다.
'알다'라는 의미의 일반동사로도 사용됩니다.

▶ 나는 이탈리아어를 할 줄 알아. [이오 서 빠를라레 이딸리아노.]

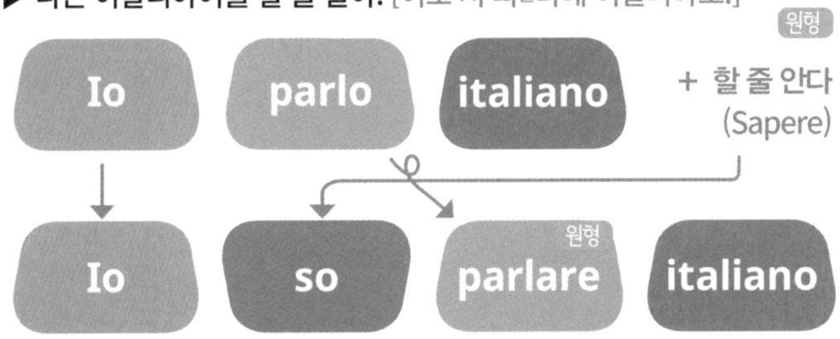

TIP

Potere

[뽀떼레] 할 수 있다

Io	posso	[뻐쏘]
Tu	puoi	[뿨이]
Lei / Lui	può	[뿨]
Noi	possiamo	[뽀씨아모]
Voi	potete	[뽀떼떼]
Loro	possono	[뻐쏘노]

Dovere

[도베V레] 해야 한다

Io	devo	[데보V]
Tu	devi	[데비V]
Lei / Lui	deve	[데베V]
Noi	dobbiamo	[도뱌모]
Voi	dovete	[도베V떼]
Loro	devono	[데보V노]

Sapere

[사뻬레] 할 줄 안다

Io	so	[서]
Tu	sai	[사이]
Lei / Lui	sa	[사]
Noi	sappiamo	[사뺘모]
Voi	sapete	[사뻬떼]
Loro	sanno	[산노]

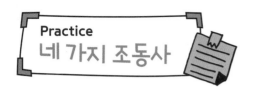

Practice
네 가지 조동사

따라 말하기

해석을 보고 비어 있는 풍선의 각 칸을 채워 보세요.
주어에 따라 조동사의 형태가 달라진다는 점, 조동사가 있을 때 동사는 원형으로 쓴다는 점에 유의하세요.

1 나는 한국어로 말할 수 있다.

| 나는 | potere 할 수 있다 | parlare 말하다 | 한국어 |

| Io | posso | parlare | coreano |

↳ 주어에 따라 달라지는 조동사의 형태를
생각하며 써봅시다.

2 나는 그녀와 말해야만 한다.

| 나는 | dovere 해야 한다 | parlare 말하다 | 그녀와 |

3 나는 노래하는 것을 배우고 싶어요.

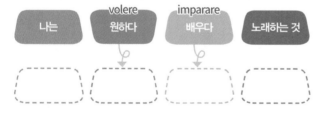

| 나는 | volere 원하다 | imparare 배우다 | 노래하는 것 |

4 나는 자전거를 탈 줄 알아.

| 나는 | sapere 할 줄 안다 | andare 간다 | 자전거를 |

5 나는 진실을 알기를 원해.

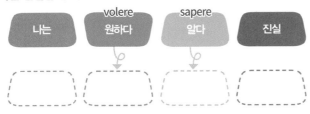

6 나는 이탈리아어를 알아듣고 싶어.

7 우리는 진실을 말하고 싶다.

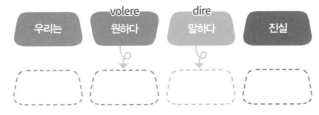

8 너는 중국어를 말할 수 있어?

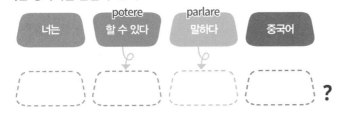

?

9 당신은 일본어를 배우고 싶나요?

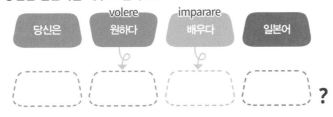

?

정답입니다!

1 Io posso parlare coreano.
2 Io devo parlare con lei.
3 Io voglio imparare a cantare.
4 Io so andare in bicicletta.
5 Io voglio sapere la verità.
6 Io voglio capire l'italiano.
7 Noi vogliamo dire la verità.
8 Tu puoi parlare il cinese?
9 Lei vuole imparare il giapponese?

10 나는 나갈 수 없어.

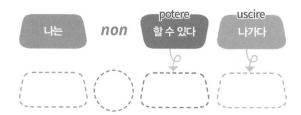

| 나는 | *non* | potere 할 수 있다 | uscire 나가다 |

11 나는 노래를 할 수 없어.

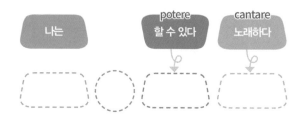

| 나는 | | potere 할 수 있다 | cantare 노래하다 |

12 나는 공부하기 싫어.

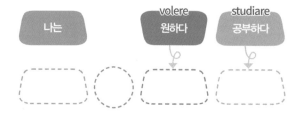

| 나는 | | volere 원하다 | studiare 공부하다 |

13 나는 공부할 필요가 없어.

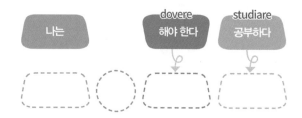

| 나는 | | dovere 해야 한다 | studiare 공부하다 |

정답입니다! 10 Io non posso uscire. 11 Io non posso cantare. 12 Io non voglio studiare. 13 Io non devo studiare.

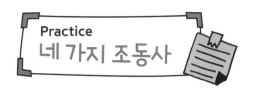

Practice
네 가지 조동사

따라 말하기

 다음 문장을 이탈리아어로 옮겨 적어 보세요.

1 나는 춤추는 것을 배우고 싶어.   *Io voglio imparare a ballare.*

2 나는 이탈리아에 가고 싶어.

3 나는 아이스크림을 먹고 싶어.

           gelato : 아이스크림 [젤라또]

4 나는 직장을 가지고 싶어.

5 나는 이탈리아어를 공부해야 해.

6 나는 일을 해야 해.

7 나는 숙제를 해야 해.

8 나는 살사를 출 수 있어.

9 나는 지기 싫어.

           perdere : 지다 [빼르데레]

10 나는 일하기 싫어.

정답입니다! 1 Io voglio imparare a ballare. 2 Io voglio andare in Italia. 3 Io voglio mangiare il gelato.
4 Io voglio avere un lavoro. 5 Io devo imparare l'italiano. 6 Io devo lavorare.
7 Io devo fare i compiti. 8 Io posso ballare la salsa. 9 Io non voglio perdere.
10 Io non voglio lavorare.

1 왜 때려?

CARLOS

Luca.
을루카.
루카 (남성이름).

LUCA

Che c'è?
께 / 채?
무엇이 / 있다?

CARLOS

Voglio combattere bene.
벌ᵛ료 / 콤바떼레 / 배네.
(나는) 원한다 / 싸우다 / 잘.

LUCA

Per cosa?
뻬ᵣ / 커사?
〜을 위해 / 무엇?

CARLOS

Perché devo combattere
뻬ᵣ케 / 데보ᵛ / 콤바떼레
왜냐하면 / (나는) 〜해야 한다 / 싸우다

contro qualcuno.
콘ㄸ로 / 꽐쿠노.
〜를 상대로 / 누군가.

LUCA

Beh, devi guardare bene
배, / 데비ᵛ / 과ᵣ다레 / 배네
알겠다, / (너는) 〜해야 한다 / 보다 / 잘

il pugno dell'avversario.
일 뿐뇨 / 델 / 라베ᵛㄹ사료.
주먹 / 〜의 (전치사관사) / 상대방.

C : 루카 형.
L : 왜?
C : 나 싸움을 잘하고 싶어.
L : 그래? 뭐 하게?
C : 누구랑 싸워야 해.
L : 그러면, 상대의 주먹을 잘 쳐다봐야 해.

Luca
이탈리아어에는 형제를 뜻하는 **fratello** [프라땔로]라는 말이 있지만, 형이나 동생을 직접 부를 때 쓰는 말이 따로 없습니다. 따라서 **이름**으로 서로를 부릅니다.

Contro
Contro는 반대하여, 어기고를 뜻하는 전치사입니다. 영어의 **against**와 같죠. 본문에서는 **누군가를 상대로**라는 의미로 쓰였습니다.

Io sono contro il muro.
[이오 쏘노 콘ㄸ로 일 무로.]
: 나는 벽에 기대고 있다.

Io sono contro la decisione.
[이오 쏘노 콘ㄸ로 울라 데치시오네.]
: 나는 그 결정에 반대한다.

Sono un pugile.
쏘노 운 뿌질레.
나는 권투 선수다.

 CARLOS
Ah sì? Devo guardare bene il pugno?
아 씨? / 데보ᵛ / 과르다레 / 배네 / 일 뿐뇨?
아 그래? / (나는) ~해야 한다 / 보다 / 잘 / 주먹?

 LUCA
Sì. Puoi farlo?
씨. / 뿨이 / 파ᶠ를로?
응. / (너는) ~할 수 있다 / 그것을 하다?

 CARLOS
Sì. Proviamo.
씨. / 쁘로뱌ᵛ모.
응. / (우리는) 시도하자 [명령].

 LUCA
Bene, guarda bene il mio pugno.
배네, / 과르다 / 배네 / 일 미오 뿐뇨.
좋다, / (너는) 보라 [명령] / 잘 / 나의 주먹.

Pum!
뿜!
퍽!

 CARLOS
Ahi! Perché mi hai colpito?
아이! / 뻬르케 / 미 아이 콜삐또?
아야[의성어]! / 왜 / (너는) 나를 때렸다?

 LUCA
Ah, giusto, perdonami.
아, / 쥬ㅅ또, / 뻬르도나미.
아, / 맞는, / (너는) 나를 용서해라 [명령].

E un'altra cosa.
에 / 우날뜨라 커사.
그리고 / 다른 무언가.

Devi evitare il pugno alla fine.
데비ᵛ / 에비ᵛ따레 / 일 뿐뇨 / 알라 피ᶠ네.
(너는) ~해야 한다 / 피하다 / 주먹 / 마지막에.

C : 그래? 상대의 주먹을 잘 봐야 해?
L : 응. 너 그럴 수 있겠어?
C : 응. 해볼게.
L : 그럼 내 주먹을 잘 보고 있어.
　　펙!
C : 아야! 왜 때려?
L : 아 맞다, 미안. 한 가지 더 있어.
　　마지막에 주먹을 피해야 해.

FIRST AID KIT

2 여름에 영국에 가는데, 영어를 못 하거든.

Alessandra, puoi aiutarmi?
알레쌘드라, / 뿨이 / 아유따르미?
알레쌘드라 (여성이름), / (너는) ~할 수 있다 / 나를 돕다?

Sì. Cosa c'è?
씨. / 커사 / 채?
응. / 무슨 일 / 있다?

Vado in Inghilterra quest'estate
바ⱽ도 / 인 인길태ㄹ~라 / 꿰스떼스따네
(나는) 간다 / 영국에 / 이번 여름

e non so parlare l'inglese.
에 / 논 / 서 / 빠를라레 / 을린글레세.
그리고 (부정) / (나는) ~할 줄 안다 / 말하다 / 영어.

Puoi darmi lezioni di inglese?
뿨이 / 다ㄹ미 / 을레치ⱽ오니 / 디 인글레세?
(너는) ~할 수 있다 / 나에게 주다 / 수업들 / 영어의?

Certamente, posso darti lezioni.
체ㄹ따멘떼, / 뻐쏘 / 다ㄹ띠 / 을레치ⱽ오니.
당연하다, / (나는) ~할 수 있다 / 너에게 주다 / 수업들.

Ma non sai neanche
마 / 논 / 사이 / 네안께
하지만 (부정) / (너는) 안다 / ~도

una parola di inglese?
우나 빠럴라 / 디 인글레세?
하나의 단어 / 영어의?

V : 알레쌘드라, 나 좀 도와줄 수 있어?
A : 응, 무슨 일이야?
V : 이번 여름에 영국에 가는데, 내가 영어를 못하거든.
　　나한테 영어 과외를 해줄 수 있어?
A : 그럼, 해줄 수 있지.
　　그런데 영어 단어를 하나도 모르는 거야?

TIP

◄ **Puoi aiutarmi**
Puoi는 '~할 수 있니?'라는 뜻을 가지고 있는 동사입니다. 영어의 **can**과 같은 의미입니다. **허락과 제안, 부탁**의 용도로 쓰입니다.

Puoi toccare il vaso.
[뿨이 또까레 일 바ⱽ소.]
: 너는 화분을 만져도 돼.

Puoi prendermi il vaso?
[뿨이 쁘렌데ㄹ미 일 바ⱽ소?]
: 나에게 화분을 건네줄 수 있니?

Non sai neanche
una parola di inglese?
직역하자면 '영어 한 단어도 말할 줄 몰라?'라는 뜻입니다. 한 단어도 모를 정도로 전혀 못 하느냐는 뜻이겠지요.

Io non so parlare inglese.
이오 논 서 빠를라레 인글레세.
나는 영어를 할 줄 모릅니다.

 Sì, so parlare un po' di inglese,
씨, / 서 / 빠를라레 / 운 뻐 / 디 인글레세,
응, / (나는) ~할 줄 안다 / 말하다 / 조금 / 영어를,

ma mi preoccupa comunque.
마 / 미 쁘레어꾸빠 / 코문꿰.
하지만 / (그것은) 나에게 걱정된다 / 그래도.

 Quanto resterai in Inghilterra?
꾸안또 / 레스떼라이 / 인 / 인길때ㄹ~라?
얼마나 / (너는) 머물 것이다 / ~의 안에 / 영국?

 Resto per due settimane.
래스또 / 뻬르 / 두에 세띠마네.
(나는) 남는다 / ~동안 / 2주.

 Ti consiglio di comprare un libro
띠 콘실료 / 디 콤쁘라레 / 운 울리브로
(나는) 너에게 조언한다 / 구입하기를 / 책

di inglese per viaggiare.
디 인글레세 / 뻬르 뱌ⱽ쨔레.
영어의 / 여행을 하기 위해서.

È più efficace.
애 / 쀼 에피ᶠ카체.
(그것은) ~이다 / 더 효과적인.

V : 아니, 조금은 할 줄 알아, 하지만 어쨌든 걱정이 돼서.
A : 영국에 얼마나 머무를 거야?
V : 2주 머무를 거야.
A : 그러면 여행을 위한 영어책을 사는 걸 추천할게.
그게 더 효율적이야.

VICTOR

Grazie mille.
그라체ᶻ 밀레.
매우 감사하다.

Puoi consigliarmi qualche libro?
뿨이 / 콘실랴ᵣ미 / 꾸알께 ᄋ리ᵇ로?
(너는) ~할 수 있다 / 나에게 추천하다 / 어떤 책?

ALEJANDRA

I libri della casa editrice
이 ᄋ리ᵇ리 / 델라 / 카사 에디ᵖ리체
책들 / ~의 (전치사관사) / 출판사

'Vecchie scale' sono ben fatti.
'배ᵛ꼐 ᄼ깔레' / 쏘노 / 밴 파ᶠ띠.
'올드 스테어스' / ~이다 / 잘 만들어진.

VICTOR

Grazie.
그라체ᶻ.
고맙다.

V : 고마워. 책을 추천해줄 수 있어?
A : '올드 스테어스' 출판사 책들이 잘 되어 있어.
V : 고마워.

◀ **Puoi consigliarmi qualche libro?**
Consigliare는 추천한다는 뜻을 가진 동사입니다.
그렇다면 **추천하지 않는다**는 표현은 어떻게 해야
할까요? 동사 consigliare에 부정 형태를 붙여서
말하거나, '**그만두라고 하다**' 라는 뜻을 지닌 동사
sconsigliare [스콘실랴레] 를 사용하여 표현할 수
있습니다.

Io sconsiglio l'acquisto di questo libro.
[이오 스콘실료 ᄋ라뀌스또 디 꿰스또 ᄋ리브로.]
◀ : 그 책을 사는 것을 말릴게.

Ben
Ben은 잘이라는 뜻을 가진 부사입니다. 우리에게
익숙한 부사 **Bene의 어미를 절단**하여, 말의 흐름
을 부드럽게 하는 것이죠.

L'orologio è ben fatto.
[ᄋ로롤러쬬 애 밴 파ᶠ또.]
: 그 시계는 잘 만들어져 있다.

Bene 의 반대어로, **나쁘게**라는 의미를 가진 부사
Male도, 어미를 절단하여 사용할 수 있습니다.

L'orologio è mal fatto.
[ᄋ로롤러쬬 애 말 파ᶠ또.]
: 그 시계는 잘못 만들어져 있다.

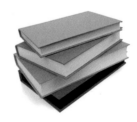

3 우리 지금 산 한가운데 있잖아.

 ELENA
Sai fare gli spaghetti?
사이 / 파f레 / 을리 스빠게띠?
(너는) ~할 줄 안다 / ~하다 / 스파게티?

 GIORGIO
Sì. Faccio gli spaghetti
씨. / 파f쵸 / 을리 스빠게띠
응. / (나는) 한다 / 스파게티

con il sugo di pomodoro.
콘 / 일 수고 / 디 뽀모더로.
~와 함께 / 소스 / 토마토의.

 ELENA
E gli spaghetti con la panna?
에 / 을리 스빠게띠 / 콘 / 을라 빤나?
그리고 / 스파게티는 / ~와 함께 / 크림?

 GIORGIO
No. Non faccio spaghetti
너. / 논 / 파f쵸 / 스빠게띠
아니. / [부정] / (나는) 한다 / 스파게티

con la panna.
콘 / 을라 빤나.
~와 함께 / 크림.

Posso fare gli spaghetti
뻐쏘 / 파f레 / 을리 스빠게띠
(나는) ~할 수 있다 / 하다 / 스파게티

con aglio e olio di oliva.
콘 / 알료 / 에 얼료 디 올리바ᵛ.
~와 함께 / 마늘 / 그리고 올리브유.

E : 너 스파게티 만들 줄 알아?
G : 토마토 스파게티 만들 줄 알아.
E : 크림 스파게티는?
G : 크림 스파게티는 할 줄 몰라.
　　마늘이랑 올리브유가 들어간 스파게티는 할 수 있어.

◁ **Spaghetti**
Spaghetti는 이탈리아의 파스타에 사용되는 면 중에서 얇고 긴 것을 의미합니다. 우리가 파스타를 먹을 때 면이 한 가닥이 아니라 여러 가닥이 나오죠? 그래서 **spaghetti**는 항상 복수 형태로 사용합니다.

◁ **Sugo di pomodoro**
이탈리아에서는 스파게티를 요리할 때 정말 다양한 재료의 소스를 사용합니다.

sugo di calamari [수고 디 칼라마리]
: 오징어 소스
sugo di polpo [수고 디 뽈뽀]
: 먹물 소스
sugo di triglie [수고 디 뜨릴례]
: 숭어 소스
pesto [뻬스또]
: 올리브유와 바질을 넣은 소스
ragù [라구]
: 미트 소스

Olio di oliva
이탈리아의 올리브유는 요리 업계에서 많은 인기를 누리고 있는데, 이것은 바로 이탈리아 올리브의 깊은 맛 덕분입니다. 이탈리아는 지중해성 기후이므로 올리브 나무가 많이 자라고, 올리브의 종류도 매우 다양합니다. 올리브 열매는 기름을 만드는 데에만 쓰 ◁ 이지 않고 피클처럼 새콤하게 절여 먹거나 흔히 피자 토핑으로 쓰이기도 합니다.

Adoro la pasta.
아도로 을라 빠스따.
나는 파스타를 좋아해!

Puoi comprare gli spaghetti
뿨이 / 콤쁘라레 / 을리 스빠게띠
(너는) ~할 수 있다 / 구입하다 / 스파게티

con la panna?
콘 / 을라 빤나?
~와 함께 / 크림?

No, siamo in mezzo a una montagna.
너, / 씨아모 / 인 매쪼 아 / 우나 몬따냐.
아니, / (우리는) 있다 / 한가운데에 / 산.

E allora?
에 알로라?
그리고 그래서?

Devo andare giù 2,000m a comprarli.
데보ᵛ / 안다레 / 쥬 / 두에밀라 매뜨리 / 아 콤쁘라를리.
(나는) ~해야 한다 / 가다 / 아래로 / 2천 미터를 / 그것들을 구입하러.

Non posso farlo.
논 / 뻐쏘 / 파ᶠ를로.
[부정] / (나는) ~할 수 있다 / 그것을 하다.

E : 크림 스파게티 사 올 수 있어?
G : 아니, 우리 지금 산 한가운데 있잖아.
E : 그래서 뭐?
G : 그래서 그거 사려면 2,000미터를 내려가야 해.
    그렇게 할 수는 없어.

◁ **Panna**
Panna는 생크림을 뜻하지만, 우리가 흔히 먹는 크림 파스타의 크림을 의미하기도 합니다. 여기서는 생크림이 아닌, 파스타에 사용된 크림 소스를 얘기하는 거겠죠?

◁ **Posso farlo**
나는 할 수 있어라는 의미로, 의지로 가득 찬 표현입니다. 그럼 상대방에게 의지를 불어 넣어주고자 할 때는 어떻게 말해야 할까요?

Puoi farlo! [뿨이 파ᶠ를로!]
: 너는 할 수 있어!

4 악기 다룰 줄 알아?

FEDERICO

Adoro il jazz.
아도로 / 일 재쯔.
(나는) 아주 좋아한다 / 재즈.

NATALIA

Sai suonare uno strumento?
사이 / 쑤오나레 / 우노 스뜨루멘또?
(너는) 할 수 있다 / 연주하다 / 악기?

FEDERICO

Suono la tromba.
쉬노 / 을라 뜨롬바.
(나는) 연주한다 / 트럼펫.

NATALIA

Sai suonare musica jazz?
사이 / 쑤오나레 / 무시카 재쯔?
(너는) 할 수 있다 / 연주하다 / 재즈 음악?

FEDERICO

No. Devo praticare di più.
너. / 데보V / 쁘라띠카레 / 디 쀼.
아니. / (나는) ~해야 한다 / 연습하다 / 더.

Tu sai suonare uno strumento?
뚜 사이 / 쑤오나레 / 우노 스뜨루멘또?
너는 할 줄 안다 / 연주하다 / 악기를?

NATALIA

No. Io non suono strumenti.
너. / 이오 / 논 / 쉬노 / 스뜨루멘띠.
아니. / 나는 / (부정) / 연주한다 / 악기들.

Ma so fare il beatbox.
마 / 서 / 파f레 / 일 빗벅스.
하지만 / (나는) ~할 줄 안다 / 하다 / 비트박스.

F : 나는 재즈를 엄청 좋아해.
N : 너는 악기를 다룰 줄 알아?
F : 트럼펫 불 줄 알아.
N : 너는 재즈 연주해?
F : 아니, 아직 더 오래 배워야 해.
너는 악기를 다룰 줄 알아?
N : 아니, 나는 악기를 다룰 줄 몰라.
하지만 나는 비트박스를 할 줄 알아.

TIP

Strumento

Strumento는 원래 도구, 기구, 기계라는 뜻입니다. **악기는 strumento musicale**인데요, 대부분 **strumento**로 줄여 말합니다.

strumento di misura
[스뜨루멘또 디 미수라]
: 측량 기기

이탈리아에는 다양한 전통 악기가 있습니다. 대부분은 목재로 만든 것이죠. 그중에서 가장 많이 알려진 **Organetto**[오르가네또]는 아코디언과 모양이 유사하지만 연주하기 더 어려운 악기입니다. 또 다른 전통 악기로는 **Ciaramella**[챠라멜라]가 있습니다.

Mi piace il rap.
미 삐체 일 랩.
나는 랩을 좋아해.

07

의문사
활용하기

의문사란?

의문사 적용 의문문

전치사 + 의문사

Come stai?
어떻게 지내시나요?

동영상 강의

세상에 질문하는 방법은 딱 두 가지가 있습니다.
그중 첫 번째는 이미 배운 내용으로,
스스로 완성된 문장을 만든 후
참인지 거짓인지를 묻는 방식입니다.

┌-- 코끼리는 사과를 먹습니다.　(평서문)
└-- 코끼리는 사과를 먹습니까?　(의문문)

누군가 이런 질문을 해온다면 우리는 '예' 혹은 '아니요'로 대답해야 합니다.
OX 퀴즈에 OX로 답하는 셈이죠.
그래서 이러한 방식의 의문문을 Yes, No 의문문이라고 부릅니다.
반면 두 번째 방법에서는 애초에 완성된 문장을 만들지 않습니다.
문장에서 **어떤 한 단어를 대신해 의문사를 집어넣는 방식**이죠.

┌-- 코끼리는 **나무 아래서** 사과를 먹습니다.　(평서문)
└-- 코끼리는 **어디에서** 사과를 먹습니까?　(의문사 의문문)

┌-- 코끼리는 **코로** 사과를 먹습니다.　(평서문)
└-- 코끼리는 **어떻게** 사과를 먹습니까?　(의문사 의문문)

┌-- 코끼리는 **아침마다** 사과를 먹습니다.　(평서문)
└-- 코끼리는 **언제** 사과를 먹습니까?　(의문사 의문문)

┌-- 코끼리는 **배고파서** 사과를 먹습니다.　(평서문)
└-- 코끼리는 **왜** 사과를 먹습니까?　(의문사 의문문)

┌-- 코끼리는 **사과를** 먹습니다.　(평서문)
└-- 코끼리는 **무엇을** 먹습니까?　(의문사 의문문)

┌-- **코끼리는** 사과를 먹습니다.　(평서문)
└-- **누가** 사과를 먹습니까?　(의문사 의문문)

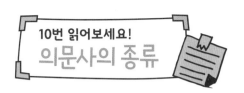

아래의 8개 의문사에 대해서 배워보도록 하겠습니다.
의문사 중에 두 가지는 단수와 복수를 구분하고, 그중 하나는 성별도 구분합니다.
어떤, 얼마나의 경우입니다. 주의해서 외워봅시다.

무엇
che cosa
[께 커사]
What *che나 cosa 중 하나를 생략해서 쓰기도 합니다.

어디
dove
[도베∨]

Where

어떻게
come
[꼬메]
How

언제
quando
[꾸안도]

When

왜
perché
[뻬르케]

Why

어떤
quale
[꽐레]
Which
 quale   quali

누구
chi
[끼]

Who

얼마나
quanto
[꾸안또]

How much / many

quanto quanta
quanti quante

이것은 얼마입니까?
Questo quanto costa?

사람들이 몇 명이나 있나요?
Quante persone ci sono?

영어에서는 의문문을 만들 때, 의문사를 문장의 제일 앞에 가져옵니다.
그리고 확실히 의문문임을 알 수 있도록 주어와 동사의 순서를 바꿔주죠.

의문사 | 동사 | 주어
Where | **are** | **you** | **?**
어디에 | 있니 | 너는

반면 이탈리아어의 의문문은 주어를 의문사보다 앞으로 가져옵니다.
어떤 큰 이유가 있어서 이동하는 것이 아니라 습관적으로 그렇게 합니다.
그래서 이탈리아어의 의문문은 오히려 우리말의 의문문과 어순이 같습니다.

▶ 너는 어디에 있니? [뚜 도베ᵛ 쌔이?]

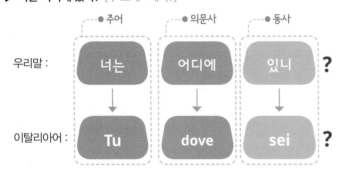

우리말 : 너는 → 어디에 → 있니 ?
이탈리아어 : Tu → dove → sei ?

앞에서 Essere동사와 일반동사의 의문문을 만들 때와 같이,
이탈리아어는 동사의 형태만으로 주어가 무엇인지 알 수 있으므로
의문사를 사용한 의문문에서도 **주어를 곧잘 생략해버립니다.**
이렇게 보니 이탈리아어의 의문사 사용법은 정말 간단하군요.

▶ 어디에 있니? [도베ᵛ 쌔이?]

의문사 | 동사
Dove | **sei** | **?**

《 더 알아
봅시다 **대명사 주어의 생략**

왜 어떤 단어는 생략이 가능하고 어떤 단
어는 안 되는 것일까요? 어떤 단어를 생
략한다는 것은 말하는 사람과 듣는 사람
이 그 내용을 빤히 안다는 것을 의미합니
다. 서로 어떤 내용인지 알 수 없는데 생
략을 할 수는 없는 노릇이니까요. 그런데
대명사도 마찬가지입니다. 서로 빤히 아는
경우에만 '그것'이라고 대명사를 통해 말할
수 있는 것이죠. 어찌 보면 대명사를 사용
한다는 것 자체가 이미 일종의 생략이라
고 볼 수 있습니다.

명사	대명사	생략
불명확할 때		명확할 때

Practice
의문사 의문문

따라 말하기

 해석을 보고, 빈 풍선에 알맞는 의문사와 단어들을 채워 보세요.

1 언제 오니?

Quando   vieni **?**

2 가격이 얼만가요?

◯ ◯ **?**

3 화장실은 어디에 있나요?

◯ ◯ ◯ **?**

4 너는 어디에 사니?

◯ ◯ **?**

5 왜 우니?

◯ ◯ **?**

6 어디에 있니?

◯ ◯ **?**

7 이름이 무엇이니?

◯ ◯ ◯ **?**

8 누구세요?

◯ ◯ **?**

9 너는 누구니?

◯ ◯ **?**

10 언제 도착하니?

◯ ◯ **?**

11 어떤 것을 원하니?

◯ ◯ **?**

12 무엇을 원하니?

◯ ◯ ◯ **?**

·정답입니다!· ① Quando vieni? ② Quanto costa? ③ Dov'è il bagno? ④ Dove abiti? ⑤ Perché piangi?
⑥ Dove sei? ⑦ Come ti chiami? ⑧ Chi è? ⑨ Chi sei? ⑩ Quando arrivi? ⑪ Quale vuoi?
⑫ Che cosa vuoi?

 성, 수에 주의하여 의문사 의문문을 만들어보세요.

1 몇 명이나 올 거야?

> Quante · persone · vengono · **?**

2 케이크 몇 개를 원하니?

3 우리에게 시간이 얼마 남아 있지?

4 너희는 총 몇 명이니?

5 신발을 몇 켤레 가지고 있니?

6 고양이 몇 마리를 키우니?

7 누가 전화했어?

8 그들은 누구인가요?

9 너희는 누구니?

10 누가 올 건가요?

11 어떤 것들을 골랐니?

12 어떤 것들을 원하니?

· 정답입니다! · ① Quante persone vengono? ② Quante torte vuoi? ③ Quanto tempo abbiamo?
④ Quanti siete in tutto? ⑤ Quante scarpe avete? ⑥ Quanti gatti avete? ⑦ Chi ha chiamato?
⑧ Chi sono? ⑨ Chi siete? ⑩ Chi viene? ⑪ Quali hai scelto? ⑫ Quali ti piacerebbero?

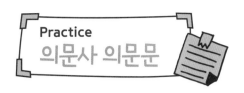

 다음 문장을 이탈리아어로 옮겨 적어 보세요.

1 돈을 얼마나 가지고 있니?　　Quanti soldi hai?

_____

2 아침에 무엇을 먹니?

_____

3 그게 뭐야?

_____

4 누가 껌을 가지고 있니?　　　　　　　　　　　　　gomma : 껌 [곰마]

_____

5 그들은 누구야?

_____

6 왜 여기에 있니?

_____

7 왜 안 되는데?

_____

8 그의 이름은 무엇이니?

_____

9 집에 어떻게 가니?

_____

10 어떻게 가는지 아니?

_____

11 무엇을 요리하니?

_____

12 뭐 하니?

_____

• 정답입니다! • 1 Quanti soldi hai? 2 Che cosa mangi a colazione? 3 Cos'è? 4 Chi ha una gomma?
5 Chi sono? 6 Perché sei qui? 7 Perché no? 8 Qual è il suo nome? 9 Come vai a casa?
10 Sai come si va? 11 Cosa cucini? 12 Cosa fai?

한눈에 배운다!
전치사 + 의문사

영어와 비슷하다

따라 말하기

'**전치**사 + 의문사'는 하나의 긴 의문사와도 같습니다. 따라서 의문사 뒤에 본 문장이 추가될 수 있습니다.
하지만 이탈리아어에서는 본 문장을 붙이지 않고 '전치사 + 의문사'로만 말하는 경우가 더 많습니다.

1 전치사 + dove

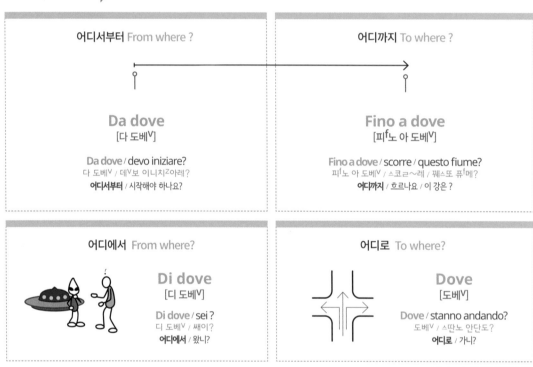

어디서부터 From where ?

Da dove
[다 도베ᵛ]

Da dove / devo iniziare?
다 도베ᵛ / 데ᵛ보 이니치ᶻ아레?
어디서부터 / 시작해야 하나요?

어디까지 To where ?

Fino a dove
[피ᶠ노 아 도베ᵛ]

Fino a dove / scorre / questo fiume?
피ᶠ노 아 도베ᵛ / 스코르~레 / 꿰스또 퓨ᶠ메?
어디까지 / 흐르나요 / 이 강은 ?

어디에서 From where?

Di dove
[디 도베ᵛ]

Di dove / sei ?
디 도베ᵛ / 쌔이?
어디에서 / 왔니?

어디로 To where?

Dove
[도베ᵛ]

Dove / stanno andando?
도베ᵛ / 스딴노 안단도?
어디로 / 가니?

*A dove는 존재하지 않습니다.

2 전치사 + quando

언제부터 Since when?

Da quando
[다 꾸안도]

Da quando / vivi / in Italia?
다 꾸안도 / 비ᵛ비ᵛ / 인 이딸리아?
언제부터 / 살았니 / 이탈리아에서?

언제까지 Until when?

지속

Fino a quando
[피ᶠ노 아 꾸안도]

Fino a quando / resterai?
피ᶠ노 아 꾸안도 / 레스떼라이?
언제까지 / 있을 거니?

언제까지 By when?

끝

Entro quando
[엔뜨로 꾸안도]

Entro quando / dobbiamo fare / i compiti?
엔뜨로 꾸안도 / 도뱌모 파ᶠ레 / 이 콤삐띠?
언제까지 / 내야 해 / 숙제들을?

3 전치사 + chi

누구에 대해서 About whom?

Su chi [수 끼] / **Di chi** [디 끼]

Su chi / scrivono?
수 끼 / 스크리보v노?
누구에 대해서 / 쓰고 있나요?

Di chi / parlano?
디 끼 / 빠를라노?
누구에 대해서 / 말하고 있나요?

누구를 위해서 For whom?

Per chi [뻬ㄹ 끼]

Per chi / è la rosa?
뻬ㄹ 끼 / 애 을라 러사?
누구를 위한 거야 / 이 장미는?

Per chi / hai comprato / quel regalo?
뻬ㄹ 끼 / 아이 콤쁘라또 / 퀠 레갈로?
누구를 위해서 / 샀니 / 그 선물을?

누구랑 With whom?

Con chi [콘 끼]

Con chi / sono?
콘 끼 / 쏘노?
누구랑 / 있니?

Con chi / vai / a cena?
콘 끼 / 바v이 / 아 체나?
누구랑 / 가니 / 저녁식사를?

누구한테 To who?

A chi [아 끼]

A chi / telefoni?
아 끼 / 텔레포f니?
누구한테 / 전화하니?

누구의 Whose?

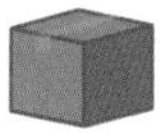

Di chi [디 끼]

Di chi / è questo?
디 끼 / 애 퀘스또?
누구의? / 이것은?

누구를 상대로 Against whom?

Contro chi [콘뜨로 끼]

Contro chi / giocano / oggi?
콘뜨로 끼 / 져카노 / 어찌?
누구를 상대로 / 시합하나 / 오늘은?

4 전치사 + che cosa

*che나 cosa 중 하나를 생략해서 쓰기도 합니다.

무엇에 관한 About what

Su cosa [수 꺼사] / **Di cosa** [디 꺼사]

Su cosa / discuti?
수 꺼사 / 디스쿠띠?
무엇에 대해서 / 토론하나?

Di cosa / parli?
디 꺼사 / 빠를리?
무엇에 대해서 / 이야기하니?

무엇으로 With what

Con cosa [콘 꺼사] / **Di cosa** [디 꺼사]

Con cosa / è fatta / questa torta?
콘 꺼사 / 애 파f따 / 퀘스따 또ㄹ따?
무엇으로 / 만들었니 / 이 케이크를?

Di cosa / è fatta / questa torta?
디 꺼사 / 애 파f따 / 퀘스따 또ㄹ따?
무엇으로 / 만들었니 / 이 케이크를?

뭐하러 For what

Per cosa [뻬ㄹ 꺼사]

Per cosa / vuoi / questo?
뻬ㄹ 꺼사 / 뷔v이 / 퀘스또?
뭐하러 / 원하니 / 이것을?

Per cosa / stai studiando?
뻬ㄹ 꺼사 / 스따이 스뚜댠도?
뭐하러 / 공부하고 있니?

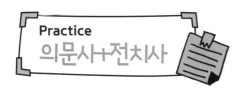

 다음을 이탈리아어로 옮겨 적어 보세요.

1 (From where?) 어디서부터

_____ - - - - - - - - - - - - - - -

2 (To where?) 어디까지

_____ - - - - - - - - - - - - - - -

3 (From where?) 어디에서

_____ - - - - - - - - - - - - - - -

4 (To where?) 어디로

_____ - - - - - - - - - - - - - - -

5 (Since when?) 언제부터

_____ - - - - - - - - - - - - - - -

6 (Until when?) 언제까지

_____ - - - - - - - - - - - - - - -

7 (By when?) 언제까지

_____ - - - - - - - - - - - - - - -

8 (About whom?) 누구에 대하여

_____ - - - - - - - - - - - - - - -

9 (For whom?) 누구를 위해서

_____ - - - - - - - - - - - - - - -

10 (With whom?) 누구랑

_____ - - - - - - - - - - - - - - -

11 (To whom?) 누구한테

_____ - - - - - - - - - - - - - - -

12 (Of whom?) 누구의

_____ - - - - - - - - - - - - - - -

13 (Against whom?) 누구를 상대로

_____ - - - - - - - - - - - - - - -

14 (About what?) 무엇에 관한

_____ - - - - - - - - - - - - - - -

15 (With what?) 무엇으로

_____ - - - - - - - - - - - - - - -

16 (For what?) 뭐하러

_____ - - - - - - - - - - - - - - -

• 정답입니다! • 　① Da dove? ② Fino a dove? ③ Di dove? ④ Dove? ⑤ Da quando? ⑥ Fino a quando?
　⑦ Entro quando? ⑧ Su chi? / Di chi? ⑨ Per chi? ⑩ Con chi? ⑪ A chi? ⑫ Di chi?
　⑬ Contro chi? ⑭ Su cosa / Di cosa? ⑮ Con cosa? ⑯ Per cosa?

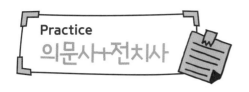 

Practice
의문사 + 전치사

 다음 문장을 이탈리아어로 옮겨 적어 보세요.

1 어디서부터 시작해야 하나요?   Da dove devo iniziare?

2 이 강은 어디까지 흐르나요?

3 너는 어디에서 왔니?

4 어디로 가니?

5 언제부터 이탈리아에 살았니?

6 언제까지 있을 거니?

7 숙제들을 언제까지 해야 하니?

8 무엇에 관해서 이야기하니?

9 이 케이크는 무엇으로 만들었니?

10 누구에 대해서 이야기하고 있나요?

11 이 장미는 누구를 위한 거니?

12 누구한테 전화하니?

· 정답입니다!
1 Da dove devo iniziare? **2** Questo fiume fino a dove scorre? **3** Di dove sei?
4 Dove stai andando? **5** Da quando vivi in Italia? **6** Fino a quando starai?
7 Entro quando devi fare i compiti? **8** Di cosa stanno parlando?
9 Con cosa è fatta questa torta? **10** Di chi stanno parlando? **11** Per chi è la rosa?
12 A chi stai telefonando?

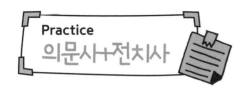

Practice
의문사+전치사

따라 말하기

 다음 문장을 이탈리아어로 옮겨 적어 보세요.

1 언제부터 이탈리아에서 살았어?　　Da quando vivi in Italia?

2 언제까지 이탈리아에 있을 거야?

3 너 누구랑 있니?

4 이거 누구 거니?

5 너 누구를 상대로 싸우니?

6 몇 시까지 자니?

7 뭐하러 이것을 원하니?

8 몇 살부터 입장할 수 있나요?

9 무엇에 대해서 이야기하나요?

• 정답입니다! ① Da quando vivi in Italia? ② Fino a quando starai in Italia? ③ Con chi stai?
④ Di chi è questo? ⑤ Contro chi combatti? ⑥ Fino a che ora dormi? ⑦ Per cosa vuoi questo?
⑧ Da che età si può entrare? ⑨ Di cosa stanno parlando?

Memo
[nota]

의문사 활용하기

1 남자친구 있어요?

VICTOR
Hai un ragazzo?
아이 / 운 라가쪼?
(너는) 가지고 있다 / 남자친구?

JULIA
Sì, ho un ragazzo.
씨, / 어 / 운 라가쪼.
응, / (나는) 가지고 있다 / 남자친구.

VICTOR
Dov'è?
도배^{V}?
(그는) 어디에 있다?

JULIA
Lui è al lavoro.
을루이 애 / 알 / 을라보^{V}로.
그는 있다 / ~에 / 직장.

VICTOR
A quest'ora?
아 / 꿰스또라?
~에 / 이 시간?

JULIA
Sì, ha un sacco di lavoro da fare.
씨, / 아 / 운 사꼬 / 디 을라보^{V}로 / 다 파^{f}레.
응, / (그는) 가지고 있다 / 한 자루 / 일의 / 해야 하는.

Ma arriverà qui.
마 / 아ㄹ~리베^{V}라 / 뀌.
하지만 / (그는) 올 것이다 / 여기.

V : 남자친구 있어?
J : 응, 남자친구 있어.
V : 어디에 있어?
J : 직장에 있어.
V : 이 시간에?
J : 응, 일이 많아서.
하지만 여기로 올 거야.

TIP

Ragazzo
연인인 남자친구를 뜻하는 단어입니다. 덧붙여 여자친구는 **ragazza**라고 부릅니다. 그리고 결혼식에서의 '신랑'은 **sposo**[스뻐소]라고 하며, 신부는 **sposa**[스뻐사]라고 합니다.

Lavoro
알고 있으면 정말 유용한 단어입니다. 일, 직장, 숙제의 뜻을 모두 가지고 있습니다. 비슷한 의미의 영어 단어인 **labor**를 알고 있다면 외우기 더 쉽겠죠?

Qui
Qui는 여기, 이곳을 의미합니다. 그렇다면 저기, 저곳을 의미하는 단어는 무엇일까요? 바로 **Là**입니다.

Ti amo follemente.
띠 아모 폴^{f}레멘떼.
미치도록 사랑해.

 Quando viene?
꾸안도 / 볘ⱽ네?
(그는) 언제 / 온다?

 Lui viene tra 5 minuti.
을루이 볘ⱽ네 / 뜨라 / 친꿰 미누띠.
그는 온다 / ～의 안에 / 5분.

 Allora ti lascio.
알로라 / 띠 올라쇼ˢʰ.
그렇다면 / (나는) 너를 내버려 둔다.

V : 언제 와?
J : 5분 뒤에 와.
V : 그렇다면 나는 이만 가볼게.

2 **O점 맞겠네.**

 Come stai, Massimo?
꼬메 ㅅ따이, / 마씨모?
(너는) 어떻게 지낸다, / 마씨모 [남성이름]?

 Sto bene. E tu Teresa?
ㅅ떠 / 배네. / 에 / 뚜 / 떼레사?
(나는) 있다 / 잘. / 그리고 / 너는 / 떼레사 [여성이름]?

 Sto bene. Hai ripassato molto?
ㅅ떠 / 배네. / 아이 리빠싸또 / 몰또?
(나는) 있다 / 잘. / (너는) 복습했다 / 많이?

 Che vuoi dire?
께 / 붜ⱽ이 / 디레?
(너는) 무엇을 / 원한다 / 말하다?

 T : 마씨모, 잘 지내?
M : 나는 잘 지내지. 떼레사, 너는?
T : 나도 잘 지내. 복습 잘했어?
M : 무슨 말이야?

◀ **Allora ti lascio**
직역하면 '그러면 난 널 내버려 둘게.'이지만, '저는 이만 가보겠습니다.'라는 뜻으로 사용되는 표현입니다. 영어의 'I'm gonna leave you.'라는 표현과 비슷합니다.

◀ **Massimo**
한국에서도 유명한 Massimo Dutti, 다들 한 번쯤은 들어보셨죠? 원래는 스페인의 회사이지만 이탈리아 남자 이름을 브랜드명으로 사용하고 있죠. 이탈리아에서는 massimo [마씨모] 는 최고, 최대라는 뜻도 갖고 있습니다. 그럼 최소는 무엇일까요? 바로 minimo [미니모]입니다.

TERESA

Abbiamo un test di matematica oggi.
아뺘모 / 운 때스뜨 / 디 마떼마띠카 / 어찌.
(우리는) 가지고 있다 / 시험 / 수학의 / 오늘.

MASSIMO

Che cosa? Non è vero.
께 커사? / 논 / 애 / 베ˇ로.
무엇? / [부정] / (그것은) ~이다 / 사실.

TERESA

Sì, è vero.
씨, / 애 / 베ˇ로.
응, / (그것은) ~이다 / 사실.

MASSIMO

Da quando lo sai?
다 / 꾸안도 / 을로 / 사이?
~부터 / 언제 / 그것을 / (너는) 안다?

TERESA

Dalla settimana scorsa.
달라 / 세띠마나 / ˌ스코ㄹ사.
~부터 / 주 / 지난.

MASSIMO

Prenderò uno 0.
ㅃ랜데러 / 우노 제로.
(나는) 받을 것이다 / 0.

T : 오늘 수학 시험 있잖아.
M : 뭐라고? 거짓말이지?
T : 아니, 진심인데.
M : 언제 말했어?
T : 저번 주부터 있었지.
M : 0점 맞겠네.

◀ **Matematica**
이탈리아 학생들은 matematica(수학)를 줄여서 Mate 라고 부릅니다. geografia(지리학) 의 경우에도 Geo라고 줄여 부릅니다.

◀ **Vero**
Vero 는 진짜의 라는 형용사입니다. 그러면 진실이라는 명사는 무엇일까요? verità 라고 합니다. 이탈리아 로마의 산타마리아 인 코스메딘 성당에는 '진실의 입 (la bocca della verità)' 이라고 불리는 조형물이 있습니다. 오드리 헵번이 나오는 유명한 영화 〈로마의 휴일〉에도 등장하죠. 한때 맨홀로도 쓰인 적이 있는 이 조형물은, 강의 신 홀르비오의 얼굴을 새겨넣은 것입니다. 조형물의 입에 손을 넣고 말을 했을 때, 거짓이면 손이 잘린다는 전설이 있습니다.

Da
Da 는 '~에서, ~로부터'를 의미하는 전치사로, 장소, 시간, 순서나 범위 등을 나타내는 단어입니다.

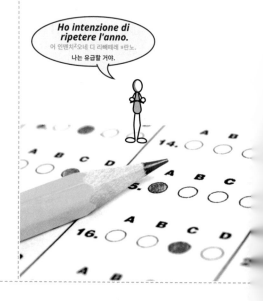

Ho intenzione di ripetere l'anno.
어 인땐치오네 디 리뻬떼레 ㄹ란노.
나는 유급할 거야.

3 그런 상태로 어디를 가는 거야?

 VICTOR
Dove stai andando vestito così?
도베ᵛ / ㅅ따이 / 안단도 / 베ᵛㅅ띠또 / 코씨?
어디로 / (너는) ~있다 / 가는 / 옷을 입은 / 그렇게?

 ALEJANDRA
Fuori.
풔ᶠ리.
밖에.

 VICTOR
Fuori dove?
풔ᶠ리 / 도ᵛ베?
밖에 / 어디?

 ALEJANDRA
Vado a vedere i miei amici.
바ᵛ도 / 아 베ᵛ데레 / 이 미에이 아미치.
(나는) ~할 것이다 / 보는 것 / 나의 친구들.

 VICTOR
Quali amici?
꽐리 아미치?
어떤 친구들?

 ALEJANDRA
I miei amici di scuola.
이 미에이 아미치 / 디 ㅅ쿨라.
나의 친구들 / 학교의.

V : 그런 꼬락서니로 어디를 가는 거야?
A : 밖에.
V : 밖에 어디?
A : 친구들 보러 가.
V : 친구들 누구?
A : 학교 친구들.

 TIP

Così
Così는 그렇게, 이렇게를 의미하는 단어입니다. 영어의 like this, like that 과 같죠.

Fallo così.
[팔로 코씨.]
: 이렇게 해.

Dove stai andando vestito così?
[도베ᵛ ㅅ따이 안단도 베ᵛㅅ띠또 코씨?]
: 그렇게 하고 어디 가니?

Fuori
Fuori는 밖에, 밖으로를 의미합니다. 그럼 반대되는 말도 배워야겠죠? 안에, 안으로를 의미하는 이탈리아어는 **dentro**입니다.

Scuola
초 · 중 · 고등학교를 지칭하는 말은 다음과 같습니다.

scuola elementare   : 초등학교
[스쿨라 엘레멘따레]

scuola media   : 중학교
[스쿨라 매댜]

liceo   : 고등학교
[울리채오]

università   : 대학교
[우니베ᵛㄹ시따]

덧붙여, 학교를 교육과정별로 분류하여 부르는 말도 있습니다.

scuola primaria   : 첫 번째 학교
[스쿨라 쁘리마랴]   (초등학교)

scuola secondaria   : 두 번째 학교
[스쿨라 세콘다랴]   (중학교, 고등학교)

Loro sono i miei migliori amici.
을로로 쏘노 이 미에이 밀리오리 아미치.
그들은 나의 제일 친한 친구들이야.

Voglio i nomi.
벌ᵛ료 / 이 노미.
(나는) 원한다 / 이름들.

Luca, Carlo, Andrea.
울루카, 카를로, 안드래아.
루카 남성이름, / 카를로 남성이름, / 안드래아 남성이름.

Non uscire con loro.
논 / 우쉬sh레 / 콘 / 을로로.
부정 / (너는) 나가라 명령 / ~와 함께 / 그들.

Ma sono miei amici!
마 / 쏘노 / 미에이 아미치!
하지만 / (그들은) ~이다 / 나의 친구들!

Pensi di continuare
뻰시 / 디 콘띠놔레
(너는) 생각한다 / 계속하는 것

a far birichinate con loro?
아 파ᶠ르 / 비리끼나떼 / 콘 / 을로로?
~하는 것 / 말썽 / ~와 함께 / 그들?

Andremo a fare una passeggiata.
안드레모 / 아 파ᶠ레 / 우나 빠쎄쨔따.
(우리는) 갈 것이다 / ~하러 / 산책.

E a fare birichinate.
에 / 아 파ᶠ레 / 비리끼나떼.
그리고 / ~하러 / 말썽들.

V : 이름 대.
A : 루카랑 카를로랑 안드래아.
V : 그 애들이랑 다니지 마.
A : 내 친구들이야!
V : 그 애들이랑 또 바보 같은 짓을 할 거잖아!
A : 돌아다닐 거야.
V : 그리고 바보 같은 짓도 하겠지.

◀ **Con**
Con은 '~와, ~와 함께, ~와 더불어'의 뜻을 가진 전치사입니다.

caffè con il latte
[카패ᶠ 콘 일 을라떼]
: 우유를 탄 커피

Vado al cinema con il mio ragazzo.
[바ᵛ도 알 치네마 콘 일 미오 라가쪼.]
: 나는 남자친구와 영화관에 가.

◀ **Birichinata**
Far birichinate 는 말썽을 부리다, 장난을 치다라는 표현입니다. 그렇다면 장난꾸러기, 말썽쟁이는 뭐라고 부를까요? birichino, birichina 라고 합니다.

Lei è molto birichina.
[울래이 애 몰또 비리끼나.]
: 그녀는 아주 장난꾸러기야.

Mio figlio è molto birichino.
[미오 필료 애 몰또 비리끼노.]
: 내 아들은 아주 장난꾸러기야.

 ALEJANDRA

Uffa. Me ne vado.
우파ᶠ. / 메 네 바ᵛ도.
아이고 [의성어]. / 나는 간다.

 VICTOR

No. Tu non esci!
너. / 뚜 논 에쉬ˢʰ!
아니. / 너는 나가지 마 [명령]!

Bam!
밤!
쾅 [의성어]!

A : 어휴, 나 나간다.
V : 아니, 너 나가지 마!
　　쾅!

4 오늘 우리 만나기로 했잖아.

 AMALIA

Pronto, Paolo!
쁘론또, / 빠올로!
여보세요, / 빠올로 [남성이름]!

 PAOLO

Sì, Amalia. Che c'è?
씨, 아말랴. / 께 / 채?
응, 아말랴 [여성이름]. / 무엇이 / 있다?

 AMALIA

Dove sei?
도베ᵛ 쌔이?
(너는) 어디 있다?

 PAOLO

Sono seduto su una panchina.
쏘노 / 세두또 / 수 / 우나 빤끼나.
(나는) ~이다 / 앉아 있는 / ~의 위에 / 벤치.

A : 여보세요, 빠올로?
P : 응, 아말랴. 무슨 일이야?
A : 너 어디야?
P : 나는 벤치에 앉아있어.

 TIP

◀ **Uffa**

Uffa 는 이탈리아의 감탄사입니다. uffa는 피로를 뜻하는 단어로, 의미가 확장되어 불쾌함이나 혐오를 나타낼 때도 많이 사용합니다.

Uffa che noia.
[우파ᶠ 께 너야.]
: 너무 지루해.

Uffa sono stanco.
[우파ᶠ 쏘노 스딴코.]
: 피곤해.

Uffa, smettila!
[우파ᶠ, 스메띨라!]
: 그만해!

◀ **Pronto**

전화를 받을 때 항상 pronto 라고 말하세요. 우리말의 여보세요 에 해당되는 말입니다. 원래는 '준비된' 이라는 뜻의 형용사입니다. 남성형은 pronto, 여성형은 pronta 죠. 하지만 전화를 받을 땐 항상 남성형인 pronto 만 사용합니다.

> *Pronto, è il ristorante di Hong Kong?*
> 쁘론또, 애 일 리스또란떼 디 홍콩?
> 여보세요, 홍콩반점이죠?

Una panchina? Quale panchina?

AMALIA

우나 빤끼나? / 꽐레 빤끼나?
벤치? / 어떤 벤치?

 Nel parco accanto a casa mia.

PAOLO

넬 / 빠르코 / 아깐또 아 / 카사 미아.
~안에 / 공원 / ~의 옆 / 나의 집에.

 Perché sei lì?

AMALIA

뻬르케 / 쌔이 / 을리?
왜 / (너는) 있다 / 거기?

 Che vuoi dire?

PAOLO

께 / 붜ᵛ이 / 디레?
(너는) 무엇을 / 원한다 / 말하다?

 Oggi abbiamo un appuntamento.

AMALIA

어찌 / 아뺘모 / 운 아뿐따멘또.
오늘 / (우리는) 가지고 있다 / 약속.

 Come? Che giorno è oggi?

PAOLO

꼬메? / 께 죠르노 / 애 / 어찌?
뭐라고? / 어떤 요일 / ~이다 / 오늘?

 Oggi è venerdì.

AMALIA

어찌 / 애 / 베ᵛ네르디.
오늘은 / ~이다 / 금요일.

 Ah caspita!

PAOLO

아 카ᵆ삐따!
아 이런!

A : 벤치에? 벤치가 어디에 있어?
P : 우리 집 옆에 있는 공원에 있어.
A : 왜 거기에 있는 거야?
P : 무슨 말이야?
A : 오늘 우리 만나기로 약속했잖아.
P : 뭐라고? 오늘 무슨 요일인데?
A : 오늘 금요일이잖아!
P : 이런…

◀ **Panchina**

Panchina는 벤치를 의미하기도 합니다. 기타 다양한 종류의 의자를 표현하는 단어가 있습니다.

Io sono sulla panchina.
[이오 쏘노 쑬라 빤끼나.]
: 나는 벤치에 앉는다.

Io sono sul divano.
[이오 쏘노 쑬 디바ᵛ노.]
: 나는 소파에 앉는다.

Io sono sulla sedia.
[이오 쏘노 쑬라 새댜.]
: 나는 의자에 앉는다.

Appuntamento

◀ Appuntamento는 데이트를 의미하기도 하지만 약속, 일정이라는 뜻도 있습니다.

Ho un appuntamento dal medico.
[어 운 아뿐따멘또 달 매디코.]
◀ : 병원에 예약되어 있어.

Ho un appuntamento con la mia ragazza.
[어 운 아뿐따멘또 콘 올라 미아 라가짜.]
: 여자친구와 데이트를 해.

Che giorno è oggi?

직역하면 '오늘은 무슨 날이야?'지만, 오늘이 무슨 요일이야? 라는 의미로 사용됩니다.

◀ **Caspita!**

Caspita는 놀라움, 당황과 분노를 나타내는 단어입니다. 한국말로 번역하면 '이런!' 또는 '저런!' 정도가 되겠죠?

5 무엇을 찾으시나요?

JAVIER

Buongiorno, signora. Che cosa cerca?
본죠ㄹ노, / 신뇨라. / 께 커사 / 체르카?
안녕하세요, / 부인. / 무엇을 / 찾습니다?

ELENA

Vorrei un chilo di uva
보ᵛㄹ~래이 / 운 낄로 디 우바ᵛ
(저는) 원합니다 / 1킬로의 포도

e una lattuga, per favore.
에 / 우나 ㅇ라뚜가, / 뻬ㄹ 파ᶠ보ᵛ레.
그리고 / 하나의 양상추, / 부탁합니다.

JAVIER

Ha bisogno di qualcos'altro?
아 / 비손뇨 / 디 꽐커쌀뜨로?
(당신은) 가지고 있습니다 / 필요 / 다른 것들의?

ELENA

Ah sì! Avete delle ciliegie?
아 씨! / 아베ᵛ떼 / 델레 칠래제?
아 네! / (당신들은) 가지고 있습니다 / 체리들?

JAVIER

No, signora, non è ancora
너, 신뇨라, / 논 / 애 / 안코라
아니요, 부인, / [부정] / ~입니다 / 아직

la stagione delle ciliegie.
ㅇ라 ㅅ따죠네 / 델레 / 칠래제.
계절 / ~의[전치사관사] / 체리들.

Se no ho la melagrana.
세 너 / 어 / ㅇ라 멜라그라나.
아니면 / (저는) 가지고 있습니다 / 석류.

J : 안녕하세요, 부인. 무엇을 찾으시나요?
E : 포도 1킬로그램이랑 양상추 하나 주세요.
J : 필요하신 거 더 있나요?
E : 아, 네. 체리 있나요?
J : 아뇨, 부인, 아직 체리의 제철이 아니에요.
　　석류는 있습니다.

TIP

Uva
Uva는 포도를 의미합니다. 이탈리아는 포도 생산에 알맞은 기후를 가지고 있어 모든 지역에서 와인을 생산합니다. 와인 생산량은 매해 세계 1, 2위를 다툴 정도죠. 와인 제조 기술도 매우 발달해서 이탈리아 와인은 다른 나라의 와인보다 매우 풍부한 맛을 자랑합니다. 와인의 종류도 천차만별인데요. 별도의 숙성 기간을 거치지 않고 첨가물을 넣지 않은 와인, 흰 포도로 만든 화이트 와인, 포도를 아주 천천히 짜서 만든 분홍빛의 로제 와인, 로제 와인보다 훨씬 진한 레드 와인 등이 대표적입니다. 그중 이탈리아인들이 특히 많이 마시는 와인은 이탈리아의 대표적인 화이트 와인 Prosecco입니다. 주로 이탈리아 북부에서 생산되며, '스파클링 와인'과 '스틸 와인'이라는 두 가지 종류가 있습니다. 가볍게 마실 수 있어서 대중적입니다.

Ha bisogno di qualcos'altro?
'필요하신 게 더 있으신가요?'라는 문장으로, 장을 보러 가면 자주 들을 수 있는 표현입니다.

Signora
여자를 정중하게 부르는 표현입니다. 남자를 정중하게 부를 때는 signore [신뇨레] 라고 합니다. 보다 나이가 젊은 남자를 정중하게 부를 때는 signorino [신뇨리노], 젊은 여자는 signorina [신뇨리나] 라고 부릅니다.

Se no
Se no는 영어의 if not과 같은 뜻을 가지고 있습니다. 아니면, 그렇지 않으면을 의미하지요.

ELENA

No, grazie, va bene.
너, / 그라체^{Z}, / 바^{V} 배네.
아뇨, / 감사합니다, / 괜찮습니다.

Quando è la stagione delle ciliegie?
꾸안도 애 / 울라 ㅅ따죠네 / 델레 칠래제?
언제 ~입니다 / 계절 / ~의 (전치사관사) / 체리들?

JAVIER

È in estate, intorno a giugno.
애 / 인 / 에ㅅ따떼, / 인또ㄹ노 / 아 쥬뇨.
(그것은) ~입니다 / ~ 안에 / 여름, / 주변 / 6월에.

ELENA

Quali frutti tropicali avete?
꽐리 / ㅍ^{f}루띠 / ㄸ로삐칼리 / 아베^{V}떼?
(당신들은) 어떤 / 과일들 / 열대의 / 가지고 있습니다?

JAVIER

Ho dell'ananas.
어 / 델 / 라나나ㅅ.
(나는) 가지고 있습니다 / 몇몇의 파인애플.

ELENA

Voglio prendere anche un ananas.
벌^{V}료 / ㅃ랜데레 / 안께 / 운 아나나ㅅ.
(나는) 원합니다 / 가져가다 / ~도 / 파인애플.

Quanto costa in totale?
꾸안또 / 코ㅅ따 / 인 또딸레?
얼마나 / 비용이 든다 / 통틀어?

E : 아뇨, 괜찮습니다.
체리는 제철이 언제인가요?
J : 여름입니다. 6월쯤이요.
E : 열대 과일은 무엇이 있나요?
J : 파인애플과 석류가 있습니다.
E : 파인애플도 하나 주세요.
합해서 얼마예요?

TIP

Va bene

직역하면 '잘 가다'이지만, 해석하면 괜찮습니다 입니다. 알아두면 유용한 대화체 표현입니다.

Intorno

Intorno는 주위에, 주변에, 근처에라는 뜻으로 가까이 있음을 나타냅니다. 따라서 수량을 나타낼 때도, 가량, 대략, ~정도를 뜻하게 됩니다.

intorno a **giugno**
[인또ㄹ노 아 쥬뇨]
: 6월쯤에

intorno a **casa mia**
[인또ㄹ노 아 카사 미아]
: 나의 집 주위에

Ananas

이탈리아에서는 파인애플을 ananas라고 부릅니다. ananas는 옛날 과라니의 인디안 언어에서 유래한 이름이라고 합니다. 현재 파인애플은 주로 남미, 하와이, 플로리다 등에서 재배됩니다.

Quanto costa

이탈리아어로 상품의 가격이 얼마인지 물어보고 싶을 때는 quanto viene? [꾸안또 볘v네?] 라고 말하기도 합니다.

Questa anguria è deliziosa.
꿰ㅅ따 안구랴 애 델리치^{Z}오사.
이 수박은 맛있어.

 € 3,50 per l'uva,
뜨레 애우로 에 친꽌따 / 뻬르 / 을루바ⱽ,
3유로 50센트 / ~에 대해 / 포도,

90 centesimi per la lattuga
노반ⱽ따 첸때시미 / 뻬르 / 을라 라뚜가
90센트 / ~에 대해 / 양배추

e €1,50 per l'ananas.
에 / 운 애우로 에 친꽌따 / 뻬르 / 을라나나ᶳ.
그리고 / 1유로 50센트 / ~에 대해 / 하나의 파인애플.

€5,90 in totale.
친꿰 애우로 에 노반ⱽ따 / 인 또딸레.
5유로 90센트입니다 / 통틀어.

 Ecco, grazie. Arrivederci.
애꼬, / ᵍ라쳬ᶻ. / 아르~리베ⱽ데르치.
여기 있습니다, / 감사합니다. / 안녕히 계세요.

 Arrivederci, signora.
아르~리베ⱽ데르치, / 신뇨라.
안녕히 가세요, / 부인.

J : 자, 포도 3유로 50센트,
  양상추 90센트,
  그리고, 파인애플 1유로 50센트.
  총 5유로 90센트입니다.
E : 여기요. 감사합니다. 안녕히 계세요.
J : 안녕히 가세요, 부인.

◀ **90 centesimi**

공식적으로 1유로는 100 centesimi[첸또 첸때시미]
입니다. 유로화를 사용하기 이전, 이탈리아는 리라
(lira)화를 사용했는데, centesimo는 그 당시의 최
하위 화폐 단위였습니다.

€5.90

이탈리아어로 가격을 말하는 여러 가지 방법이 있습
니다.

cinque euro e novanta centesimi
[친꿰 에우로 에 노반ⱽ따 첸때시미]
◀ : 5유로 그리고 90센트

cinque euro e novanta
[친꿰 에우로 에 노반ⱽ따]
: 5유로 그리고 90

cinque e novanta
[친꿰 에 노반ⱽ따]
: 5 그리고 90

◀ **Arrivederci**

'A rivederci (~한 때에 우리는 본다)'에서 유래
된 말입니다. 우리가 볼 때까지라는 의미로 헤어
질 때 일상적으로 쓰는 인사말입니다. 또 다른 말
로는 addio 가 있습니다. a Dio 에 유래된 말인데
요. a Dio 를 직역하면 하느님에게, 주에게를 의
미하지만, addio라고 붙여 쓰면 '안녕히 계세요,
안녕히 가세요, 잘 가' 라는 의미로 사용됩니다. 이
때, addio는 일상적으로 헤어질 때 쓰기 보다는
작별인사를 할 때 사용합니다. 여기서 Dio에 대해
좀 더 자세히 살펴보면, 대문자로 시작하는 Dio 는
하나님을 뜻하고, 소문자로만 적힌 dio 는 보편적
인 신을 뜻합니다. 이탈리아는 가톨릭 국가이기 때문
에 언어에도 종교적인 문화가 많이 녹아있습니다.
여기서 생각나는 표현이 하나 더 있네요.

Oh mio Dio! [오 미오 디오!]
: 신이시여! (Oh, my god!)

6 같이 축구 할래?

Ehi, Vincenzo.
에이, 빈ᵛ첸초ᶻ.
어이, 빈첸초 [남성이름].

Ti piacerebbe giocare a calcio?
띠 / 뺘체래뻬 / 죠카레 / 아 칼쵸?
너에게 / 원함을 받는다 / 놀다 / 축구로?

No. Mi dispiace, Alberto.
너. / 미 / 디스뺘체, / 알배르또.
아니. / 나에게 / 미안함을 받는다, / 알배르또 [남성이름].

Non posso.
논 / 뻐쏘.
[부정] / (나는) 할 수 있다.

Perché non puoi?
뻬르케 / 논 / 뿨이?
왜 / [부정] / (너는) 할 수 있다?

Perché devo andare da
뻬르케 / 데보ᵛ / 안다레 / 다
왜냐하면 / (나는) ~해야 한다 / 가다 / ~로

qualche parte.
꽐께 빠르떼.
어느 장소.

Dove stai andando?
도베ᵛ / ㅅ따이 / 안단도?
어디로 / (너는) ~있다 / 가는?

A : 빈첸초, 같이 축구 할래?
V : 아니, 미안해 알베르또, 지금은 축구 못 해.
A : 왜 못 해?
V : 어디 가야 하거든.
A : 어디 가는데?

Calcio
이탈리아에서는 calcio (축구) 와 같이 공을 다루는 스포츠를 굉장히 즐깁니다. 이탈리아어로 공을 palla [빨라] 라고 하는데, 스포츠 종목에 palla 가 붙으면 대부분 공을 다룹니다.

Palla**canestro** [빨라카네스뜨로] : 농구
Palla**volo**　　　 [빨라볼ᵛ로]　 : 배구
Palla**nuoto**　　 [빨라눠또]　　 : 수구

Mi dispiace
Dispiacere 는 싫어하다 라는 뜻을 지닌 동사로, 부정을 나타내는 접두사 dis 와 '좋아하다'라는 의미의 동사 piacere가 결합 한 형태입니다. 따라서 mi dispiace를 직역하면 '저는 좋지 않습니다' 라는 뜻으로, '죄송합니다, 유감입니다'를 의미하게 됩니다.

Qualche
Qualche와 alcuni는 모두 몇몇의, 어떤이라는 의미를 가지고 있지만 qualche는 단수명사와, alcuni는 복수명사와 함께 쓰인다는 점에서 차이가 있습니다. 그러므로 qualche는 형태가 변하지 않고 alcuni는 뒤에 오는 명사의 성에 따라 alcuni/alcune로 형태가 변합니다.

qualche amico
[꽐께 아미코]
: 어떤 친구

Alcuni amici
[알쿠니 아미치]
: 몇몇 친구들

 Devo andare dal dentista.
데보ˇ / 안다레 / 달 덴띠스따.
(나는) ~해야 한다 / 가다 / 치과의사에게.

 Quando torni?
꾸안도 / 또르니?
(너는) 언제 / 돌아온다?

 Torno tra un'ora.
또르노 / 뜨라 / 우노라.
(나는) 돌아온다 / ~안에 / 한 시간.

 Ok. Ti aspetto al campo da calcio.
오캐이. / 띠 아스빼또 / 알 / 캄뽀 다 칼쵸.
알겠어. / (나는) 너를 기다린다 / ~에서 / 축구 경기장.

 Quanti siete?
꾸안띠 / 씨에떼?
얼마나 / (너희는) ~이다?

 Siamo nove, dieci con te.
씨아모 / 너베ˇ, / 대치 / 콘 / 떼.
(우리는) ~이다 / 9, / 10 / ~와 함께 / 너.

 Chi c'è?
끼 / 채?
누구 / 있다?

V : 치과에 가야 해.
A : 언제 돌아와?
V : 1시간 뒤에 돌아와.
A : 알았어, 그러면 우리는 축구장에서 기다리고 있을게.
V : 너희 몇 명인데?
A : 우리는 아홉 명이야, 너까지 하면 열 명.
V : 누구누구 있어?

◀ **Andare dal dentista.**
직역하면 치과의사를 만나러 간다는 의미로, 치과에 간다는 표현입니다. 이탈리아에서는 상점에 갈 때, 장소를 나타내는 대신 전치사 di + 직업이라는 표현을 사용해 어떤 직업의 사람을 만나러 간다고 표현하기도 합니다.

Andare dal panettiere.
[안다레 달 빠네때레.]
: 빵집에 간다.

Andare dal parrucchiere.
[안다레 달 빠르~루꺠레.]
: 이발소에 간다.

◀ **Campo da calcio**
Campo 라고 하면 보통 땅, 토지를 의미하지만, 어떤 활동을 위한 장소 라는 뜻도 있습니다. 그래서 campo da calcio이라고 하면 축구장, campo di battaglia라고 하면 전쟁터가 되는 거죠.

Torno tra una settimana.
또르노 뜨라 우나 세띠마나.
나는 일주일 뒤에 돌아온다.

Ci sono i ragazzi della nostra classe,

치 쏘노/ 이 라가찌 / 델라 너ㅅ뜨라 클라쎄,

〜들이 있다 / 남자애들 / 〜의 (전치사관사) / 우리 반,

come Roberto, Filippo, Cristiano.

꼬메 / 로배르또, / 필f리뽀, / 크리스땨노.

〜와 같은 / 로배르또 (남성이름), / 필리뽀 (남성이름), / 크리스땨노 (남성이름).

E ci sono anche altri amici.

에 / 치 쏘노/ 안께 / 알뜨리 아미치.

그리고 / 〜들이 있다 / 〜도 / 다른 친구들.

Va bene,

바V 배네,

그래,

ci vediamo tra un'ora.

치 베V댜모 / 뜨라 / 우노라.

(우리는) 보자 (명령) / 〜의 사이에 / 한 시간.

A : 우리 반 애들 로배르또, 필리뽀, 크리스땨노.
　　그리고 몇몇 다른 친구들도 있어.

V : 알겠어, 1시간 뒤에 보자.

◀ **Come**
Come는 영어의 like 와 같은 뜻을 가지고 있습니다. ~처럼, ~과 같이를 의미하지요.

come prima
[꼬메 쁘리마]
: 예전처럼(Like before)

◀ **Ci vediamo tra un'ora.**
불규칙동사 vedere는 보다라는 뜻입니다. 따라서 문장을 직역하면 서로를 보다, 즉 만나다를 의미하게 됩니다.

7 알래스카로 가.

CARLOTA
Amico, tra poche settimane
아미코, / ㄸ라 / 뻐께 세띠마네
친구, / ~ 사이에 / 몇 주

parto per un viaggio.
빠ㄹ또 / 뻬ㄹ / 운 뱌^{V}쬬.
(나는) 출발한다 / ~를 위해 / 여행.

YOOMIN
Dove vai ?
도베^{V} 바이^{V}?
(너는) 어디로 간다?

CARLOTA
Parto per l'Alaska.
빠ㄹ또 / 뻬ㄹ / 을랄라ㅅ카.
(나는) 출발한다 / ~로 / 알래스카.

YOOMIN
Per l'Alaska? Perché?
뻬ㄹ / 을랄라ㅅ카? / 뻬ㄹ케?
~로 / 알래스카? / 왜?

CARLOTA
Perché voglio vedere i pinguini.
뻬ㄹ케 / 벌^{V}료 / 베^{V}데레 / 이 삔귀니.
왜냐하면 / (나는) 원한다 / 보다 / 펭귄들.

YOOMIN
Ma non ci sono pinguini in Alaska.
마 / 논 / 치 쏘노 / 삔귀니 / 인 / 알라ㅅ카.
하지만 / 부정 / ~들이 있다 / 펭귄 / ~에 / 알래스카.

C : 친구야, 나 몇 주 뒤에 여행 가.
Y : 어디로 가?
C : 알래스카로 가.
Y : 알래스카에? 왜?
C : 펭귄이 보고 싶어서.
Y : 알래스카에는 펭귄이 없는걸.

TIP

Tra poche settimana

Tra poche settimane는 몇 주 안에를 뜻합니다. tra는 '~사이에, ~안에'를 의미하는 전치사입니다. 비슷한 다른 말로는 fra가 있는데요. tra를 대신해서 fra를 써도 됩니다. 대신 뒤에 오는 명사와 발음이 겹칠 때는 번갈아 가며 써줍니다.

tra tre giorni	(X)	: 3일 내에
fra tre giorni	(O)	
fra fratellini	(X)	: 형제 사이에
tra fratellini	(O)	

Viaggiare con lo zaino in spalla.
바^{V}쨔레 콘 을로 자^{Z}이노 인 ㅅ빨라.
나는 배낭 여행을 한다.

Per l'Alaska? / To Alaska?

Per는 어디로를 뜻하는 전치사입니다. 영어의 전치사 'to'와 비슷합니다.

In Alaska

In은 '~안에, ~안에서'를 의미하는 전치사입니다. 영어의 전치사 'in'과 비슷합니다.

CARLOTA

Che cosa dici?

께 커사 / 디치?
무엇을 / (너는) 말한다?

YOOMIN

I pinguini vivono nell'Antartide,

이 삔귀니 / 비ᵛ보ᵛ노 / 넬란따르띠데,
펭귄들은 / 산다 / 남극에,

in Sud Africa, Australia eccetera.

인 수ᵈ 아ᵖ리카, / 아우ᶳ뜨랄랴 / 에채떼라.
아프리카 남부에, / 호주 / 등등.

◀ **Eccetera**
이탈리아에서도 영어와 마찬가지로 '등등'을 나타낼 때 라틴어에서 유래한 eccetera 를 사용합니다.

Ci sono gli orsi polari in Alaska.

치 쏘노 / 을리 오르시 / 뽈라리 / 인 / 알라ᶳ카.
있다 / 곰들 / 극지대 / ~ 안에 / 알래스카.

CARLOTA

Non mi piacciono gli orsi polari.

논 / 미 / 뺘쵸노 / 을리 오르시 / 뽈라리.
부정 / 나에게 / 좋아함을 받는다 / 곰들 / 극지대.

YOOMIN

Gli orsi polari sono così carini!

을리 오르시 뽈라리 / 쏘노 / 코씨 카리니!
북극곰들 / ~이다 / 엄청 귀여운!

◀ **Carino**
carino 는 귀여운 을 뜻하는 형용사입니다. 예쁘거나 귀여운 여성을 가리키고 싶을 때는 성별에 맞춰 carina 라고 부릅니다.

CARLOTA

No. Ho bisogno di cambiare

너. / 어 비손뇨 / 디 캄뱌레
아니. / (나는) 가지고 있다 / 필요 / 바꾸는 것의

la destinazione.

을라 데ᶳ띠나치ᶻ오네.
목적지.

C : 그게 무슨 말이야?
Y : 펭귄들은 남극, 남아프리카, 호주 같은 곳에 살아.
　　알래스카에는 북극곰이 있어.
C : 나는 북극곰을 좋아하지 않아.
Y : 북극곰들이 얼마나 귀여운데!
C : 아니야, 목적지를 바꿔야 해.

 Dove vuoi andare?
도베ⱽ / 붜ⱽ이 / 안다레?
(너는) 어디로 / 원한다 / 가다?

 Vado in Australia.
바ⱽ도 / 인 아우ㅅ뜨랄랴.
(나는) 간다 / 호주로.

 Perché l'Australia?
뻬르케́ / 을라우ㅅ뜨랄랴?
왜 / 호주?

 Voglio vedere i pinguini e i canguri.
벌ⱽ료 / 베ⱽ데레 / 이 삔귀니 / 에 / 이 칸구리.
(나는) 원한다 / 보다 / 펭귄들 / 그리고 / 캥거루들.

 Buon viaggio!
붠 뱌ⱽ쬬!
좋은 여행!

Y : 어디가 가고 싶은데?
C : 호주로 가겠어.
Y : 호주는 왜?
C : 펭귄이랑 캥거루를 보고 싶어.
Y : 즐거운 여행을 하기 바랄게!

◄ **Australia**
남반구에 위치한 국가인 호주를 Australia 라고 합
니다.

◄ **Canguri**
Canguri 라는 단어는 언뜻 영어의 kangaroo 와
비슷합니다. 이탈리아어와 영어는 동물 이름에서 비슷
한 단어가 많습니다.

coccodrillo	[코꼬드릴로]	: 악어
elefante	[엘레판̀떼]	: 코끼리
giraffa	[지라파̀]	: 기린
rinoceronte	[리노체론떼]	: 코뿔소

*Questo pinguino
è carino!*
꿰ㅅ또 삔귀노 애 카리노!
이 펭귄 귀엽다!

함께 배우면 좋은
단어장 무료 제공

품사별로 잘 정리된 1,000개의 단어 무료 제공!
엄선된 기초단어로 지금 바로 이탈리아어를 시작해보세요.

      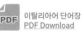